能源人文研究

（第 1 辑）

Studies in Energy Humanities

赵秀凤　崔亚霄　主编

中国石油大学出版社
CHINA UNIVERSITY OF PETROLEUM PRESS

能源人文研究

（第1辑）

赵秀凤　崔亚霄　主编

中国石油大学出版社

山东·青岛

图书在版编目（CIP）数据

能源人文研究 . 第 1 辑 /赵秀凤,崔亚霄主编 . --
青岛:中国石油大学出版社,2021. 12
ISBN 978-7-5636-7148-9

Ⅰ. ①能… Ⅱ. ①赵… ②崔… Ⅲ. ①能源经济—中
国—文集 Ⅳ. ①F426.2-53

中国版本图书馆 CIP 数据核字（2021）第 083101 号

书　　名：能源人文研究（第 1 辑）
　　　　　NENGYUAN RENWEN YANJIU (DI 1 JI)
主　　编：赵秀凤　崔亚霄
- -
责任编辑：隋　芳（电话 0532—86983568）
封面设计：王凌波
- -
出 版 者：中国石油大学出版社
　　　　　（地址:山东省青岛市黄岛区长江西路 66 号　邮编:266580）
网　　址：http://cbs.upc.edu.cn
电子邮箱：shiyoujiaoyu@126.com
排 版 者：青岛友一广告传媒有限公司
印 刷 者：泰安市成辉印刷有限公司
发 行 者：中国石油大学出版社（电话 0532—86981531，86983437）
开　　本：787 mm ×1 092 mm　1/16
印　　张：13
字　　数：305 千字
版 印 次：2021 年 12 月第 1 版　2021 年 12 月第 1 次印刷
书　　号：ISBN 978-7-5636-7148-9
定　　价：42. 00 元

从煤炭到石油、天然气,再到新型能源,能源的使用关系到生活的方方面面。能源深刻改变着人类经济社会发展的技术业态,也深切影响着人类的生活方式和价值理念。能源所具有的强大形塑力不容忽视,这种基于工具理性的影响力理应受到价值理性的合理规制,因此从人文角度审视能源相关问题不仅必要而且必需,能源人文应势而生。

"能源人文"可以从两个层面界定。从广义来看,能源人文指运用人文主义的视角和方法论,对能源实践领域中关乎人的所有活动及相互关系所进行的研究;从狭义来看,能源人文聚焦能源的文学、艺术、文化或哲学形式的书写再现,对与能源生产、消费、分配、治理等相关的制度、文化、价值观念等进行分析和评价。能源人文研究主要涉及的领域包括历史、文化、文学、艺术、社会学、哲学等,是围绕能源话题展开的不同人文学科的集合,与能源研究的自然科学领域相对应,旨在以人类福祉为导向,理性思考能源的价值和功能,对建立在化石能源基础上的各种文化、理念、价值等进行批判性反思,为重塑人与能源资源、人与人、人与社会之间的关系提供新视角。

能源人文研究兴起于西方学界,近年来发展迅速,成为研究能源问题的新范式。而在国内,学者刚刚开始关注能源人文研究,相关研究主要集中于能源文化、能源政治和能源话语领域,仍然比较分散。本书汇集相关领域的最新研究,以期进一步推动能源人文研究在国内学界的发展。

本书彰显能源人文研究的跨学科特性,涵盖能源与文学、能源与政治、能源与传播、能源语言服务等方面,分七个主题展开。

"能源图景的文学书写"聚焦文学作品折射出的能源问题。《从能源无意识到能源人文自觉》一文探究科幻文学如何打破传统文学的"能源无意识",对能源危机问题做出思考;《石油文学中石油工业的隐喻表征》一文以辛克莱小说为例,分析文学文本如何通过文本表征传达对 20 世纪初石油工业的批判;《能源人文视野下威廉·布莱克〈老虎〉中的隐喻和象征》一文从能源人文视角重读经典诗歌《老虎》,阐释诗歌中体现的独具时代特色的能源人文情怀。

"能源政治的话语博弈"剖析能源话语背后的政治权力关系。《外交话语视角下俄罗斯国际能源话语权的架构路径探析》一文解读俄罗斯当前的能源战略，指出"能源超级大国"与"反能源超级大国"两种元叙事对其能源话语权的建构作用；《话语联盟与政策制定》一文以话语联盟理论为基础，分析韩国《促进氢经济和氢安全管理法》制定过程中对氢能持不同观点两方的话语竞争。

"能源企业形象的媒介塑造"关注能源企业在不同媒介下的形象以及由此对国际能源经贸合作可能产生的影响。《中国化石能源企业形象的多模态话语建构》和《视觉语法视角下企业形象宣传片的意义建构》两篇文章分别在多模态批评话语和视觉语法理论框架下分析中国能源企业宣传片对企业形象的塑造和外宣效果；《哈萨克斯坦主流媒体对中国能源企业形象的话语建构》一文分析国外媒体对我国能源企业的新闻报道，探究国外视角下我国能源企业的形象。

"能源议题的技术化形塑"从建构主义角度探讨各类文本如何生成和传达能源观念与立场及如何通过话语表征形式透视语言背后的能源战略。《基于语料库的中美核安全话语对比研究》一文根据文本主题词及主题词搭配对比分析中美核安全官方文本反映出的能源观念；《美国智库涉华清洁能源话语的批评话语分析》和《芬兰涉华能源研究报告中的中国国家形象》两篇文章以国外涉华智库文本为语料，分析国外智库如何看待中国的能源发展战略；《能源舆情研究的对象、方法和路径探析》从宏观视角讨论能源舆情的研究路径和研究方法，阐释能源舆情研究的意义。

"能源观的话语嬗变"从历时角度分析不同国家能源观在各种因素影响下的变迁。《美国主流报刊可再生能源话语嬗变研究》一文以美国主流报刊为语料，分析阐释美国主流媒体对可再生能源话语建构不断政治化的演变；《当代中国政府"能源观"的话语变迁》一文以历年国务院政府工作报告为语料，研究从新中国成立初期到新世纪不同时期中国官方主流话语对能源及相关问题的认知评价与话语建构。

"能源科技的学术表征"将能源学术文本与语言研究结合，考察能源科技语篇的文本范式，服务能源学术写作与教学。《中外能源科技期刊英文摘要人际意义话语特征对比分析》和《石油期刊英文翻译摘要与原创摘要的衔接特征对比》两篇文章对比中外作者能源科技英文语篇的写作方式，分别分析语篇中的人际意义表达和衔接手段使用倾向；《地理学学术英语语篇中的短语动词研究》将地理学学术语篇与普通英文语篇进行对比，指出两种语篇在使用短语动词方面存在的不同。

"能源语言服务人才培养"探究能源行业所需语言服务人才的培养问题。《能源学术英语混合式教学探索》一文介绍将能源学术英语置于通用英语与专门用途英语之间、结合现代化教学手段开展混合式教学的经验，为能源类高校英语教学改革带来新思路；《"一带一路"倡议下能源语言服务人才培养的需求与模式研究》一文探讨在"一带一路"背景下能源领域语言服务人才的需求与培养模式，旨在促进高校教学更好地服务国家能源战略。

本书是中国石油大学(北京)科研基金资助项目"话语分析视角下的能源人文研究"(项目编号:2462020YXZZ009)的阶段性成果。该项目是中国石油大学(北京)外国语学院融合能源特色与专业优势开展的重要研究,联合中国国际能源舆情中心助力"能源软科学"发展,从人文社科视角审视思考能源议题,服务国家能源战略。

在本书付梓之际,诚挚感谢中国石油大学(北京)对能源人文研究的鼎力支持,感谢中国石油大学出版社及编辑老师的辛勤工作,感谢各位投稿人对本书的关注和外国语学院各位同仁的努力付出。

编　者

2021 年 6 月

Contents 目录

能源科技的学术表征

能源语言服务人才培养

能源图景的文学书写

从能源无意识到能源人文自觉

——刘慈欣科幻小说中的能源危机表征

张文茹

(中国石油大学(北京) 外国语学院,北京,102249)

摘 要

当今社会对能源的依赖非常严重,而文学在对日常生活的想象中却极少出现能源。科幻文学打破了这种文学创作的"能源无意识"。科幻文学具有强烈的能源危机意识,它将人类生活是建筑在危机四伏的能源之上的这一真相揭露给读者。本文以刘慈欣的中短篇小说为研究对象,分析其中的能源危机意识,探究科幻文学如何打破传统文学的"能源无意识",又对能源危机问题做了哪些思考。

关键词

能源人文;能源无意识;科幻小说

一、引 言

能源人文研究以工业革命以来化石能源给世界带来的种种转变为研究对象,旨在借助人文视角帮助人们应对能源与发展之间的诸多问题。赵秀凤教授在 2020 年发表的《能源人文:一个新兴的跨学科研究领域》一文中,首次向国内学者介绍了新兴的能源人文研究(赵秀凤和曹春华,2020)。能源人文研究在 2014 年由加拿大学者艾姆·塞曼和美国学者多米尼克·博耶尔于题为《能源人文研究的兴起》的文章中首次提出,旨在应对人文学科在能源问题面前一直缺席的重大问题。以本文所论及的文学研究领域为例,能源对当今社会的重要性与它在当代文学中的地位极不相称,大多数文学作品中几乎连能源的影子都很难找到,仿佛我们生活在一个无需能源的世界。能源人文研究者将其称为"能源无意识"(MacDonald,2014)[1]。

基金项目:本文系中国石油大学(北京)本科教学改革项目"英语短篇小说课的研究性教学模式建设"(项目编号:XM10720200033)、国家社会科学基金冷门"绝学"资助项目(项目编号:19VJX105)的阶段性成果。

而在小众的科幻文学中,能源却扮演着极为重要的角色。科幻小说最适合增强人们对当前和未来能源危机的了解,其构建的社会经常是触发了各类能源危机的未来世界,那时的人们将不得不应对各种能源危机的爆发。本文以刘慈欣的中短篇科幻小说为研究对象,从能源人文学研究视角考察刘慈欣所创建的科幻世界中的能源危机表征,分析刘慈欣笔下未来世界人类将面临的来自能源的资源危机和政治危机,探究刘慈欣传达出的能源意识及其危机应对方案。

二、文学研究的能源人文路径

能源问题长久以来未能引起文学研究者的关注,这一方面是因为文学创作本身长期处在能源无意识状态。与人类使用能源的历史相比,作家书写能源的历史太短暂了。读者在那些极少数提及能源的小说中能感受到的也往往只是惊鸿一瞥中闪现的能源影子。例如,狄更斯小说中的穷孩子宁愿去停尸房工作,也不愿意扫烟筒。书中鲜少直接描写能源,而是让读者瞥见能源幽灵般的影子——那些滚滚浓烟中矗立的一根根烟筒。另一方面,文学研究者自身也缺乏反思,未能察觉文学作品在能源问题上的缺位。能源在现代社会中扮演至关重要的角色,可以说整个现代社会是建筑在能源之上的,而在文学构建的现代世界里,能源至多只作为故事发生的背景之一一闪而过,读者感受不到能源的在场,更遑论能源在现代生活中的重要作用。文学批评家"并不担心达西先生的马对饲料的依赖,或者安娜·卡列尼娜火车上煤炭的开发问题,又或者风能带动堂吉诃德风车的频率问题"(MacDonald,2014)[116]。能源问题在当今世界的不断爆发已经反过来迫使学者们反思人文学科在能源问题上的缺位,文学批评家们也终于开始关注文学的能源表征。

开启能源文学研究大门的是以石油为主题的小说研究。1992年印度作家阿米塔夫·高希提出了"石油小说"(Ghosh,1992),是文学研究开始关注能源问题的标志性事件。高希在推介沙特阿拉伯作家阿卜杜勒·拉赫曼·穆尼夫的小说《盐城》(Cities of Salt)的文章中指出当代文学中已经出现一类展现围绕石油能源而形成的现代社会图景的小说,并将其命名为"石油小说"。石油小说的提出让以往边缘化的能源题材小说得到了学界的关注。

能源文学研究的另一突破发生在科幻小说研究中。以石油等能源为主题的小说往往集中在中东等产油国作家的作品中,地域性较强,数量较少。关注能源问题的学者们很快发现,与传统小说不同,科幻小说中有大量的能源书写。学者格瑞米·麦克唐纳梳理对比了传统文学中的能源无意识与科幻小说中的对能源丰富而深刻的书写,将能源文学研究引向了科幻小说(MacDonald,2014)。与传统文学不同,近年来出版的科幻小说将能源的资源危机作为重要的创作题材,对能源在科幻世界中之于人类社会的意义给予了高度关注,尤其对能源资源危机主题——能源资源危机对社会组织形式和人类社会样态的冲击——运用高度艺术性的文学手段进行了突出表征。科幻文学因此成为能源文学研究的重要资源。

能源文学研究的最新走向是让能源文学研究走出能源的限制,不再将研究对象局限在富含能源的作品中,而是将整个现代文学纳入能源文学的学术视野之中。格瑞米·麦克唐纳在2012年的一篇题为《石油与世界文学》的文章中指出"现代人的生活建筑在碳氢文化之上，这是所有现代书写的前提"（MacDonald，2012）[31]，因此现代文学创造都可以被称为某种程度上的"石油小说"。石油不再被视为故事发生的背景，而是确定性因素。

从 1992 年"石油小说"提出至今，能源文学研究相比其他历史悠久的文学批评传统来说尚在幼年期，然而它所面对和想要解决的问题却是极其重大而急迫的。人们生活在以能源为支柱的现代社会之中，却不习惯从能源的视角观察这个世界。能源文学的批判之笔正宜由此入手，剖析背后的原因，揭露能源与现代社会的复杂关系。

三、能源的资源危机

能源毫无疑问是当今社会人类赖以生存的重要资源。人类对能源的严重依赖，意味着人类社会在能源危机面前将面临巨大的挑战。人类面临的能源资源危机主要有两类——能源带来的环境恶化和能源面临的枯竭问题，这些危机往往被传统文学所忽略。能源对于人类社会的意义和价值被严重低估，始终难以成为传统文学关切的主题。

科幻小说中最常见也最容易被普通读者理解的能源资源危机是能源污染问题。许多科幻小说喜欢展现如果环境污染进一步发展，将造成何等可怖的未来世界，以此警示世人环保的重要性。该类主题小说可以称为"科幻环保小说"。如美国作家凯特·威廉的《迟暮鸟语》（*When Late the Sweet Bird Sing*）展现了一个环境极度污染，以至于人类无法通过自然胚胎方式繁育下一代的可怕世界（威廉，2014）。

然而，刘慈欣作品中几乎没有涉及能源带来的环境污染问题。为何刘慈欣很少论及能源造成的环境污染问题呢？并非因为刘慈欣认为环保问题不重要，而是在他看来，环保并不是解决地球能源污染的最佳方案（刘慈欣，2015a）。这首先是因为环保解决能源污染的效用微乎其微，它也许能让地球生态延寿，但作用十分有限。人类虽然已经开始面对社会发展带来的能源污染问题，但不可能停止发展的脚步，那么对能源等地球资源的消耗也就无法停止。面对这样的情况，把解决问题的筹码全部押在环保上，这在刘慈欣看来不切实际。因为"仅靠自律来减少污染、仅靠节能减排是远远不够的。即使哥本哈根会议的全部目标都已实现，地球生态环境仍会像冰洋上的'泰坦尼克号'一样沉下去"（刘慈欣，2015a）[234]，因此人类无法仅仅通过环保来解决能源污染问题。

人类越来越紧迫地感受到的能源污染问题，其实还并不是潜伏在宇宙中的最大能源危机，更加具有毁灭性的能源危机是人类将面临的能源枯竭危机。人类已经意识到对有限能源的无限消耗最终将导致能源的枯竭：据估计，以目前所探明的石油储量来看，这种对当今社会至关重要的能源百年之内将会枯竭，2050 年之后人类将不得不更多地依赖煤炭能源。

能源必然面临的枯竭危机为大多数传统文学所忽视，但刘慈欣的科幻小说却极为关注这一问题，甚至积极探索解决之道。短篇小说《太原之恋》的故事就设定在 2050 年的太原，这座曾经衰落的煤矿之城，因为煤炭重新受到重视而发展为一座繁华大都市。不过这种繁华在未来也终将萧条下去，因为全球煤炭能源在未来也一样会耗尽。还有一种更加遥远，但终将发生的能源枯竭危机——太阳的死亡。恒星虽然生命周期漫长，但终有消亡的一天，而人类是否已经为这一天的到来做好准备呢？刘慈欣的许多作品就是对这一问题进行的模拟实验。刘慈欣在作品中多次设想地球生存最重要的能源——太阳能一旦枯竭,将给人类带来的巨大灾难。《流浪地球》就设定人类已经获知太阳之死即将来临,并做出了带着地球逃离太阳系,寻找新的生存希望的决定。

比起我们熟悉的由于发展消耗或者太阳之死带来的能源枯竭,能源危机可能潜伏在我们更加不熟悉却更有可能随时发生的地方,这就是能源突变。如果说太阳之死对大多数人而言显得过于遥远,难以激发普通人想象的话,那么《微纪元》所设想的来自太阳的能源突变则更加让人震撼。《微纪元》的设定是太阳将发生一次短暂的能量闪烁,损失约百分之五的能量,在太阳漫长的历史里这种小小的突变总免不了却又微不足道,"就像水面上水泡不时浮出并破裂一样"(刘慈欣,2015b)[163]。但这个微不足道的突变带给地球的是毁灭性的后果:随着突变发生,地表温度上升到 1 000 摄氏度并持续 100 小时,突变结束后,由于太阳丧失部分能量,地球表面温度将会下降到零下 110 摄氏度左右。这意味着人类将丧失赖以生存的太阳能,因而无法在地球上生存。

四、能源的政治危机

能源在人类生活中不仅仅是一种重要的自然资源,还因为人类对能源的依赖而与政治密切相关,成为影响人类政治的重要因素。刘慈欣的科幻作品也讨论了与政治相关的两种能源危机——能源垄断和能源战争。

阶层固化、财富过度集中是当今全球面临的共同问题,而能源财富的垄断是造成阶层固化和极端化的重要原因。能源开动的不仅仅是工业社会的机器设备,更是整个人类社会的大机器,因为能源影响了阶级这一人类社会构成的核心要素。《赡养人类》中,宇宙飞船带来了另一个星球的移民。那是个远比地球时代更久远、文明程度也高得多的星球,被称为哥哥星球,哥哥星球的发展象征着人类未来发展的一种可能。哥哥星球文明发展的历程也是以能源为主的星球资源逐步垄断的过程,因此逐渐形成越来越极端的社会分层,最终哥哥星球成为能源垄断发展到极致的星球,它的全部能源,除了太阳能之外,都集中到一个人手中,这个人被称为"终产者"。星球上其余的 20 亿人都成了穷人,他们被困在全封闭的住宅中,因为一旦踏出自己的住宅,就会进入"终产者"的私产领地,住宅之外的空气、水等都归"终产者"所有。穷人住宅内部开启微生态内循环,意味着穷人"只能呼吸家庭生态系统提供的污浊的空气,喝经千万次循环过滤的水,吃以我们的排泄物为原料合成的难以下咽的食物"(刘慈欣,2015c)[327-328]。即便这样,自给自足的内循环系统的寿命也是有限的,一旦内循环恶化到无法持续,哥哥星球上的资源转换车(一种能将人体转换成为家庭生态系统所用资源的流动装置)就会开到穷人的家门口。此时穷人家庭的父母往往会自愿走向资源转换车,将自己转化成一桶水、一盒有机油脂、一瓶钙片以及硬币大小的一片铁,来为家人延续住宅内的微生态系统。即便如此,穷人们最终还是彻底失去了在哥哥星球上生存下去的资格,他们遭到"终产者"的流放,被迫乘坐 2 万艘宇宙飞船移民地球。而此时的地球正处于哥哥星球发展轨道的早期,也出现了阶层固化和财富高度集中的现象,不过此时还没有出现"终产者",而是出现了 13 位垄断寡头,其中尤以能源寡头居多,有电力能源巨头和海上石油巨头等。

如果说《赡养人类》的阶级推想比较极端化，那么《地火》和《中国太阳》则更贴近现实，它们描绘了因为整个社会对能源的依赖，处于较低社会阶层的人往往需要依附于能源而获得生存的可能，以及随之而来的社会阶层的分化。能源催生了一种两极化的社会结构——能源所有者和能源工人。以煤炭资源为例，能源的垄断让煤矿工人和煤矿所有人之间形成巨大的阶级鸿沟。刘慈欣在《地火》和《中国太阳》中都提到了井下矿工的生存状况。如果没有人类社会对煤炭的需求，自然不会出现井下矿工这一社会阶层。英国工业革命开启的工业时代把煤这种能源带进了人类生活，煤炭燃烧带来的巨大动力推动了整个世界的发展，点亮了灯泡，开动了火车，加速了人类社会进化的脚步，却也彻底改变了矿工的命运。英国小说家肯·福莱特《世纪三部曲》的第一部《巨人的陨落》从 20 世纪初期的一户矿工家庭讲起。这家的大儿子几年前死于井下，二儿子如今到了可以下井的年龄。这对当时的矿工家庭来说并不算最糟糕的，有的家庭才 5 岁的孩童就要下井，有的家庭 10 多岁的女儿要连续几个月在井下工作（福莱特，2016）。《地火》中的父亲则因为常年的井下工作，患上了矿工的职业病——矽肺病，肺部"成了一块由网状纤维连在一起的黑块，再也无法把吸进去的氧气输送到血液中"（刘慈欣，2015b）[45]。父亲临终前一遍遍对儿子重复一句话："不要下井。"（刘慈欣，2015b）[46] 刘慈欣在《地火》中为主人公取名刘欣，与自己的名字只有一字之差。刘慈欣本人的父亲也是一名矿工，"文革"期间刘慈欣全家从北京下放到山西，父亲从此成了一名煤矿工人。刘慈欣在回忆父亲的矿工生涯时提到，父亲的经历告诉他做矿工不受伤是不可能的，矿工遇到井下事故，失去生命也是时有发生的。《中国太阳》中来自西北农村的主人公水娃在矿上看到枕着炸药睡觉的同伴，这个同伴是矿上的放炮工，最终在排哑炮时被炸身亡，死时浑身嵌满碎石（刘慈欣，2015b）。无法呼吸的父亲临终时挣扎着反复叮嘱"不要下井"，放炮工同伴嵌满碎石的尸体，这些极具震撼力的文学瞬间给读者带来巨大的心灵震撼。

能源工人与能源所有者因为能源垄断，形成天堑一般的阶级鸿沟，这也是传统小说热衷于描写的主题。《巨人的陨落》开篇就给出了强烈的阶级对比：矿井所有者、贵族阶层的公爵小姐因为舞会上服饰华美获得最佳服饰奖，奖金是 250 个金币，这相当于井下矿工 5 年的工资（福莱特，2016）。当贵妇们在华美的煤炭发电点亮的水晶灯下旋转舞动时，她们对这一切要付出的代价是麻木，甚至是残忍的。刘慈欣在他创造出的科幻世界中，为读者推演了未来世界的阶级图景。《赡养人类》中提到了哥哥星球垄断一切的"终产者"和与之相对的 20 亿只有太阳能的穷人。《太原之恋》中有产者因为占有太原丰富的煤矿资源而过上了极为奢华的生活，而在同样的一座城市中还生活着一群靠捡拾富人垃圾生活的流浪汉，只不过"在这个穷奢极侈的大都市里，垃圾桶里的食品是取之不尽的"（刘慈欣，2015c）[367]。

能源政治危机的另一个方面是能源对战争的影响。为了争夺能源，人类之间时常爆发战争。《超新星纪元》中，各国为了争夺世界资源而爆发的核战给人类留下了核聚变后浮尸遍野的南极大陆。不仅如此，争夺地球能源的不仅是人类自身，能源之战也可能在人类与其他行星文明之间爆发。《人和吞食者》中人类与世代飞船上的吞食帝国之间就爆发了争夺资源大战，其结果是地球的全部资源被掠夺走，变成"从炉子里取出的火炭，海洋早已消失，蛛网般的岩浆河流覆盖着大地"（刘慈欣，2015b）[367]。《时间移民》中未来的资源掠夺战争带来的是黑色的世界:"黑色的大地,黑色的树林,黑色的河流,黑色的流云。"(刘慈欣,2015c)[388]刘慈欣勾勒出的这些能源争夺战所带来的可怖的未来,给读者带来极度震撼。

战争几乎伴随了人类发展的整个历史,而能源将战争的破坏性迅速升级。能源让人类进入了热兵器时代,而核武器的诞生则让人类第一次掌握了可以毁灭整个世界的能力。古巴导弹危机让全世界感受到核战争一触即发的恐怖感。刘慈欣在《白垩纪往事》中将核弹的可怕威力以科幻寓言的形式展现出来。《白垩纪往事》(刘慈欣,2017)呈现的世界由恐龙族和蚁族构成,进化初期恐龙族和蚁族是相互依存的两大种族,共同在地球上繁衍,并共同创造了后世的先进文明。但是蚁族逐渐对恐龙族对能源的使用方式产生不满和担忧。恐龙族建立了辉煌的地上文明,主要依赖的是煤炭、石油等化石能源,这些化石燃料的燃烧严重破坏了地球的生存环境。蚁族则使用更为清洁的环保能源——风能、太阳能和一种作者构想的肌肉动力能。但最让蚁族担忧的还不是恐龙族对化石能源的依赖,而是恐龙族分裂为两大派别后,双方各自以持有的核武器为威慑力量,构成脆弱的制衡。核战争的巨大威胁让蚁族向恐龙族发出警告,要求双方全部销毁各自的核武器,恢复无核化。这一警告遭到拒绝后,蚁族先发制人,消灭了恐龙族,以自身丧失依存伙伴的代价实现了世界的无核化。这篇文章象征意义十分明显,恐龙族象征着当今世界的有核国家之间构成的脆弱制衡,蚁族选择了不惜代价地消灭核武器再一次警示读者核武器的可怕威力。《超新星纪元》设想了核战争一旦爆发,世界将陷入何种境地:"在遥远的未来,会有许多人重新登上这块严寒的大陆,寻找那厚厚的白雪掩盖着的50多万孩子的尸体、无数的坦克残骸和两个直径达10多公里的核爆炸留下的大坑。"(刘慈欣,2009)[298]除了为人熟知的核武器之外,刘慈欣在《球状闪电》中为读者展现了一种新能源武器——利用球状闪电宏聚变原理改造的武器。这种能源武器无须发射到敌人势力范围就能对敌人构成威胁。球状闪电激发的宏聚变,即便每次发生在同一位置,其影响范围也会不断扩大,反复在同一地点引爆宏聚变就可以把整个世界带入坟墓,这让宏聚变成为比核聚变更可怕的能源武器(刘慈欣,2004)。虽然现实中还未出现球状闪电这样的新能源武器,但是随着人类能源技术的发展,未来很可能出现超过核裂变威力的超级能源武器。科幻作家已经在思考这种新能源武器可能给人类带来什么样的结局。

五、能源危机的出路

面对上述各类能源资源危机,刘慈欣的科幻小说给出了两条建议——开发能源和节约能源。不过开发能源并不是指传统的开发新型环保或清洁能源等,而是向太空寻求人类发展所需的能源;节约能源也不是人们现在理解的环保节能,而是用无限缩小的方式将人类基因改造为纳米级别,实现"文明的反向扩张"(刘慈欣,2015a)[79]。

解决能源两大危机(能源枯竭和环境恶化问题)的一个可能的答案是开发太空资源。《地球大炮》(刘慈欣,2015c)中的人类世界能源已经耗尽,环境也日益恶化,当时的人们都认为人类唯一的希望在南极,所以科学家沈渊主持了南极庭院计划,利用核裂变产生的巨大能量在北京和南极之间打通一条贯穿地球的隧道,把南极变成北京的后院。可是地球隧道投资巨大,事故频发,且南极资源也很快耗尽,地球隧道丧失了存在的意义,主持打通隧道的沈渊成了人民公敌。由此，刘慈欣让读者清醒地意识到南极大陆作为人类能源最后的遗产，为地球生态续命的能力也十分有限。而最终解决能源问题的办法是"地球大炮"。未来的人们将这条久已废弃的地球隧道改造成向太空发射宇宙飞船的大炮筒，地球大炮以每两三分钟一发的速度向太空发射太空船，无数的太空船进入地球轨道，构成了地球的光环。这些光环上面建有污染严重的能源企业，解决了地球环境恶化的难题。同时，地球大炮还向太空发射了许多太阳能电站，它们源源不断地向地球传输电能。于是，借由这门地球大炮，人类成功摆脱了能源污染和能源枯竭的困扰，人类在太空中找到了解决能源问题的答案，获得了重生。

解决能源危机的另一个方法是将人类缩小为现在的几亿倍，成为纳米级别的微人类，这样只需要极其微小的生态系统，消耗极其少的能源，人类就可以生存下去。《微纪元》中的设定就是如此。地球资源耗尽之前，人类决定派先行者乘坐宇宙飞船进入太空寻找避难所。可惜，在浩瀚的宇宙中航行上万年的先行者们发现地球是宇宙的孤儿，是唯一能够孕育生命的星球。许多先行者在接收不到地球发来的信号后绝望地自杀了，最终只剩下唯一一个先行者重返地球。他看到的地球是一个黑白相间的地球，"黑色的是熔化后又凝结的岩石，那是墓碑的黑色；白色的是蒸发后又冻结的海洋，那是殓布的白色"（刘慈欣，2015b）[166]。原本以为是一片死寂的地球，却暗藏生机。先行者发现一个镶嵌在地面岩石中的直径大约 1 米的透明半球玻璃罩，里面是一座由微人建造的辉煌的城市，一个微缩版本的人类文明再次得以延续。原来人类在向太空寻求出路之外，又试图探寻另一条出路——将人类文明无限缩小。"生命进化的趋势是向小的方向，大不等于伟大，微小的生命更能同大自然保持和谐。巨大的恐龙灭绝了，同时代的蚂蚁却生存下来。"（刘慈欣，2015b）[181] 微人社会缩小上亿倍之后，生存能力却提升了上亿倍。先行者的一盒肉罐头就足够整个微人城市的全体居民吃一到两年，而那个罐头盒又能满足这座城市一到两年的钢铁消耗。而且如果有更大的灾难来临，只要一艘普通的宇宙飞船就可能把全部微人类运走，而这些微人类即便在太空中一块不大的陨石上也能"建立起一个文明，创造一种过得去的生活"（刘慈欣，2015b）[181]。

刘慈欣为能源引发的政治危机也提供了一个科幻版本的答案。首先是能源垄断带来的阶级问题最终是否能够解决？社会阶层的固化、极端化这类话题是主流文学的重要创作主题，许多作家热衷于讨论这种社会主要矛盾的出路在哪里，他们想要为像刘慈欣一样矿工家庭的孩子寻找出路。传统文学的思路基本有两条：以暴力革命或其他方式打碎这种固化的社会阶层，或者通过个体的奋斗跻身其中。对此刘慈欣的科幻小说给出了两个推想：第一，在他看来阶级问题很可能将伴随至人类发展的最后时刻。如上文提到的《赡养人类》中呈现的哥哥星球文明，发展到如此极致的文明程度的哥哥星球仍然未能摆脱阶级问题；《人和吞食者》中也设定了一个能与人类对话的高级文明，其社会内部仍然分三六九等，少数吞食者占据更多的社会财富，与文明程度远低于他们的人类社会分毫不差。在刘慈欣的构想中，这背后的原因可能恰恰在于能源等人类生存所需的资源是有限的。那么如果这些能源都是无限供给的呢？刘慈欣在《微纪元》中描绘的微人世界是看起来最为平等的世界，那里的最高领导人是个年轻的小姑娘，她与其他人都显得十分亲密、十分平等。这种难得的平等很可能就是在于微人社会的微小，这让微纪元的世界资源供给极为充分。第二，对于传统文学处理阶级问题的方式,刘慈欣的评价是"人类目前追求的是个体的幸福,而很少考虑人类的传承"(刘慈欣,2015a)[190]。阶级问题并不仅仅存在于人类内部,未来的人类将面临其他星际文明的入侵,到时人类内部的阶级之争将显得微不足道,而整个人类将作为整体等待另一个文明的判决。《人和吞食者》中描绘的就是这样的场景,人类被一个自称吞食帝国的世代飞船入侵,最终人类集体沦为世代飞船圈养的家畜。而吞食者的真实身份是曾经生活在地球上的恐龙。因为恐龙身形巨大,对生态资源消耗量过大,地球生态无法继续维持恐龙社会的运转,最终所有恐龙登上了 10 艘巨大的世代飞船,走向太空去吞食其他行星,"它所掠夺的行星水资源除了用于吞食人的生活外,主要是被作为聚变的燃料"(刘慈欣,2015b)[355],因为这是世代飞船航行所必需的能源。在刘慈欣看来,人类只关注内部的你争我夺,却忽略了黑暗宇宙中潜在的更为恐怖的敌人。

能源武器给人类世界带来的危机要如何化解呢?刘慈欣在《地球大炮》中设定了一个愿意销毁核武器的世界,在《白垩纪往事》中又描摹了因不愿销毁核武器而最终毁灭的恐龙世界。在更多的科幻作品中,无论是人类还是其他宇宙中的文明都不曾放弃对能源武器的开发和使用。为什么刘慈欣更愿意相信人类无法摆脱对核武器之类能源武器的依赖呢?在《球状闪电》中,刘慈欣借一位研究高尖端武器的专家之口给出了对杀伤力巨大的各类武器的看法:"那些可怕的东西,可能有一天会落到你的同胞和亲人的头上,落到你怀中婴儿娇嫩的肌肤上,而防止这事发生的最好办法,就是抢在敌人前面把它造出来!"(刘慈欣,2004)[267]生存是人类或者宇宙中任何文明共同的追求,文明间无法达到互信,则永远无法摆脱对能源武器的依赖。这也是《人和吞食者》最重要的主题,地球元帅对发达的吞食帝国发出了最后的疑问:"难道生存竞争是宇宙间生命和文明进化的唯一法则?难道不能建立一个自给自足的、内省的、多种生命共生的文明吗?"(刘慈欣,2015b)[371]吞食文明的使者面对这个问题时也表现出了罕见的忧郁,吞食帝国在宇宙漂泊的亿万年间从来没有见过这样的文明,建立这样一个文明就意味着放弃以消灭别人、保存自我为最高法则的铁律。这就意味着无论哪一个文明先走了这一步,其结果都可能是在面对不愿放弃铁律的其他文明时必死无疑。因此,宇宙中就算曾经有过这样和平的文明,很可能也早就被其他文明吞食了。即便前景如此灰暗,刘慈欣还是在《人和吞食者》的结尾为这个文明留了星星之火。他让地球元帅自愿留在被吞食后一片死寂的地球,因为这时的地球只剩下一种生物——蚂蚁。蚂蚁一族因为只需要极少的资源便可存活才逃过了这次浩劫,但蚂蚁一族也将很快灭亡,因为地球上残存的资源甚至不够养活这些蚂蚁了。元帅愿意留下来成为蚁群的食物,因为他将希望寄托在新的文明的创造者蚂蚁身上,为了让这个可能迈出第一步的崭新的文明存活下去,他愿意献身蚁群,为可能的新文明世界殉道。

六、结 语

科幻小说是能源文学研究的重镇。在科幻的世界里,读者真切地感受到人类的生活建筑在对能源的依赖之上,看似平静的日常生活实则始终是在可能到来的能源危机的阴影之下。就这一点而言,科幻文学比传统文学创造的世界更为真实。从能源角度解读刘慈欣的科幻作品，让读者看到科幻小说家对未来能源危机现实的冷酷推理，"像一把利刃，可以扎到很深的地方，使人类对未来可能出现的灾难产生戒心和免疫力"（刘慈欣，2015a）[26]，打破了文学长期以来的"能源无意识"状态。能源文学研究让科幻小说不仅仅停留在幻想层面的审美体验上，而是构成对现实生活的预警，也为未来解决能源危机提供助力。

参考文献

GHOSH A, 1992. Petrofiction：The oil encounter and the novel［J］. The New Republic(2)：29-34.

MACDONALD G, 2012. Oil and world literature［J］. American Book Review (3)：1-31.

MACDONALD G, 2014. Improbability drives：The energy of SF［J］. Parasdoxa (26)：111-144.

福莱特，2016. 巨人的陨落［M］. 王大卫，译. 南京：江苏凤凰文艺出版社.

刘慈欣，2004. 球状闪电［M］. 成都：四川科学技术出版社.

刘慈欣，2009. 超新星纪元［M］. 重庆：重庆出版社.

刘慈欣，2015a. 最糟的宇宙，最好的地球——刘慈欣科幻评论随笔集［M］. 成都：四川科学技术出版社.

刘慈欣，2015b. 带上她的眼睛——刘慈欣科幻短篇小说集Ⅰ［M］. 成都：四川科学技术出版社.

刘慈欣，2015c. 梦之海——刘慈欣科幻短篇小说集Ⅱ［M］. 成都：四川科学技术出版社.

威廉，2014. 迟暮鸟语［M］. 周瑞丰，译. 重庆：重庆大学出版社.

赵秀凤，曹春华，2020. 能源人文：一个新兴的跨学科研究领域［J］. 中国石油大学学报（社会科学版），36（3）：25-34.

石油文学中石油工业的隐喻表征

——以辛克莱小说《石油!》为例

崔亚霄　赵碧霞

（中国石油大学(北京)　外国语学院,北京,102249）

摘　要

　　本文以概念隐喻为理论框架,分析辛克莱小说《石油!》对石油工业的隐喻表征。分析聚焦于两个方面:一是第三人称叙事者对石油工业的隐喻描写,二是人物兔宝对石油工业的隐喻认知与态度。分析发现,第三人称叙事视角下,小说用"石油工业是赌博""石油是瀑布/洪水""石油是怪物"等概念隐喻揭示石油工业发展中尤其是发展初期存在的不公平和非人性的一面。从人物视角来看,兔宝对石油工业的认识经历了从"石油世界是童话世界/天堂"到"石油世界是屠宰场"的转变,揭示了石油工业发展初期对人性及社会生活状态具有破坏性的本质。辛克莱巧妙运用创新性文学隐喻,传达了对石油工业发展所引发的社会问题、价值问题和人性问题的批判性反思。

关键词

　　石油文学;辛克莱;概念隐喻;《石油!》

一、石油文学及其研究

　　石油文学是现当代文学中一个独特的类别。这类作品或是对石油工业进行细致的刻画,或是将石油工业的发展作为故事背景,如孙秋生的长篇小说《流动的黑金》,MacDonald 的《睡美人》(*Sleeping Beauty*),Ray Bradbury 的《华氏 451 度》(*Fahrenheit 451*)等。石油文学是随石油工业的发展兴起的,旨在反映石油工业对社会和大众生活的冲击与影响,表达对石油及能源问题的人文思考。

　　文学作品对石油工业的刻画与描摹引起了中外学者的关注。在国内学界,学者较多关

基金项目:本文系中国石油大学(北京)本科教学工程资助项目"新国标背景下'英国文学'网络平台课程建设"(项目编号:XM10720180525)、中国石油大学(北京)科研基金资助项目"话语分析视角下的能源人文研究"(项目编号:2462020YXZZ009)的阶段性成果。

注石油文学中的主题和人文思想，而国外学界将石油文学放在更宽广的背景下展开讨论。"石油小说（petrofiction）""石油文本（petrotext）"成为专有术语，前者特指关于石油的小说，后者泛指各类关于石油的文本，两者提供丰富的素材，揭示石油与社会和文化的相互影响。Ghosh（1992）是较早将"石油小说"作为特定文学类别进行研究的学者，对之后关于石油文学和石油文本的研究产生了重要影响。Buell（2012）在其研究中主要对能源史与文化史之间的相互联系和互补关系进行了探讨和论证，特别是石油对文学的影响。他指出，石油作为重要的能源已经被定义为文化生活中"必不可少的支柱"和"氧气"；石油工业的发展基于野蛮开采和投机开发，发展与污染并存，兴盛与崩塌交错，但也带来了美国历史上传奇般繁荣的时刻（Buell，2012）。

另外一些学者探讨石油工业在文学作品中的具体呈现。Riddle（2018）认为石油通常无法在文学作品中直接呈现，尤其是当石油作为价值形式的"抽象体"时，其呈现变得愈加困难；但文学将石油作为具象的事物来描写，如自然状态下的石油，则为读者理解这类作品提供了新的方向。通过对 Munif 的《盐城》（*Cities of Salt*）和 Helon Habila 的《水上石油》（*Oil on Water*）进行对比分析，Riddle 发现当代石油小说中对石油的描述更为具体和"物象化"，例如《水上石油》中将"心情、环境、氛围"或更为具体的"气味、鸟类、植物"作为石油的表现形式，而《盐城》中石油则作为小说大背景发挥关键作用（Riddle，2018）。

石油文学的涌现体现了当今社会对石油工业发展所产生影响的深度思考，分析石油文学对石油工业的刻画有利于加深读者对这一问题的理解和认识。

二、辛克莱与《石油！》

美国作家厄普顿·辛克莱（Upton Sinclair）的长篇小说《石油！》（*Oil!*）是石油文学的一个重要代表。辛克莱以现实主义小说闻名，并在其人生经历和政治观点的影响下，将揭示社会丑闻和现代工业的弊病当作毕生创作的目的。作为辛克莱现实主义小说的代表作之一，《石油！》抨击了石油垄断以及随之产生的一系列社会问题。

《石油！》以 20 世纪前 20 年的南加州为背景。当时美国的石油社会已经踏入了现代工业的初级阶段，而美国也成为世界上最大的石油生产国。人们沉迷于石油生产和投机买卖之中，与商业阴谋、政治丑闻、石油世界的条条框框周旋。《石油！》中的主人公小杰·阿诺德·罗斯（James Arnold Ross Jr.）小名"兔宝"（Bunny），是石油大亨的独子，看着父亲白手起家并一手建立了石油帝国。但在成长过程中，兔宝所见到的上层社会和底层劳工的现实差异与他内心深处的理想主义大相径庭，这都使兔宝在社会和心理上变得与他人格格不入。在目睹了垄断阶层肮脏的操纵手段、政治交易和底层石油工人的悲惨处境后，兔宝改变了对石油世界的看法。

目前，学界对辛克莱《石油！》的研究主要集中在生态主义主题的探讨与挖掘上。石油工业的兴起和繁荣总是伴随着对自然环境的破坏，揭示这种对生态的大规模破坏是辛克莱小说的热门研究方向之一。胡碧媛（2011a，2011b）从生态危机的角度研究分析了辛克莱的主要作品，认为辛克莱在当时就已经认识到了 20 世纪初工业发展对环境的不利影响，而同时代的大众却仍陶醉于技术繁荣带来的物质享受。因此,辛克莱的文学作品通过刻画现代工业和资本主义制度下实利主义社会的残酷与黑暗,反映出他对生态环境问题的关注和强烈呼吁。Hitchcock(2010)对《石油!》和《盐城》进行了对比研究,指出两部小说文本中都详细描述了石油开采的过程,意图反映石油工业的真实形象,而《石油!》对资本主义和与石油有关的政治问题有着更强烈和更深刻的理解与批判。

上述学者对《石油!》这部作品主要是从宏观角度基于情节内容进行分析和阐释,对该小说中石油工业的刻画方式并未展开充分研究,而这方面的研究能够进一步揭示辛克莱对石油工业发展所带来影响的反思。辛克莱的写作技巧对《石油!》中石油工业的展现有着很大的贡献。辛克莱通过第三人称叙事者的视角和兔宝的个人视角来描绘真实的石油世界。第三人称叙事者的描述为读者直接呈现了一个充满邪恶与黑暗的石油工业,而人物的个人视角让读者看到了石油工业理想化的崩溃及石油工业破坏力的逐步迸发。两种视角的转换形成了类似于"巴赫金的双重话语"的效果,这从文本结构和语言表达上强化了主题的反讽性(Hitchcock, 2010)。同样引人注目的是,在这两种视角中,石油世界通常都是以隐喻的方式来描写的。考虑到这部作品中石油工业的主题意义,本文将对《石油!》中石油工业的描写进行详细的文本分析,探讨其语言形式,尤其是隐喻性描写对小说主题的影响。

三、概念隐喻及其在文学研究中的运用

本文以概念隐喻为理论基础,分析《石油!》这部作品对石油工业的刻画。概念隐喻由Lakoff和Johnson(1980)提出,指人们用隐喻的方式思考和解释事物的一种认知过程。在《我们赖以生存的隐喻》(*Metaphors We Live By*)一书中,Lakoff和Johnson指出了概念系统的隐喻性,即隐喻存在于我们生活的方方面面,不仅存在于语言中,而且存在于思想和行为中。在这样一个隐喻性的概念系统下,通过一个概念对另一个概念进行理解和建构,这便是概念隐喻。

传统的语言学家认为隐喻只是一种修辞手段,与此不同的是,认知语言学家坚持认为隐喻与人类的概念系统有着密切的关系(Lakoff & Johnson, 1980, 1999)。这些语言学家通过理论解释和认知实践证明了人类思维的隐喻性。例如,Lakoff(1987)指出,概念隐喻是一种隐喻性的认知方式,是理想化认知模式的重要组成部分。因此,隐喻是"认知上不可或缺的",它不仅仅是单纯运用于语言的一种修辞手段,而且是一种将我们的认知能力从基本范畴扩展到非基本范畴的手段(Gavins & Steen, 2003)[101]。

根据语言学的定义,一个标准的隐喻一般由两部分组成,即本体和喻体。本体是被描述的对象,喻体是描述对象的概念。基于这两个部分的相似性,认知语言学家提出了各种理论和模型来解释隐喻,其中包括认知隐喻(刘菁和张必隐,2001)。在概念隐喻的理论框架中,喻体是源域,本体是目标域。在隐喻的结构中,源域在认知上更为基础和具体,相比之下,目标域则更为抽象,通常是"社会关系中的一个维度"(Gavins & Steen, 2003)[100]。

概念隐喻本质上是一种跨域映射,它将源域和目标域之间的属性连接起来。因此,认知模型中的映射过程是通过从源域转换来的概念去构建目标域,且这种映射和构建遵循不变性

原则,是单向的(关于映射的方向,见 Stockwell,2002)。Lakoff 认为概念隐喻中的映射是一系列的"本体对应",即目标域中的属性与源域中的属性系统地进行一一对应。

概念隐喻已经被不断应用在文学分析当中。概念隐喻不仅发挥了它们在语言中的传统功能,而且凸显了其潜在的认知风格。

四、辛克莱笔下的石油工业

在《石油!》的前言部分,辛克莱对 20 世纪初石油工业的发展状况给出了形象的隐喻性描述:

① Shuffle the cards, and deal a new round of poker hands: they differ in every way from the previous round, and yet it is the same pack of cards, and the same game, with the same spirit, the players grim-faced and silent, surrounded by a haze of tobacco-smoke. (Sinclair, 2007[1927])

又是新的一轮,洗牌,发牌。这一轮虽与上一轮截然不同,但玩家们玩得却是同一游戏的同一副牌,他们共享着同一种灵魂,在烟雾中忽隐忽现,面无表情,沉默不语。(笔者译)

在这段描写中,"shuffle the cards""deal a new round""poker hands""players"等表达均属于"赌博"这个语义域,"cards"实际描述的对象是"石油产业"或"石油交易","players"则指的是"石油商人"。这些表达激活了"石油工业是赌博"这个概念隐喻,揭露出石油工业的发展背后是石油商人一轮一轮的赌博,石油工业发展带来的利润吸引着石油商人投资下注,赢家获得巨额收益,败者则可能血本无归。将石油工业发展看作赌博并不是一种新奇的隐喻,然而辛克莱在开篇就给出这个描述,奠定了整个小说的基调,也传达出对 20 世纪初石油工业发展的批判态度。

上述隐喻结构也暗示了石油相关活动的不确定性,如盲目钻探等。在这段描写中,"players""with the same spirit""the same game""the same pack of cards"这样的表达充分地表现出有限资源与众多竞争对手之间的冲突,这毫无疑问加剧了石油工业内部的竞争。此外,石油工业的形象也源于"玩家"对这个"游戏"的严肃态度。"the players grim-faced and silent",尤其是"surrounded by a haze of tobacco-smoke"的表述,更强调了这场游戏中的沉默。这些石油商人仅有一次机会下注去争夺有限的石油土地,他们紧紧盯着自己的利润数额,争分夺秒地计算着获胜的可能性。

在小说中,投资石油工业的风险逐渐显露,并且人们越来越意识到,风险背后更多的是危险和灾难。石油开采对自然和人类的破坏性在文本的刻画中体现出来。上文提到,《石油!》中既有从第三人称叙事者角度对石油工业的描述与评价,也有从角色视角展现的对石油工业的认知。以下将从这两方面展开详细分析。

1. 危险与灾难:全知叙事对石油工业的隐喻表征

石油开采的危险性从小说对油田的描写中充分体现出来。对油田的描写,很多是从全

知叙事者的视角展开的,更像是大众普遍的感知。喷薄而出又奔涌直下的石油被比作了黑色的尼亚加拉瀑布:

② The inside of the earth seemed to burst out through that hole; a roaring and rushing, as Niagara, and a black column shot up into the air, two hundred feet, two hundred and fifty — no one could say for sure — and came thundering down to earth as a mass of thick, black, slimy, slippery fluid... It filled the sump-hole, and poured over, like a sauce-pan boiling too fast, and went streaming down the hillside. (Sinclair, 2007[1927])[25]

整个地球的内部宝藏似乎都从那个洞坑里源源不断地向外喷涌,浓稠乌黑黏滑的液体,咆哮奔腾着,像从地底冲向云霄的尼亚加拉瀑布,足足有两百英尺(1英尺 = 0.304 8 米),或两百五,没人能确定到底有多高,最后又轰隆隆地坠下来……坠下的液体填满了集油槽,像煮锅中沸腾的液体倒了出来,又顺着山坡流了下来。(孙牡丹译,2015)[25](部分内容为笔者根据英文原文增补)

这段节选是对南加州"希望之地"油田第一次也是最大的一次石油开采的描述。原油在被发现和挖掘后,从地下"向外喷涌"(burst out)、"咆哮"(roaring)、"奔腾"(rushing),表现出"瀑布"的巨大气势、庞大体积和层层怒吼,从而产生一种压迫感和局限感。"roaring and rushing"的表达在听觉方面增强了石油内在的力量,而"two hundred feet"指的是估计的油柱高度,同时也强化了石油力量的视觉描述。这些表达都在一定程度上强化了读者的压抑感和窒息感,同时也再次强调了石油的负面强势形象。此外,"shot up into the air"也反映了方位隐喻"权力在上"(HAVING FORCE IS UP)。通过方位隐喻,更多的抽象概念可以通过空间概念进行隐喻解释。因此,这种表达暗示了石油的至高地位,以其不可抗拒的力量牺牲普通人的利益,笼罩整片大地,从而再次强调石油工业中存在的不平衡关系。

与瀑布相类似的隐喻还有"石油是洪水":

③ ...and out of the hole there shot a geyser of water, and then oil, black floods of it, with that familiar roaring sound... shooting out of the ground! (Sinclair, 2007[1927])[160]

……这洞先是断断续续地喷出地下水,接着是石油,黑色洪水不断向外漫延,伴随着熟悉的轰鸣……从地下喷出!(笔者译)

在这段节选中,"black floods... with that familiar roaring sound"和"shooting out of the ground"这些表达,特别是"roaring""shooting"这类词,与之前的隐喻结构有着相似的效果,构建了石油的强大形象。此外,"floods"反映出巨大的油量,这与"hole"的狭小空间形成了体积上的巨大反差,从而产生了一种压迫感。

通过这些隐喻性的表达,石油的强大形象得到了强化。这一概念隐喻的亮点在于它的二元性文本效应。从表面上来看,辛克莱把石油描绘成瀑布和洪水,以突出其雄伟的形象,但同时也暗示了他对石油的真实态度和描写意图。瀑布倾泻而下,大量落下的不是财富,而是未知的隐患和灾难。同时,这一映射也显示出瀑布的短暂性特征,预示着石油工业的光辉与优越性终将消亡的命运。

石油的强大形象也通过概念隐喻"石油是怪物"来强化,特别通过强调其破坏力来构建意象。辛克莱站在文内人物的视角来进行描写,比如被压迫的石油工人将石油描绘成一个类似怪物的可怕生物,以此呈现出石油的具体形象。下文便是从石油工人的角度对石油的描写片段。

④ Meantime the workmen were toiling like mad to stop the flow of the well; they staggered here and there, half blinded by the black spray—and with no place to brace themselves, nothing they could hold onto, because everything was greased, streaming with grease. You worked in darkness, groping about, with nothing but the roar of the monster, his blows upon your body, his spitting in your face, to tell you where he was. (Sinclair, 2007[1927])[26]

花开两朵各表一枝,工人们在油井上卖命劳动,累得走路打晃,眼睛被汗和油污的混合物糊住。四周连靠一靠喘口气的地方都没有,压根就没有能扶一把的支撑物,因为到处都是油,所有东西都黏糊糊滑溜溜的。夜晚黑暗中世界缩减为一团混沌油腻与单调轰鸣,地下藏着只喷油大怪兽,压榨你的体力、将污物喷你一脸,以显示它傲人的存在感。(孙牡丹译, 2015)[26]

这段节选的第一句就描写了石油工人极为恶劣的工作环境,再次指向了石油商人和石油工人之间的不平等关系。这样的观点在"石油工业是战争"的概念隐喻中也有所体现。如节选中的描写,石油工人的任务就是找到位置并抓住这个"怪兽"(monster)。所有这些来自源域"怪兽"的表达都被巧妙地用来描述目标域"石油",赋予了石油生命。从这些隐喻的表达来看,"石油是怪物"的概念隐喻是为了呈现一个具有破坏性的石油形象。"roar""his blows"和"spitting"这些表达都表明石油工人能够听到石油的吼声并感受到它的存在和力量,这些描述激发了听觉和触觉的阅读效果,从而在读者意识中形成一只凶猛的野兽在黑暗中咆哮怒吼的视觉形象。因此,通过这种表达方式,石油的破坏性形象被再次加强。此外,"staggered""blinded""no place to brace"这类表述等展现出一个狭窄、肮脏和黑暗的空间,从而使人产生一种窒息感。这种压抑和窒息的感觉也是由"roar"这个词所引发的。由于隐喻的显著效果,在构建石油破坏性形象的过程中甚至都未提及"石油"一词。

2. 从童话仙境到屠宰场:兔宝眼中的石油工业

由全知叙事者描写石油的破坏性可以看作一种较为客观的视角,而兔宝这一角色的视角则是一种更为主观的认知。

兔宝最初对石油开采和石油工业充满天真的想象。作为罗斯家族的独子,兔宝的成长伴随着父亲石油帝国的扩张。他自小就跟着父亲四处奔波,参与家族的石油生意,因此整个石油工业已经成为他生活中密不可分的一部分。在这期间,石油世界在兔宝的认知中更倾向于一个理想化的概念。在小说的开头,辛克莱把兔宝描绘成一个总是在"思考"(thinking)、"幻想"(imaging)和"做梦"(dream)的男孩,他的思维总是"从一件事跳到另一件上"

(jumping from one thing to another)（Sinclair，2007[1927]）[14]。在他的眼里，原油作业，如石油钻探、洗井、开采的过程，甚至是油田的外观，都被披上了天真而富有想象力的外衣。这种对石油理想化的认知甚至持续到他的青春期。

兔宝对石油世界的理想化认知在从他的视角传达出的隐喻性描述中得到了充分体现。最突出的隐喻性表达是将油田描述成仙境。

仙境的隐喻性表达在兔宝第一次出场时就已经有所体现：这个男孩用他热切的双眼观察着这个世界，就像哈伦·拉希德（Haroun al-Raschid）时代中的魅力角色，"骑着驰骋在云端的神马，或坐着在空中飞行的魔毯漫游他的梦幻世界中"（from a magic horse that galloped on top of the clouds, from a magic carpet that went sailing through the air）（Sinclair，2007[1927]）[6]。他将自己描述成一个在充满魔力的幻想世界中飞翔和做梦的角色，似乎迷失在仙境中一般。这种表达方式反映了兔宝对整个世界的奇思妙想，并通过这种隐喻结构在他的认知中建构了石油工业的形象。以下节选是兔宝对"希望之地"油田的描述。

⑤ Seeing them from the distance, in the haze of sunset, you could fancy an army of snails moving forth—the kind which have crests lifted high in the air. When you came near, you heard a roaring and a grumbling, as of Pluto's realm; at night there was a scene of enchantment, a blur of white and golden lights, with jets of steam, and a glare of leaping flame... Yes, when you drove past, sitting in a comfortable car, you might mistake it for fairyland. (Sinclair, 2007[1927])[113]

在傍晚的魔幻时刻远远望去，高而尖耸的木井架，让人幻想是菜地里一队队巨型蜗牛的触角。靠近些许，会听到吼叫声和轰隆声，这声音就像来自冥王星王国一般。在夜晚，映入眼帘的也是一片迷人的景象，白雾色与金色的灯光缠绵交织，映衬着喷出的蒸汽和跳跃的火焰……如果有人开车经过，说不定会以为自己来到了一个童话王国。(孙牡丹译，2015)[104]（ 部分内容为笔者根据英文原文增补 ）

这一段描述通过兔宝的口吻营造了一个天真、梦幻般的幻想世界。在这片童话仙境中，石油井架不再是冷冰冰的器材，而变成了伸向天空的蜗牛触角，"roaring"不再是怪物发出的可怕吼叫，而是来自"冥王星王国"中神秘的事物，甚至"蒸汽"和"跳跃的火焰"也在朦胧的光和黑暗中变得生机勃勃。其基本结构便是概念隐喻"油田是仙境"，兔宝用他熟悉的这种理想化的"仙境"框架来理解这个更加复杂和陌生的概念，即"石油工业"。而"the haze of sunset"和"a blur of white and golden lights"等表达用一些淡色的修饰词来引发视觉上模糊而迷蒙的形象，尤其是"haze""blur""steam"等词汇，从而营造出梦幻浪漫的氛围。在描述的一开始，一个美丽且迷人的油田形象就被建构起来。在此节选中，"snails moving forth"和"a glare of leaping flame"将蜗牛前进中慢节奏的特征映射到目标域，同时又强调了火焰跳跃的动态图像。这两种描述反映出这片仙境宁静且具有活力的两面性，增强了它梦幻的魅力。"冥王星王国"的设定让油田笼罩在神秘之中，"roaring"就像地下宝藏的低语，召唤着好奇的探险者。通过兔宝所作的这种梦幻浪漫的描写，所呈现出的石油和油田形象自然也是迷人且富有吸引力的。

此外,当兔宝拥有了属于自己的小罗斯天堂 1 号井时,他对从井里开采出的黑色宝藏也相当自信,甚至过于乐观。他认为自己的石油"会使所有古老的童话故事和天方夜谭冒险变得幼稚"（make all the old-time fairy tales and Arabian Nights adventures seem childish things）（2007[1927]）[160]。这再次证明了兔宝对石油世界的理想主义建构。将石油与旧时的童话和天方夜谭的历险故事进行比较,意味着兔宝是通过童话梦境的结构来认知和解读石油工业的。同时,这也表明石油和这些童话在兔宝的认知中本质上是平等的,而这就是他潜意识中的思维模式。基于这种奇特的想象,兔宝甚至认为自己的石油比这些幼稚的童话故事更令人惊异,这种描绘使他的理想主义认知再次被放大,并带有讽刺效果,即他的想象力其实才是真正幼稚的东西。

然而,随着兔宝的成长,他开始看到石油开采的负面影响。油田不再是仙境,而是变成了屠宰场。在成长的过程中,兔宝目睹了许多令人毛骨悚然的场景画面,在石油这座大房子中听到了数不尽的谎言和谄媚,工人们冒着生命危险辛苦劳作,无数的石油商人和投机者一头扎进这个由欺骗和阴谋编织而成的黑暗之网中。想到这些,兔宝突然意识到:

⑥ You had to remind yourself that an army of men were working here, working hard in twelve hour shifts, and in peril of life and limb. Also you had to remember the pulling and hauling, the intrigue and treachery, the ruin and blasted hopes; you had to hear Dad's stories of what was happening to the little fellows, the thousands of investors who had come rushing to the field like moths to a candle-flame. Then your fairyland was turned into a slaughter-house, where the many were ground up into sausages for the breakfast of the few! （Sinclair, 2007[1927]）[113]

但这当然不是什么童话王国,你必须记住,那里有多少工人白天黑夜井上井下卖命干活,拖拉扛拽,每天工作十二个小时。这些工程背后又有多少合纵连横的阴谋诡计,而那些争斗中的失败者和上当受骗的人,他们的财富梦腾起又熄灭如泡影,这你也并不陌生。还有前仆后继的贪婪投机者,不远千里赶到这儿来分一杯羹……想过这些之后再看,童话王国俨然变成了屠宰厂,"多数"被榨成肉末、制成香肠,供"少数"享用!（孙牡丹译, 2015）[104]

这段节选是兔宝视角下石油形象的第一次转折。"sausages""breakfast"这类表达都在表明油田已经变成了一个屠宰场,石油工人们在这里被剁碎成香肠,成为石油大亨们的早餐。在这种隐喻结构中,石油工业的血腥形象跃然纸上。"ground up"一词强调屠宰的过程,而"sausages"则激发了读者对肉糜切成条状并倒入肠衣这一步骤的想象。因此,这些表达产生了一种挤压感,并会引发读者充满血腥和脏乱的视觉感受。此外,"an army""in peril of life and limb"和"ruin and blasted"这些描述的深层含义与全知叙事者描写下的石油工业形象是一致的,即"石油工业是战争",因为屠宰也是一种杀戮。这两种概念隐喻都强调了源域的负面特性,为石油工业构建了一个血淋淋的形象。在兔宝早期的理想化认知中,炼油厂还被构建为天堂厨房,像天使一样的石油工人在烹饪焦糖一般的石油,而这里的"breakfast"与之前描述的天使烹饪却形成了鲜明的对比。虽然天堂厨房和屠宰场都是食物的隐喻,但后者所呈现的石油工业形象却强调了它的血腥和残酷,这完全不同于之前被浪漫化的形象。正是由于这种对比,兔宝的认知变化才更为明显和戏剧化。同时,"the breakfast of the few"这一说法表明工人和石油商人之间关系的不平衡。这一特征也通过食物与食客的关系得到了体现,因为食物的被动地位和被食客消化的悲剧结局映射了石油工业的不公平形象。"the many"与"the few"在数量上形成了反差,同时又对应着被动和主动的地位,加强了石油工业的不公平形象。

石油工业血腥而不公平的形象也在兔宝与其他人物的对话中有所体现。当这个富有抱负的年轻人想去参加石油罢工时,石油大亨的情人安娜贝尔告诉兔宝:

⑦ We're going to have roast spring lamb for dinner, but you didn't consider it necessary to visit the slaughter-house. (Sinclair, 2007[1927])[387]

我们待会儿去吃烤羊羔,但没人去看怎么杀,君子远庖厨。(孙牡丹译,2015)[309]

安娜贝尔的回答再次证明了这一结构性隐喻,明确指出石油工人是被屠杀的"羊羔"(spring lamb),是这些雇主的"晚餐"(dinner)。"屠宰场"这一概念所引发的传统形象是一个机械和冰冷的工厂,牲畜在这里被大规模且高效地宰杀。因此,在这个隐喻框架下,这一属性也被映射到目标域"石油工业"上。同时映射也会相应地触发源域"屠宰场"中其他相关的特性,像是血、恐怖和死亡,这强化了石油工业的血腥形象。此外,"spring lamb"这一表达也表明了石油工人的软弱、顺从和易驯化的特点,再次强调了这一群体的劣势和被动地位,因为就像这些无辜的牲畜要被屠宰一样,类似的悲剧也注定要降临到石油工人的身上。而"dinner"与前一节选中的"breakfast"相似,反映出石油工人是石油大亨宰杀下流血牺牲的受害者,这也加剧了石油行业的不公平形象。

"石油工业是屠宰场"的概念隐喻在兔宝的第二认知阶段建构了一个血腥和不公平的石油工业形象。很明显,这些隐喻表达与先前"石油工业是赌博、瀑布、怪物"中分析出的形象有着相同的主题效应,而这一意象也十分接近全知叙事者描述下的石油工业形象。石油工业的本质也通过兔宝更现实的认知得到体现。同时,兔宝理想化认知的颠覆与破灭更突出了这部小说对石油工业发展产生的消极影响的批判。

五、结　语

本文在概念隐喻理论指导下对辛克莱小说《石油!》中石油工业的刻画进行了分析。分析发现,从第三人称叙事角度,小说通过"石油工业是赌博""石油是瀑布/洪水""石油是怪物"等概念隐喻揭示了石油工业存在的不公平和非人性的一面。从兔宝的角度看,其对石油工业的认识经历了"石油世界是童话世界/天堂"到"石油世界是屠宰场"的转变。这一认知转变表露出对石油工业发展存在的问题的批判。辛克莱通过揭示资本世界石油工业的消极意象,传达了对当时石油工业发展的反思。

参考文献

BUELL F, 2012. A short history of oil cultures: Or, the marriage of catastrophe and exuberance [J]. Journal of American Studies，46 (2): 273-293.

GAVINS J, STEEN G, 2003. Cognitive poetics in practice [M]. London: Routledge.

GHOSH A, 1992. Petrofiction: The oil encounter and the novel [J]. The New Republic(2): 29-34.

HITCHCOCK P, 2010. Oil in an American imaginary [J]. New Formations, 69: 81-97.

LAKOFF G, 1987. Women, fire, and dangerous things [M]. Chicago: The University of Chicago Press.

LAKOFF G, JOHNSON M, 1980. Metaphors we live by [M]. Chicago: The University of Chicago Press.

LAKOFF G, JOHNSON M, 1999. Philosophy in the flesh——The embodiment mind and its challenge to western thought [M]. New York: Basic Books.

RIDDLE A, 2018. Petrofiction and political economy in the age of late fossil capital [J]. Mediations，31 (2): 55-74.

SINCLAIR U, 2007. Oil! [M]. New York: Penguin Book.

STOCKWELL P, 2002. Cognitive poetics: An introduction [M]. London: Routledge.

胡碧媛，2011a. 从利己到利他——厄普顿·辛克莱的自我实现 [J]. 当代外语研究(5)：43-47, 65.

胡碧媛，2011b. 厄普顿·辛克莱小说生态危机主题研究 [D]. 南京：南京大学.

刘菁,张必隐，2001. 隐喻理解认知加工的几种主要理论 [J]. 宁波大学学报(教育科学版)，23 (1)：14-17.

辛克莱，2015. 血色将至 [M]. 孙牡丹,译. 北京:首都师范大学出版社.

能源人文视野下
威廉·布莱克《老虎》中的隐喻和象征

翟　莉

（中国石油大学(华东)　外国语学院,山东青岛,266580）

摘　要

18世纪的英国诗人威廉·布莱克亲身经历了英国工业化发生和发展的特殊历史时期,体验了随之而来的社会生活方式及社会意识形态的巨大变革,并以诗歌艺术反映其独特洞察与观感。在两个多世纪以后的今天,我们同样处于新的历史转折时期,能源人文为我们提供了解读经典文学作品的新视野。在能源人文的视角下,重读威廉·布莱克的经典作品,我们发现其诗歌《老虎》中的隐喻和象征鲜明且深刻地反映了那个时期独特的社会生活,有力地折射和集中表达了时代的精神,有着鲜明的、独具时代特色的能源人文情怀。

关键词

能源人文;威廉·布莱克;《老虎》;隐喻和象征

一、引言:能源人文视野下的威廉·布莱克

随着能源获取方式的改变,生产方式也会发生剧烈变化,由此引发经济生活和与之相伴随的社会风俗、社会生活和行为方式的改变,文化生活、法律法规乃至宗教信仰也随之变化,文学的变革亦随之而来。在人类的现代化进程中,如果没有能源参与,就没有驱动现代社会政治、经济及社会文化生活的原动力。作为人类生活的基本元素,能源不仅仅体现在人类生活的物质层面,而且体现在社会、文化乃至精神生活的各个方面,诗歌当然也包括在内。从某种意义上说,人类的历史就是不断地进行能量转化从而产生能源革命,不断地推动人类技术进步的历史。有了能源工业的不断发展,才有了现代交通运输体系,从世界贸易到文化交流莫不如是。工业革命以来,能源更是成为改变人类生活方式、塑造世界政治经济秩序的直接

基金项目:本文系青岛市社会科学规划项目"青岛市'一带一路'国际合作平台建设中复合型外语人才的培养"(项目编号:QDSK2001061)的阶段性成果。

推动力。人类现代文明的制度、文化、价值均直接受到能源因素的形塑影响(赵秀凤和曹春华，2020)。从能源人文的角度解读经典的文学作品，可以为我们提供一种文学批评的新视野。

毋庸置疑，文学作品反映并折射着现实世界。马克思主义文学理论认为，文学是社会历史的一个重要组成部分，反映了文学之外的社会历史现实。任何一种文学理论如果孤立地对待文学，使它与社会和历史相脱离，那就不足以阐释文学丰富的内涵。因此，只有把文学放在这一较大的框架里才能真正理解其本质。美国著名文论家艾布拉姆斯在他的《镜与灯——浪漫主义文论及批评传统》一书中提出著名的"文学四要素"说。书名"镜与灯"把两个相对而常见的用来形容心灵的隐喻放在了一起：一个把心灵比作外界事物的反映者，另一个则把心灵比作一种发光体，认为心灵也是它所感知的事物的一部分(Abrams，2004)。把文学研究置于历史范畴之内是与传统语文的实证"科学"紧密相连的。法国 19 世纪杰出的实证主义文学批评家泰纳(1828—1893)在《英国文学史》引言中创立的"三因素"说在其美学体系中占有重要位置，"三因素"即种族、环境和时代三种力量。他认为，研究作家作品必须在这三要素方面占有大量材料，运用科学的方法进行分析研究(孟庆枢和杨守森，2007)[178]。德国哲学家赫尔德(1744—1803)把艺术史的发展变化同各个历史时期的社会生活、意识联系起来，认为一个民族在其物质生活过程中形成精神生活，而精神生活在艺术中能够得到直接表现(凌继尧，2004)[67]。

英国 18 世纪诗人威廉·布莱克(William Blake)的诗歌影响了几代读者，至今仍激励着许多有创造力和独立思想的人，他的绘画和文字也因其独创性和灵性而备受世人关注。布莱克生活的年代正好处于两个时代之交的节点上，被誉为前浪漫主义的代表人物。他的《天真的预言》(*Auguries of Innocence*)开头有这样的诗句："从一粒沙看世界，/ 从一朵花看天堂，/ 把永恒纳进一个时辰，/ 把无限握在自己手心。"本文试图依照这首诗所传达的"以小见大，见微知著"的精神，以其诗歌代表作品《老虎》为例，从能源文学视角管窥其诗歌艺术中独特的时代风貌。

二、威廉·布莱克：时代精神的"镜"与"灯"

威廉·布莱克(1757—1827)是英国文学史上最伟大的诗人之一。1789 年他首创诗画共生的《天真之歌》，又于 1794 年创作完成《经验之歌》，两部诗画集合为《天真与经验之歌》。"前者描绘了世外桃源般的美景，赞美心灵的纯洁与善良，后者展现了惨绝人寰的场景，揭示了现实环境的世故与丑恶，两者诗文质朴、对比鲜明、爱憎分明，代表了英国工业时代来临人们截然不同的两种精神状态。"(应宜文，2014)[131] 值得一提的是，《天真之歌》是他创作的第一部诗画合体、互文见义的诗集，合集《天真与经验之歌》是其诗学思想萌生的摇篮，西方学者甚至认为《天真与经验之歌》是西方浪漫主义文学开始的标志(应宜文，2019)。本文要探讨的《老虎》出自《经验之歌》，是布莱克最脍炙人口的诗篇之一。有英国文学史研究者视布莱克为英国浪漫主义时代的起点诗人，因为从他开始，英国文坛便进入了一个思潮澎湃的"革命"时期。虽然文学史家通常把华兹华斯在 1798 年发表的《抒情歌谣集序言》看作是英国浪漫主义诗歌开始的标志，但也都承认布莱克的第一部诗集就已经表现了革命浪漫主义诗歌的基本特征——热情的讴歌与瑰丽的想象。

　　在布莱克所生活的年代，英国正处于一个社会急剧转型的关键时期，各种新旧力量的撞击较上一个百年更为剧烈。伴随着工业革命的迅速发展，思想活跃激进，全球充斥着战争和动荡不安的氛围，大英帝国迅速向全球扩张，新观念、新思想不断涌现。这是形成现代欧洲政治、文化、思想基础的重要时期，经历了这一时期的人们清晰地认识到自己生活在一个激动人心的时代。人们不断用"革命"一词来抒发这种情感，如"工业革命""法国革命"或"美国革命"等。文学领域的发展也不例外，因为此时的诗歌领域正酝酿着一场前所未有的"伟大革命"，即浪漫主义诗歌运动——布莱克正是英国浪漫主义诗歌当之无愧的先驱者。生逢这一时代，诗人布莱克创作了大量富有想象力的诗歌，与这个不断变化的世界产生了共鸣。

　　现实生活中，作为这一切的先决条件却没有进入人们的意识之中，甚至常常被人所忽略，直到现在才开始进入人们关注的视野——那就是"能源革命"。能源革命才是这一切革命的原因所在，有了能源革命，世界才发生了数不清的改变，其变化之多甚至超过了之前人类历史的总和。工业革命是资本主义的手工工场向大机器生产过渡，以及随之产生的社会生产关系的大变革。随着煤炭行业悄然吹起工业革命的进击号角，整个世界都笼罩在震耳欲聋的能源革命的声浪中，人们完全有理由把这一时期视为世界历史的一个重要分水岭。发源于英国的第一次工业革命开始于18世纪60年代，它是人类技术发展史上的一次巨大革命，开创了以机器代替手工劳动的时代。这不仅是一次技术改革，更是一场深刻的社会变革。因为当时机器大都是由铁制成的，其动力来源是煤炭，常被形象地称为"煤铁复合体"，代表着当时最先进的生产力。这次工业革命以蒸汽机作为动力机被广泛使用为标志，大规模提升了传统的单人能量输出，用机器取代人力，由此带来了人类文明科技的重大突破。正如《人类简史》所述："工业革命的核心，其实就是能源转换的革命。"（赫拉利，2014）[331]

　　发生各种急剧变化的不只是物质世界，思想文化世界的巨变正在酝酿之中，一场伟大的文化革命正在悄然孕育，这就是文学史上声势浩大的浪漫主义革命。在这一具有里程碑意义的浪漫主义运动中，布莱克成为先驱人物。布莱克极具个人天赋，他精通的技艺包括刻字、雕版、绘画、诗歌，手工匠人对周围环境的独特体验把他所有这些艺术技能融会贯通起来。他所表达的肯定生活、赞美快乐的思想与18世纪古典主义所提倡的"理性"以及教会所强加于人的禁欲观点是背道而驰的。布莱克认为"活着的事物都是神圣的""热情是永恒的快乐"，这种肯定人生的思想与他在后来的著作中表现出的反对暴君、同情革命的立场是紧密相关的（布莱克，2011）[2]。

　　布莱克创作《经验之歌》的时期正是英国连年对法国用兵，国内对资产阶级革新派的迫害变本加厉，人民生活日益贫困的年代。布莱克最常被人们引用和传诵的诗，如《扫烟囱的孩子》《伦敦》等都取自该部诗集，都有揭露英国政府腐败、教会黑暗以及工厂对童工和青少年的摧残等主题，《老虎》也是其中之一，为后代文学家所反复评鉴赞赏。他的诗歌深刻剖析了18世纪英国的社会生活，蕴涵了对真诚与虚伪、仁慈与冷酷、美与丑的辩证反思。他创作于1804年的长诗《四天神》揭露了英帝国的工商业繁荣是建立在剥削和奴役之上的，把统治者描写为一个"建造帝国的大工头"，以工业支持殖民战争；工人们日夜劳动，替工头建立一座拥有 12 间房子（象征一年的 12 个月）的黄金大厦。这个"建造帝国的大工头"白天从事战争，夜间朝拜来历不明的鬼神，无数人戴着脚镣手铐在宫中呻吟。诗人表达了对于英国社会现状的尖锐批评，对于解放个性的强烈要求，对于大同世界的衷心向往。布莱克的诗歌表明，他是想象力的先知，是经验的忠实记录者，是从"魔鬼作坊"里冲出来的最优秀的净化知觉的预言者。

三、能源人文视野中的《老虎》："老虎"的创造过程

《老虎》出自《经验之歌》，作于 1793 年之前。这首诗歌气势雄浑，节奏铿锵有力，意象丰富，有很强的艺术感染力。关于布莱克"老虎"的象征意义，文学史家和研究者历来有多种不同的阐释：有西方学者从宗教隐喻意义的角度将其解释为对创世主伟大精神的高度颂扬，因为老虎作为百兽之王的巨大威力象征着对上帝巨大无比威力的惊叹；也有学者认为诗中老虎的眼睛像熊熊燃烧的火焰，在黑暗的森林里透露出令人惊悚的恐怖光芒，颂扬老虎的威慑力量，以体现上帝的无所不能；从诗歌营造的气氛分析，老虎被认为代表着神性，因为"森林尽管充满恐惧，却暗含高大正直的形象，正如老虎身上的条纹和布莱克勾勒的对称诗歌一样"，据此认为此诗歌颂了造物主上帝的伟大（Cook，1994）[214-215]。在下文中，我们将《经验之歌》中的《老虎》置于能源人文的透镜之下，从新的能源视角重新审视这一文学经典。

1. "老虎"的创造过程

"老虎！老虎！你金色辉煌，火似地照亮黑夜的林莽。"从虎目的熊熊火光（burning bright），到照亮黑夜的林莽（in the forest of the night），传达着令人不寒而栗的虎威及神秘感。这里"burning""bright""fire"等关于火的词汇格外突出，诗人把虎目比作熊熊燃烧的火光，与黑夜的林莽形成强烈对比，让读者看到一幅黑暗中燃烧熊熊烈火的画面，不仅渲染了恐怖神秘的气氛，也增强了"虎"的雄浑气场，显示出压倒一切之势。这首诗歌中，让人印象最深的就是这双燃烧在黑夜林莽中的老虎眼睛。虎目中熊熊的"火"指的是什么？那神秘的"铁匠"是谁？打造的"老虎"又象征着什么？

细读《老虎》一诗，每一行都有值得深思的内容。首句以对称的、抒发强烈感情的"Tyger! Tyger!"为起句，突兀急促，极具爆发力。"Tyger！Tyger！Burning bright！"用了一系列的爆破音，且用感叹号突出其冲击的强度，也暗示对老虎所象征力量的惊叹。同时，"bright"与"night"又押尾韵 [t]，三次重复的元音 [ai] 则充满了开合的亮色。由于发爆破音 [b] [t] 时我们的双唇会自然用力，这让老虎的凶猛之势跃然纸上，衬托出老虎的威猛基调，暗示诗中的老虎不仅是具体的实物，更是一个极具独特性和神秘性的象征，与下句中的"fearful symmetry"（symmetry 原意为"匀称、对称"，此处为"可怕的对称"之意）刚好呼应。这种神秘的铺垫又与全诗 24 句中 14 次出现的"what"问句组成强烈的对称美，而"可怕的对称"突出了老虎形象的本质特征。

诗歌中老虎的创造者被想象为神圣的"铁匠"。创造老虎的过程就是铁匠打铁的过程，

还出现了"铁锤"(hammer)、"铁链"(chain)、"铁炉"(furnace)、"铁砧"(anvil)的工具意象。铁匠仿佛置身于一个神秘的车间,手拿铁锤和铁链,站在锻炉边,在铁砧上逐一打造着老虎身体的各部分。在这一艰辛的过程中,首先创造的是老虎火一样发光的眼睛(第5~8行),然后是其心脏的筋腱(第10行)、脚(第12行),最后是其大脑。诗人用了一系列充满力量的有表现力的动词——frame、aspire、seize、twist、clasp、make。用这些动词来描述创造老虎的动态过程,不仅凸显了老虎桀骜不驯、难以驾驭的猛兽形象,更体现出创造者有着更神奇的力量将其牢牢控制。从整首诗歌的效果上看,诗人的意图似乎不是描写老虎的威猛,而是在探寻是什么样的力量创造了令人望而生畏的老虎。《老虎》这首诗由六节四步抑扬格的四行诗节组成,每两行押韵,全诗节奏感强烈,气势雄浑,在视觉和听觉上达成一种共鸣;总体创造出一种强度和张力,强化了老虎"威武堂堂"的气势;其节奏犹如铁匠用铁锤敲打铁砧,铿锵有力,被称为"铁砧式的音乐"(anvil music),颂扬"铸造"老虎的那种创造力,同时老虎这一形象似乎包含着十足的破坏力或暴力。

诗中也充分描写了创造老虎的艰难与危险。例如,在第二节中,布莱克用充满想象力的语言,借助希腊神话中普罗米修斯(Prometheus)偷取文明火种以及伊卡洛斯(Icarus)和代达罗斯(Daedalus)用蜜蜡和羽毛做翅膀逃离克里特岛两个典故,来描述创造者在创造"虎目"的过程中所经历的千辛万苦,其过程伴随着永恒的痛苦(prometheus),甚至葬身火海的威胁(daedalus),从而体现出创造者英勇无畏的胆魄。诗歌的最后一节和第一节几乎完全相同,似乎在暗示第一节中存在于想象中的、神秘的 Tyger 形象。Tyger 意象在最后一节演变成了诗人的现实作品"Tyger",暗示创造过程已经完成。诗歌第一节的"能"(could)与最后一节的"敢"(dare)对称出现在了诗歌的开始与结尾,意在点明创造者要坚忍、勇敢地完成创作,有能力还要有胆量。这两种对立的状态与风格必须遥相呼应,在意义与形式两个层面上的环行结构标志着《老虎》诗形上的"对称"和健全优美而又充满力量的肌体。

2. "火"的来源

创造虎目的"火"来源于哪里?如前所述,第二节的诗句中涉及希腊神话中的普罗米修斯,这位希腊神话中最伟大的创造者不仅用黏土按照自己的身体创造了人类,还为人类盗取了天庭的火种。他手持着火种降临大地,使第一堆丛林的火柱熊熊升到了天庭。对人类来说,正是因为有了火的使用,人类才成为万物之灵,进入文明社会。普罗米修斯是希腊神话中最具智慧和创造力的神明之一,他的名字寓意"先见之明"(forethought),是他让漫漫黑夜跳跃希望的火苗,让蛮荒时代沐浴文明的曙光,甘愿触犯天条救人类于水火,深受酷刑却无怨无悔。他给人类带来火种,为人类送来光和热。这样说来,普罗米修斯不仅是人类伟大的创造者,也是人类文明的缔造者。

诗人接着又想象这位伟大的创造者"凭借什么样的翅膀胆敢飞翔?凭借什么手掌敢攫取这火光?",从而引入了另一个与火有关的神话故事:神功巧匠代达罗斯和他的儿子伊卡洛斯使用蜜蜡和羽毛制造翅膀逃离克里特岛,飞向自由的天空,但伊卡洛斯因飞得太高,翅膀上的蜜蜡被太阳烤化而跌落水中丧生。这两个结局不同的神话典故都与"火"和"创造"有关。

火的重要性对于人类来说不言而喻，而这两个神话典故的运用延展和加深了"火"与"创造"的紧密联系及深刻性。普罗米修斯的神话有关人类文明的来源，即人之为人的根本属性；伊卡洛斯和代达罗斯的故事体现了人类精神生活中最为珍视的对自由的向往和追求，通过"创造"性的劳动而获得自由，有着"不自由毋宁死"的意味。

3. "老虎"的创造充满矛盾的两重性

由此看来，"老虎"的创造充满了矛盾的两重性。这种矛盾两重性一直存在，如诗的第三节写道："什么样的臂力，什么样的神工，能把你心脏的筋腱控制成功？"感叹创造技巧的高超，其形象得以完整呈现，诗歌的创作也随即完成。"创造了羔羊的手也创造了你（老虎）吗？"这也是另一种形式的"可怕的对称"。

布莱克把老虎的创造过程想象为现代工厂中金属在熔炉中炼选、打造、淬炼的过程，描绘了创造过程中包含的艰难和危险因素，就如同铁匠铸造器物一般，体现着其非凡的胆略，增强了感叹的效果。"什么样的铁锤？什么样的铁链？你的大脑经过什么样的火炉铸造？什么样的铁砧？什么样可怕的把握（grasp）？胆敢将它致命的可怕抓住？""创造了羔羊的手也创造了你吗？"这一连串反问句呈现出老虎与羔羊同处于造物过程中的紧张与矛盾状态（Stevenson, 1989）[215]。羔羊常常被解读为善良、纯洁、温顺、和平的象征。《天真之歌》中的《羔羊》也是布莱克的名篇，诗中描绘的是一个平静和谐的纯真世界以及"温顺"的羔羊。在此出现的"羔羊"与《老虎》一诗所描写的情景截然相反，与"老虎"形成了鲜明的对比，增加了诗歌的张力。艾伦·退特（Allen Tate）曾说过："诗歌的意义在于其张力，在于内涵和外延的有机结合。"（朱刚，2001）[56]

"创造了羔羊的手也创造了你吗？"这一问题也包含了深刻的复杂性。这首诗歌在宗教中的隐喻意义通常被解释为对创世主伟大精神的高度颂扬，老虎的巨大威力和力量正表示着创造者威力的巨大无比。布鲁克斯（Cleanth Brooks）认为，《羔羊》与《老虎》都与创造有关，羔羊和老虎象征着两元的对立。在基督教的传统中，耶稣由于被当成祭品而被称为羔羊，羔羊意指耶稣基督，一般来说羔羊也是善良、温顺和纯洁的象征。那么老虎意指谁呢？这几乎是一个无解的问题。上帝所创造的一切都是善，但这里显然是有矛盾的，羔羊和老虎象征着创造的两极，即羔羊代表善，老虎代表什么？创造和平、纯洁的手，也能制造恐怖、暴力及可怕的力量吗？将布莱克的诗歌置于历史大背景下进行探究就不难看出其困惑所在。布莱克深受法国革命的影响，这首诗就反映了他灵魂深处对时代发展的困惑，反映了他对传统观念的怀疑和挑战。这种雄浑的力道体现在创造的过程之中，诗人用"可怕的对称"来形容老虎的特征，突出了创造过程中的双重性，也反映了其时代的双重性。

诗中第五节提出的问题似乎更加深奥："当群星向下发射金箭，可曾把泪水洒遍那天宇？"有学者认为，这两行暗指撒旦与他率领的天使反叛上帝的败绩，明显引用了《失乐园》的典故。由羔羊与老虎的两元对立，又会联想到天堂与地狱、上帝与撒旦的对立。根据弥尔顿《失乐园》中的描述，撒旦和他率领的天使经过大约九天九夜的坠落之后，辗转沉沦到了烈火的深渊中，而这漏斗型的深渊不正形似工业化时代的炼钢熔炉？撒旦以及那些堕落的天使们既失去了天庭的光明，又受到无穷痛苦的煎熬，身处烈火四射的熔炉的煎熬中，在那不发光的地狱火焰中燃烧着，那里永燃的硫黄不断地添注。遭遇如此的失败，坠落的天使们会泪洒天庭吗？上帝看到天庭之战的胜利会显出神秘的微笑吗？

布莱克曾经说过，弥尔顿是一个受陈旧教条拘禁的艺术家，要解除这一拘禁，必须对其作品作"恶魔式"的解读（吴笛和彭少健，2019）[83]。19世纪的主流文学评论倾向于把弥尔顿史诗中的撒旦看作最坚定鼓吹反抗暴政的典型形象，比如哈兹里特（1778—1830）赞赏撒旦的反抗意志和性格魅力。正是因为弥尔顿把握住了撒旦性情的复杂性，才使他成为《失乐园》中塑造得极为成功的反叛形象，关于地狱的描写正是像极了"魔鬼的黑暗的车间"。从宏观上说，布莱克的《天真之歌》与《经验之歌》正是运用了"弥尔顿范式"（Abrams，1973）构建成为一个人类从纯真到经验再到更高级的纯真的环形之旅（William & Stevenson，1971）。通过《老虎》这首短诗，可以管窥其诗歌主题全貌。

《老虎》一诗中老虎的意象、诗境、象征以及诗歌主题都寓于"老虎""可怕的对称"的象征之中，它既健美又狰狞，既可怕又对称。至此，我们从中读出了"可怕的对称"的多重意义，因为在创造老虎的过程中，自始至终都充满矛盾之处。正如在古希腊神话中普罗米修斯偷火种给人类带来光明，在《圣经》中地狱的流火则是殉道与惩罚的象征；正如火的意象已经成为一种原型，它既代表着光明和温暖，又代表着桀骜不驯的自由、狂野和邪恶。

四、"老虎"创造者的身份隐喻和"老虎"的象征性

诗歌是时代之声，也是时代之魂。如前文所述，理解和阐释诗歌内容不可能与其时代背景割裂开来，脱离了产生它的年代和环境，无疑会变为空中楼阁，无所皈依。

1. "铁匠"即"创世者"的隐喻

在研究布莱克的过程中，很容易在其诗歌中找到那个时代对他产生影响的痕迹。生活在工业化的年代，布莱克的老虎创造者明显运用了"铁匠"的隐喻，仿佛把读者带到了某个神秘的、响彻铁砧打铁之声的、火光熊熊的铸造车间。西方的文学经典中不乏"铁匠"的比喻，如但丁（1265—1321）在描绘各天体的运动时，也曾将造物主喻为"铁匠"，犹如铁匠按照自己的心意（或智慧）而铸造铁块，每个天体也按照原动者的最深心意或最高智慧的旨意而运动、放光。创造者制造这些身体每一细节的过程又都具有一定的象征意义。比如，创造老虎眼睛的"火种"需要乘着翅膀飞上九天或者去深海寻找，这其实就象征着老虎创造者的非同常人的胆魄和胸襟。

在创造老虎的过程中，以创造虎目起始，以"火"的意象凸显自然能源之本。什么样的创造者能使火驯服？怎样使之驯服？正如一切能源为人所用的过程一样，一直是人们反复研究推敲的问题。无论是在古希腊神话中，还是在《圣经》中，都有火的起源和驯服的故事。关于火这个原型意象，威尔赖特在《原型性的象征》一文中指出火的"非理性的突发性和蔓延性"（叶舒宪，1997）[187]，即火具有巨大的毁灭性。也许诗人正想以此来象征第一次工业革命时代的人们对力与美的膜拜，同时又象征着可怕的暴力与破坏性。

布莱克出生时恰逢英国工业革命和法国资产阶级革命交接时刻。英国的工业革命在创造巨大的物质财富的同时,使社会各阶级间的矛盾进一步激化,造成贫富差距悬殊、环境恶化,阶级对立现象更为严重。既然物质生活的生产方式制约着整个社会生活、政治生活和精神生活的过程,不是人们的意识决定人们的存在,相反,是人们的社会存在决定人们的社会意识,那么"老虎"的形象所代表的意义就与其作者生活的时代产生了联系。正如前文提到的,工业革命究其本质是能源转换的革命,创造了以蒸汽机为代表的机械装备,人们形象地称之为"煤铁复合体",大大地提高了社会生产力。回到诗人在第一节中提出的问题"什么样的神手或眼 / 造出了你这样的可怕对称?"(What immortal hand or eye / Could frame thy fearful symmetry?)这一全诗的中心句中寻找突破点。"immortal"一词既表达了对老虎本质的追问,也有对老虎创造者不朽性的沉思。布莱克钟情于一种崇高的情感,这种情感源于一种恐惧。伯克的《对崇高与美的哲学思想探源》认为:"未经驯服的力量是崇高的,因为它从阴郁的森林中来,从充满吼声的荒野中以狮子、老虎、豹或犀牛的形式向我们走来。"(Cranston, 1994)[49]能与这"不朽性"的创造相联系的老虎的创造者,就是那些产业工人和劳动大众,与所谓的"上帝"相比,这一群体更符合其上下文的语境,劳动大众之中孕育着火山一般的可以爆发的创造激情,不可遏止的创造世界的力量,这种力量是崇高的,也是令人生畏的,孕育着不可遏止的能量!

对于"现代化历程"这一话题,以往很少有学者从"社会可获取能源的大规模扩张"这一角度进行叙述。事实上,与这种大肆扩张以获取能源相伴随的,是历史上前所未有的能源开采活动,以及由此所引发的社会习惯行为的改变和信仰的重新定义。从这一角度重读这首诗,我们分明能够确切地听到那铿锵有力的节奏,感受到那不可遏止的创造激情和胆略,而创造者那充满力量的身影仿佛出现在我们的眼前。在迄今为止已发生的两次世界工业革命中,能源的开采和运用都是其发展与推进的主要诱导因素,可见工业革命与能源革命之间有着多么密切的联系。在每一次工业革命发生之前,必然会有一次能源革命,主导能源的变化、更替,而这一切都掌握在劳动大众的手中。工业革命的实质就是能源革命。对人类而言,制约过去发展的根本因素在于能源的缺乏,由于缺乏能源,即使拥有能大规模利用能源的器械也无济于事。对英国而言,工业革命真正的含义在于找到了一种源源不断的能源——煤。这熊熊燃烧的"火"之源,不是在渺远的天空,而是在深深的地底。作为最早意识到能源真正价值的国家,英国体会到了能源革命不可遏止的巨大威力,其幸运之处还在于英国煤炭资源丰富,从而拥有了率先发现这一工业革命能源的先机。从历史上看,英国的工业革命并非始于所谓的"煤铁复合体",而是创造"煤铁复合体"的产业工人,是他们很快就制造改良出了各类机械,用于纺织、枪炮制造、舰队制造等,使英国的各种工业产品源源不断地生产出来,使英国成为世界工厂。由此看来,攫取虎目火种的人同样也应该是英国的煤矿工人和产业工人。正如《国际歌》中所唱的那样:"从来就没有什么救世主,也不靠神仙皇帝!要创造人类的幸福,全靠我们自己!""快把那炉火烧得通红,趁热打铁才能成功!"

2. "黑暗的魔鬼的车间"及其"煤铁复合体"

显然,布莱克意识到这个急剧变化的物质世界,"黑暗的魔鬼的车间",打铁似的铿锵节奏,铸造"老虎"的过程,与现实中的"煤铁复合体"有着密切的联系。"老虎"这一形象蕴含着极其可怕的桀骜不驯的暴力与破坏力,蕴含着诗人对现实问题的多重思考。为突出其创作过程的"可怕",诗人在诗中用了数个有"可怕"意味的词,如"燃烧的火光""熔炉""链子""铁砧"这些充满力量的工具,加上"seize""twist""clasp""make"这些表现力量与速度的动词,来凸显老虎的"可怕"形象。在可怕的熊熊火光中,在诗的第三节创造者开始以巨臂"拧制"老虎心脏的筋腱。"拧制"(twist)一词暗含"暴力",为第三节末出现的令人畏惧的"可怕的手""可怕的脚"打下伏笔。"dread"一词在英语中有"令人敬畏的"和"可怕的"双重意义。"dread"在第四节中已完全演变成了"可怕的握力"直至"死一般的恐怖"。在第五节中,创造者"对自己的作品报以微笑了吗?"这一问句表明老虎的创造者比老虎更令人敬畏,"可怕"的诗境被推向了高潮。浪漫主义所特有的寻求强烈的艺术效果,描写异乎寻常的事物,刻画异乎寻常的性格,塑造出超凡、孤独的叛逆形象,运用对比、夸张和想象的手法,追求异乎寻常的效果等特点在这首诗中都得到了某种程度的体现。《老虎》全诗一共使用了15个问号,用了14个"what"提出了一连串难以回答的没有答案的问题,而以首节的问句,即"What immortal hand or eye/Could frame thy fearful symmetry?"两行最重要,它奠定了《老虎》一诗的总基调,表现出作者寻求答案的渴望。这种问题的高频率出现,也表现了诗人对老虎的创造过程和结果的疑惑、惊奇、诧异与无法理解,一系列问号又使其求知欲随着老虎创造过程的完成而不断升级,直至最后一节象征着创造过程的结束,并且以"dare"一词之差遥相呼应,增强了其创造过程的神秘性以及对创造结果的惊叹,它既包含其创造时的气度恢宏,也包含着毁灭一切的可能性。

3. "老虎"之威与可怕的双重性

诗人的确是热情歌颂神作为老虎的威力与完美的形体创造者吗?这种创造的神秘性赋予此诗以深刻的寓意。读《老虎》一诗,有一点特别值得注意,那就是所有疑问句的疑问词是what,而不是who。这是否在暗示其创造者的非人道和非人性?很明显,"可怕的对称"是一个矛盾修饰语,"对称"一词是这首诗的核心词汇,其修饰语"可怕"一词不同凡响,强调老虎的"可怕之美"的双重性。老虎为什么可怕?在于其狂傲、桀骜不驯而令人生畏,因为老虎的意象本身包含了一种惊心动魄的威力和恐怖。这似乎也寓意了那个时代的工业化所带来的可怕势能以及不可预知的可能性,如同玛丽·雪莱笔下的弗兰肯斯坦创造的怪物,其智力和体力卓然出众,但也有可怕的一面,其谋杀罪行不是源于自身的"原罪",而是社会的"排斥"和"剥夺"。

作为能源的煤炭同样也具有这样的双重性,既有工业革命需要的有着无限创造潜力的光和热,又因恶劣的开采环境带有某种地狱的属性。这种双重性也折射了那个时代的社会生活。布莱克生活的1760年至1830年间的欧洲工业革命时期,是人类历史发展迄今为止最重要的社会转型时期之一,标志着欧洲农业社会的终结和现代工业化社会的开始,并导致了都市化和现代工商文明的出现。这一时期,工业化引领下新发明创造的"煤铁复合体"使西方社会现代化的进程飞速发展,使英国的经济水平迅速提升到世界领先地位,科学进步、社会财富增加、国力强盛,这些都是不容置疑的。这种社会的转型也带来了人类文明发展过程的重大转折和文学精神的根本性改变。而同时,在资本原始积累的过程中,广大人民受到残酷掠夺,农村人口失去土地、家庭破产并饱受精神折磨,自然环境遭到严重破坏。

工业革命带来的工厂制度迫使成千上万的人从农村和小城镇移居城市,成为生活日益贫困的产业工人。随着工业革命的深入,国家内部的阶级矛盾不断激化,给人们带来了无数的灾难,同时也造成了人类本性的失落,使人贪婪、自私、利欲熏心。布莱克在《伦敦》一诗中以内涵深刻的意象、凝练的语言和强烈的情感,从政治、经济、宗教、军事各个层面无情地揭露了作为英国缩影的伦敦城中的种种罪恶,诗中活生生地再现了伦敦这一代表资本主义的大都市中,人民如生活在人间地狱一般的惨痛和不幸,下层人民经历着深重苦难。"被熏黑的教堂"客观描写了教堂被烟熏黑的外观,直接指出了严重的环境污染问题,同时也暗示教会的堕落和罪恶,具有很强的讽刺意味。《扫烟囱的孩子》描绘了扫烟囱孩子的苦难,并以讽刺的口吻对雇佣童工的非人道社会提出抗议,揭露了宗教对人性的麻醉,使人变得麻木不仁,忘却亲情。那些父母因为受到虚伪宗教教义的蛊惑,成为宗教的奴仆,他们专心"赞美上帝、国王和神父",而对自己孩子的哭声、怨声和冷暖视而不见,他们在孩子的"苦难上建起天堂"。

五、结　语

《老虎》一诗折射了工业革命时期物质文明与人文主义的强烈冲撞,这也是由农业文明向工业文明转型时期必然经历的痛苦阶段。该诗作于法国大革命期间,王佐良先生从当时的背景着手,认为"老虎"象征了当时的法国大革命,表达了诗人对法国革命的同情(王佐良等, 1983)[616]。布莱克生活的时代正是英国政治迫害最为严重的时期,文学家和诗人们无法直抒胸臆去歌颂或者批判任何社会现象,只能通过隐喻和象征的艺术形式借以表达。

通过能源人文的这面透镜,阅读这首 200 多年前的诗歌,我们在体会其意象音韵的诗歌魅力的同时,还可以更清楚地看到人类文明的进步与能源的运用密切相关,同时也可以体会其暗示的固有悖论,思考化石能源的双重性:既是人类赖以生存的物质基础,又是人类延续的物质威胁。在 21 世纪的今天,获得能源已经成为各国压倒一切的首要任务,但我们也要看到其双重性,因为西方社会的飞速发展是以对大自然和劳动人民的无度掠夺为前提的,导致地球自然生态的衰败、现代人精神生态的堕落,使人类付出了惨重的代价。

参考文献

ABRAMS M H, 1973. Natural supernaturalism: Tradition and revolution in romantic literature [M]. New York: W W Norton and Company.

COOK C, 1994. Discourse and literature [M]. Shanghai: Shanghai Foreign Language Education Press.

CRANSTON M, 1994. The romantic movement [M]. Liphook: Blackwell Publishers.

STEVENSON W H, 1989. Blake: The complete poems [M]. 2nd ed. London and New York: Longman.

WILLIAM B, STEVENSON W H, 1971. The poems of William Blake [M]. Hallow: Longman.

ABRAMS M H, 2004. 镜与灯——浪漫主义文论及批评传统 [M]. 郦稚牛,等译. 北京:北京大学
    出版社.

布莱克, 2011. 布莱克诗选:英汉对照 [M]. 袁可嘉,查良铮,译. 北京:外语教学与研究出版社.

赫拉利, 2014. 人类简史 [M]. 林俊宏,译. 北京:中信出版社.

凌继尧, 2004. 西方美学史 [M]. 北京:北京大学出版社.

孟庆枢,杨守森, 2007. 西方文论 [M]. 北京:高等教育出版社.

王佐良,李赋宁,周钰良,等, 1983. 英国文学名篇选注 [M]. 北京:商务印书馆.

吴笛,彭少健, 2019. 外国文学经典生成与传播研究:第四卷 [M]. 北京:北京大学出版社.

叶舒宪, 1997. 神话与原形批评 [M]. 西安:陕西师范大学出版社.

应宜文, 2014. 威廉·布莱克画境中的《天真与经验之歌》[J]. 中文学术前沿(1):131-135.

应宜文, 2019. 论威廉·布莱克《天真与经验之歌》与《神曲》的诗画融合 [J]. 浙江大学学报(人
    文社会科学版)(3):148-153.

赵秀凤,曹春华, 2020. 能源人文:一个新兴的跨学科研究领域 [J]. 中国石油大学学报(社会科
    学版),36(3):25-34.

朱刚, 2001. 二十世纪西方文艺批评理论 [M]. 上海:上海外语教育出版社.

能源政治的话语博弈

外交话语视角下
俄罗斯国际能源话语权的架构路径探析

葛静深

（中国海洋大学　文学与新闻传播学院，山东青岛，266100）

摘　要

　　能源外交话语是一种具有显著建构性和意识形态性的符号系统，能够体现国际行为体与能源相关的文化传承、意识形态、重大利益、战略方向和政策举措等官方基本立场。从外交话语视角出发，国际能源话语权争夺的本质是基于"表述与理解"的意义争夺和"主体间身份建构"的身份争夺。在当代俄罗斯政治语境中，存在传统的"能源超级大国"元叙事和革新的"反能源超级大国"元叙事，二者相互交织形成了一种独特的、具有"怀旧现代化"特征的能源叙事框架。"反能源超级大国"叙事实质上是俄罗斯在新的"政治复兴时代"对传统的"能源超级大国"概念进行"再情景化"建构的过程。具有传统与时代特征的"能源超级大国"概念贯穿俄罗斯能源外交话语体系：利用传统的"能源超级大国"身份表述自我的能源优势，利用再情景化的"新能源超级大国"身份表达自我的能源主张，从而有效架构俄罗斯的国际能源话语权。

关键词

　　能源话语；能源外交话语；能源超级大国；俄罗斯

一、引　言

　　在过去的几个世纪中，地缘政治原则主要适用于国家间的领土争夺。对俄罗斯来说，广大的国土、开放的边界、东西方双向外交战略选择等因素曾长期影响其地缘政治的战略走向。进入 21 世纪之后，地缘政治的主要关切已经由领土转向经济等因素；而在地缘政治的诸多影响因素中，对于能源控制权的争夺已经成为当代地缘政治舞台上的一个首要事项。基于能源在当代国际政治舞台中的特殊地位，能源地缘政治作为一种新的地缘政治样态正在产生

基金项目：本文系中央高校基本科研业务费专项"当代俄罗斯北极话语体系建构研究"（项目编号：202013005）的阶段性成果。

越来越重要的影响。

　　能源地缘政治的主要各方围绕着油气资源的储量、开采技术、运输线路等展开了激烈争夺。作为世界重要的能源生产国,俄罗斯制定、出台了一系列能源战略和政策,以应对当今世界极端复杂的能源地缘政治形势。2014 年俄罗斯出台《2035 年前俄罗斯能源战略》,其中最重要的内容主要集中在调整俄罗斯在世界能源市场中的出口方向,调整能源结构,加大科技创新力度以降低俄罗斯经济对能源的依赖程度等方面。在新冠肺炎疫情对全球经济产生巨大冲击的背景之下,2020 年 6 月 10 日,俄罗斯总理米舒斯京批准了能源部提交的新版《俄罗斯 2035 年前能源战略》。在新版能源战略中,石油、天然气等传统能源领域仍是重点;俄罗斯能源工业的主要任务是在满足国内需求的基础上扩大出口,以巩固俄罗斯在世界能源市场上的地位,并通过基础设施现代化、技术独立化、数字化、出口多元化等手段确保俄罗斯的国家能源安全。此次新版能源战略的出台,再次证明了俄罗斯当前的经济、地缘政治战略对于能源的依赖性。

　　话语具有鲜明的政治性、社会性、建构性,话语的视角为能源相关政治议题的研究提供了新思路。本文将从能源外交话语的视角切入,探讨当代俄罗斯在贯彻其能源战略进程中的能源话语建构理念,及其国际能源话语权的架构路径。

二、话语、外交话语与能源外交话语

　　以"语言转向"为标志,语言哲学成为 20 世纪整个人文社会科学研究的前沿领域,而语言成为各人文社会科学分支学科的关注焦点与研究重心。结构主义、阐释学、叙事学、解构主义、后现代主义等人文思潮、流派均以语言为基础。而在国际关系领域,从 20 世纪 80 年代开始,以建构主义①为发端,国际政治、国际关系研究领域内发生了语言转向,强调从语言这一研究视角出发,探究国际关系的社会属性和变化性。

　　在前索绪尔时代,语言研究的对象只是自然语言。索绪尔的理论终结了语言学研究中的历史比较语言学传统,开启了系统功能语言学的新纪元。在传统语言学研究之外,巴赫金提出了"超语言学"概念,首次将"话语"作为语言学(语言哲学)的研究对象,即"活生生的具体的言语整体,而不是作为语言学专门研究对象的语言"(巴赫金,1998a)[239-240]。沃洛希诺夫在《马克思主义与语言哲学》中指出,巴赫金的超语言学将"语境对言词意义的作用发挥到极致……将索绪尔所排斥的社会历史内涵重新纳入到语言学中"(王治河,2004)[14]。如今,"话语"这个术语已经在人文社会科学的诸多学科中被广泛使用,而人文社会科学领域的"后现代"思潮尤其关注"话语"(比如,建构主义国际关系理论就具有非常明显的后现代性)。作为国际关系学界的一种思潮和思维方式,以"话语"为核心的国际关系"后"理论研

---

① 根据伊曼纽尔·安德勒(Emanuel Adler)的界定,国际政治、国际关系领域的"建构主义"包括现代建构主义、现代语言建构主义、激进建构主义(包括后结构主义)、批判建构主义(参见 ADLER E. Constructivism and international relations//CARLSNAES W, RISSE T, SIMMONS B A. Handbook of international relations. London: Sage Publications, 2002:96-98)。

究 ① 为传统的国际关系理论提供了一个独特的补充视角。

本文讨论的俄罗斯能源外交话语问题即基于"话语"概念而展开。外交话语本质上是政治话语，是外交实体"为表达自己在一定历史时期内的国际战略与外交政策所使用的语言"，主要存在于国家的正式文件、公开表态，领导人正式场合的讲话，以及国家间的条约、协议、公报、声明和宣言之中（金正昆，1999）[114]。外交话语是代表国家的特定的言语行为，其"本质是对国家利益的维护和争取"（王伟男，2011）。基于话语的社会实践观，沃达克把话语界定为围绕某一宏观主题展开的陈述。这一定义比较适合界定围绕某一议题而产生的系列话语。赵秀凤在综合了"能源"概念的表述、概念史以及历史、现实语境的基础上指出，"能源话语"可以被具体表述为"围绕能源（或特定能源品种）的生产、运输、消费、政策制定和战略规划等诸多议题而产生的话语"，具有社会性和政治倾向性（赵秀凤，2018）。

综合以上定义，能源外交话语可被理解为一种围绕"能源"这一宏观主题的政治话语，包含着国际政治行为体一定时期内与能源相关的战略、政策、思想，主要存在于国际政治行为体围绕能源议题而发布的正式文件、领导人讲话，行为体间签订的条约、协议、公报、声明、宣言等文本中。从"话语"视角出发，能源外交话语是一种具有显著建构性和意识形态性的符号系统，能够体现国际行为体与能源相关的文化传承、意识形态、重大利益、战略方向和政策举措等官方基本立场，也是一种包含明确"目的"和"意图"的政治言语行为。

国际关系的"后"理论开启了通过世界政治的文本、话语研究国际关系秩序的议程。哈桑曾指出后现代主义的两个本质特点：不确定性和内在性。"后现代主义具有某种语义的不确定性"（哈桑，1996a）[22]，客体、社会以及人们的知识均呈现出"模糊性、多元性、消解中心、移置、零散化"等倾向，影响着"政治实体、认识实体以及个体精神"（哈桑，1996a）[29]；而借助后现代的"内在性"，行为主体可以话语或符号实现自我扩充、自我增长、自我繁衍（张国清，1998）[53]，话语可以将外在客体概念化为语言所创造的符号，外在客体是行为主体内在性的投射（哈桑，1996b）[41]。从后现代主义的不确定性及内在性出发，当今世界的能源地缘政治的表象通过能源话语——尤其是国际行为体间的能源外交话语——而塑造、建构，具有显著的无序性、多元性、模糊性。话语的视角消解了传统地缘政治中时间和空间的物理边界，这也为当前国际能源政治局势提供了有益的解读视角：当前的国际能源地缘政治局势及行为体互动，是参与国际能源地缘政治的各相关行为体内在观念的多重外在投射，这种主体间性赋予了国际能源地缘政治以话语性、社会性和关系性特征。

三、国际能源话语权的本质：权力与对话

传统国际关系研究对于国际话语权的探讨主要以物质实力为基础，对政治实践中的对话、演说、辩论、叙述以及话语的形式与效果缺乏重视。从话语本体论和话语认识论出发，

---

① 本文中，国际关系的"后"理论是对后现代主义、后结构主义、后现实主义、后建构主义等理论的概括。这些"后"思想围绕语言，对国际关系的诸多现象进行重新阐释（参见孙吉胜. 国际政治语言学：理论与实践. 北京：世界知识出版社，2017：13）。

外交话语与国际话语权之间存在复杂的互动关系——国际话语权是外交话语产生效应的基础，也是国际政治行为体之间外交话语所争夺的目标。国际能源话语权一方面基于以能源储备、能源生产、能源运输、能源出口能力等为基础的"能源硬实力"，另一方面也与以能源话语能力、能源议程设置能力、国家形象等为代表的"能源软实力"密切相关。人类现代文明的制度、文化、价值均直接受能源因素的形塑影响（赵秀凤和曹春华，2020）。在能源软实力语境中，对国际能源话语权本质特征的探讨需要回到"话语"概念本身。

根据巴赫金的观点，话语的本质是"对话性"。因此，"对话性"也是能源外交话语的本质特征之一："话语是一个两面性的行为，是说话者与听话者相互关系的产物……任何话语都是在与他者的关系中表现意义的……话语是说话者与听话者共同的领地。"（巴赫金，1998b）[436] 基于能源外交话语的"对话性"，其表述过程中必然以"听者"的存在为前提——既是与"已有之言"的对话，也是与"未有之言"的对话。国际政治行为体的能源外交话语的形式组织、情感基调选择必然以传播过程中"潜在的应答"为基准。在巴赫金的"对话理论"中，"理解"是一个基本概念：理解不是理解者对话语内涵的单向活动，而是双向的——理解"并不是重复、复制说者，理解要建立自己的想法、自己的内容……无论是说话者还是理解者，都各自留在自己的世界中"（巴赫金，1998c）[190-191]。

因此，在能源外交话语互动过程中，无论是能源外交话语的发出者还是接受者，均参与到了国际"能源现实"的意义建构活动中。由于理解者通过"创造性理解"参与到意义建构过程中，因此理解和评价是不可分割的，即"不可能有无评价的理解"（巴赫金，1998c）[405]。在这一意义上，在国际能源地缘政治格局中，行为体间的能源外交话语具有"主体间性"特征，其本质上是说者和听者之间关于表述意义与理解意义的交互活动——国际能源地缘政治的参与者围绕能源话语内涵进行基于"表述与理解"的意义争夺。行为体将自我的现实意图清晰、真实、有效表述，并让他者在陈述框架范围内理解、接受，以建构于己有利的"意义体系"，这就是国际能源话语权争夺的本质特征之一。同时，由于话语具有"内在对话性"，因此能源话语权的争夺并不一定是外显的，更多情况下，它以更加隐性的内部对话方式蕴含于每一次外交话语的表述过程中。

在"话语"层面上对国际能源话语权本质的探讨还需特别关注福柯的话语理论。与巴赫金一样，福柯同样将话语视为"活的语言"：话语是那些"被说出的言语，是关于说出实物的话语，关于确认、质疑的话语，关于'已经发生的话语'的话语"，因此我们生活的历史世界"不可能脱离话语而存在"（刘北成，2001）[189]。福柯的主要学术关切在于话语在社会文化空间中如何与权力、体制相结合，如何开展控制，如何进行主体构造，如何建构主体身份以及主体在话语的控制之下如何展开自说等问题。福柯的话语思想在国际关系领域开启了后结构主义话语分析研究范式，正如福柯所说"陈述所需遵守的物质性规则属于制度的秩序而不是时空定位的秩序"，语言具有"重新编排和复制"客观现实的可能性，人们可以通过对语言的"生产、操控、使用、传播"实现对外在世界的"联结、分解、重构甚至摧毁"（Foucault，1972）[97-103]。

因此，后结构主义赋予了话语以本体性地位，认为在语言表象之外并不存在绝对的客观现实。这一话语认识论彻底脱离了国际话语权研究基于物质实力的现实主义传统，而把行为体的能源外交活动视为一个话语过程。从这一视角出发,行为体的能源战略、能源政策依赖于该行为体所面临的威胁、危机、安全等问题的表象——由话语建构的表象。行为体的身份同样由话语表象而来,身份的话语表象与对外政策相一致,从而建构行为体对外政策的合法性。在国际能源地缘政治语境中,行为体间依赖能源话语的表象作用展开激烈的"控制—反控制"争夺,行为体对于能源安全外部环境的感知也来源于能源话语的表象作用——行为体自身通过能源话语对自我身份以及与己对立行为体身份进行话语表征,与此同时他者行为体也在不断利用能源话语框定主体间身份,国际能源地缘政治局势就在这一话语互动过程中不断协商、不断重述、不断调整。因此,在福柯话语理论的意义上,国际能源话语权的建构本质上并不取决于行为体间的物质实力差异——通过合适的话语策略,为自我和他者建构特定的话语身份,"弱者"同样可以与"强者"进行有效的话语博弈。在这一意义上,国际能源话语权的本质特征落脚于"基于话语表象作用的主体间身份建构之争"。

四、"能源超级大国?"——俄罗斯政治话语中的"能源元叙事"

"大国"概念是表征俄罗斯国家身份的不变因素之一(Tolz,2001)。"大国"的愿望来自过去俄罗斯"伟大"的记忆(帝国时期以及苏联时期),特别是 20 世纪苏联的超级大国形象牢牢地扎根于俄罗斯的集体记忆中。而在俄罗斯这种"大国"形象的建构要素中,"能源"一直是重要的因素之一。能源产业几乎占俄国内生产总值的四分之一、投资的三分之一、出口的二分之一强和约 40% 的预算收入。俄罗斯前总理梅德韦杰夫曾在俄经济现代化委员会会议上指出:"尽管俄努力使俄经济结构更加优化和稳定,但在未来相当长的一段时期内,油气领域依然是俄财政收入的重要来源。"(米未言,2020)

1. 当代俄罗斯政治语境中的"能源超级大国"元叙事

尽管能源作为俄罗斯国家实力最重要的基础这一事实得到了普遍认可,但对于能源因素在俄罗斯经济体系、外贸结构中长期以来的主导性地位,以及这一状况对俄罗斯社会经济未来发展的影响,俄罗斯国内各界并未达成广泛的一致。具有保守倾向的学者普遍将广大国土上丰富的自然资源视为俄罗斯在国际社会中极为重要的一项竞争优势。这一观点在 21 世纪初得到了俄罗斯精英阶层的广泛认可:苏联解体后俄罗斯的国家实力、国际地位、国家形象等一落千丈,外部族群(西方)不再将俄罗斯视为国际事务的"强有力行为体",俄罗斯陷入了所谓"负面国家身份"之中;在这一背景之下,自然资源的巨大优势使得俄罗斯有机会重新成为一个"有限的超级大国",即"能源超级大国","能源超级大国"形象能够在一定程度上弥补俄罗斯与国际社会中发达经济体之间存在的经济、技术落差,对其"负面国家身份"起到一定的弥补作用。

因此,"能源超级大国"在俄罗斯国内的政治语境中成为一种典型的"元叙事",在俄罗斯的能源话语体系中具有主导地位。比如,俄罗斯著名国际问题专家纳罗奇尼茨卡娅(H. A. Нарочницкая)曾指出,俄罗斯在国际政治舞台中的政治能力主要依赖两个关键因素——强大的垂直权力和丰富的资源储备:巨大的自然资源(能源)储备"是唯一能够弥补俄罗斯不利的气候、空间条件的战略因素”，只有自然资源能够为俄罗斯的未来可持续发展提供保证，也只有自然资源能够提高俄罗斯抵御西方势力挤压的能力（Нарочницкая，2004）。这一陈述隐含着明确的意义指向：自然地理因素——不利的空间、气候条件——是俄罗斯过去及未来发展过程中面临的主要制约因素（基于传统地缘政治思维考量），而强大的垂直权力以及丰富的自然资源是对这种不利状况的有效补偿；能源储备这一全球地缘政治中被广泛争夺的战略资源将为俄罗斯抵御西方挤压、制裁提供有力支撑。这也反映出俄罗斯"能源超级大国"元叙事的基本特征：包含"西方"外部势力和"俄罗斯"自我两个对立身份，俄罗斯自我是一个长期受不利环境制约的不幸"受害者"，而自然资源（能源资源）是维护俄罗斯国家利益的重要依托。

俄罗斯国内政治语境中的"能源超级大国"相关叙述主要涉及能源出口（能源生产、能源贸易、能源运输、基础设施建设等）、能源收入等议题，在俄罗斯总统弗拉基米尔·普京看来，石油、天然气行业是俄罗斯在国际市场上的少数竞争优势之一。在2003年的国情咨文中，普京对俄罗斯当时所处的复杂外部环境及环伺的"他者"进行了深刻阐述："我们周围是经济高度发达的国家。我们必须坦率地说，他们正在从世界市场上尽一切可能对俄罗斯进行挤压。这些国家具有显而易见的经济优势，这也催生了他们的地缘政治野心的增长。核武器继续在地球上扩散，恐怖主义威胁着人们的生存与安全。但强大、装备精良的国家军队有时不是用来与这种邪恶作斗争的，而被用来扩大个别国家的战略影响范围之用。"普京强调，维护俄罗斯国家的完整，维护人民生活的和平与稳定，保卫国家广阔的领土空间，维持俄罗斯在世界格局中的大国地位，这是俄罗斯千年发展过程中不变的历史任务。为了达成这一目标，抵御外部威胁，普京提出了一系列举措、计划，并特别强调"自1999年以来，俄罗斯的石油、石油制品、天然气的出口量增长了18%，如今，俄罗斯已经是世界上最大的燃料、能源出口国之一"（Путин，2003）。在以上叙述中，能源成为逆境中的俄罗斯少数可以依仗的战略优势因素之一。

正是对能源在俄罗斯国家复兴进程中极端重要性的认知，使得俄罗斯政治话语中对能源生产技术、开采运输效率等问题格外关注。普京曾指出，俄罗斯的工业、经济体系大多在苏联时期的基础上建立，一些技术与世界先进国家相比有几十年的差距，因此必须在现代能源、通信等高科技领域发挥自己的作用（Путин，2006）。在"能源超级大国"语境中，俄罗斯的国民收入、生活水平等方面也和能源紧密关联在一起，正如普京所说："一个拥有如此丰富的石油、天然气收入的国家，绝不能容忍数百万公民还生活在贫民窟中……石油、天然气的部分收入应进入联邦预算，应用于大型基础设施项目中……其他的所有石油、天然气收入应进入后代的储备基金中，这个基金将用以提高人民的生活质量和发展经济。"（Путин，2007）

与能源生产、运输、销售等相关的复杂国际局势也对"能源超级大国"概念在俄罗斯的传播起到了助推作用。比如俄乌、俄白之间围绕能源运输展开的博弈，以及因俄罗斯对西欧国家的能源供应而在西方产生的有关"能源安全"的讨论，都促使俄罗斯政治精英们长期将石油、天然气视为外交与国内政策的重要出发点。

2. 当代俄罗斯政治语境中的"反能源超级大国"元叙事

从另一方面看，一些学者对于国内政治精英的"能源超级大国"迷信反感不已，认为对于能源因素的过度依赖严重阻碍了俄罗斯经济多元化改革的进程。这些批评者认为俄罗斯现有经济体制中的"资源—原材料"导向具有负面效应，这种"能源诅咒"将阻碍俄罗斯经济结构的多元化发展，最终损害俄罗斯的国家经济安全。比如谢夫索瓦（Л. Шевцова）认为，新世纪俄罗斯所展现出的国家形象就是一个具有明显"官僚主义"特征的"石油国家"——国家权力与能源经济的紧密联系将导致很多问题，比如社会阶层分化，国家经济、人民生活水平极大依赖原材料的销售收入，能源寡头产生，腐败等（Шевцова，2005）。罗戈夫（К. Рогов）认为，将丰富的能源资源视为俄罗斯的"天然优势"的观点，在 21 世纪头十年的时间里广泛流行于俄罗斯政治精英层，这种认知不仅是一种错觉，而且是一个国家战略层面的严重误判和一个典型的"反现代神话"："误判首先在于，他们认为石油和天然气的价格高位仍将持续很长一段时间；第二个误判是认为由于能源资源的有限性，世界能源市场将永远是卖方市场"（Рогов，2013）。

在"反能源超级大国"相关叙述中，改革的支持者们并没有否定能源带给俄罗斯国家发展的优势，而是在"历时时间轴上"对俄罗斯未来国家发展方向提出担忧——他们并不否定"能源"的重要性，而是强调"能源超级大国"这一自我身份认知及相关政策行为的负面导向。"有利的石油形势并没有刺激，相反，还推迟了一些具有迫切性的改革措施，比如养老金改革、医疗保险改革、教育改革等。与其对目前明显有弊端的制度冒险做出不受欢迎的改变，他们还不如通过石油收入来维持现状。"（Вардуль，2012）早在 2006 年，苏尔科夫（В. Сурков）就对"能源超级大国"思想提出了异议。相对于"能源"因素，他更强调"创新"和"知识"："我们有义务建立创新文化的发展基础，努力营造出一个能创造独特知识的体系，因为知识才是拯救人民的力量和资本。无论是在现在，还是在未来的后石油时代，石油危机的爆发都是不可避免的。我们有义务将原材料经济转变为知识经济，以便为俄罗斯的继续发展铺平道路。"（Сурков，2006）

"反能源超级大国"相关叙述中的这种对于俄罗斯未来发展道路的担忧，同样反映在了俄罗斯的官方能源话语中。比如梅德韦杰夫曾多次提出，希望俄罗斯"在一个全新的基础上获得世界强国的地位"："祖国的威望和福祉不能一直由过去的成就来决定，因为现在国家预算收入的大部分份额来自石油和天然气产业……它主要是由苏联专家创建的，换句话说，不是由我们创建的。虽然它仍然让我们的国家'蓬勃发展'，但这种发展正在迅速过时，在物质上和精神上都过时了。"梅德韦杰夫的这段叙述通过"能源话语"将俄罗斯的国家发展在时间维度上与过去（"苏联""蓬勃发展"）和现在（"迅速过时"）相关联，在"身份"层面将"俄罗斯自我"与过去的"苏联他者"进行区分。在这一基础上，现代俄罗斯的能源产业尽管在国家预算收入中举足轻重，但它代表的是"过时"的"苏联成就"，由此传达出这样的意义：未来，俄罗斯如果想继续发展，需要使国家经济模式和能源产业脱离"苏联模式"。因此，梅德韦杰夫给出了他的解决方案："……我们不仅需要增加矿物原材料的开采，还需要在实施创新方面取得领导地位，包括在传统能源和替代能源方面。"（Медведев，2009a）

在《俄罗斯，前进！》这篇被称为"俄罗斯现代化宣言"的演讲中，梅德韦杰夫直接将传统的能源经济列为俄罗斯面临的主要问题之一："依赖石油、天然气市场的低效经济，半苏联式的社会事业,脆弱的民主,负的人口增长趋势,不稳定的高加索局势——即使对于俄罗斯这样的国家来说,也是非常大的问题。"这一叙述再次将"能源"与"苏联"并置,并将二者相关的现实建构为现代"俄罗斯自我"的"非常大的问题"。在这一话语中,俄罗斯的能源问题具有如下几个要素:缺乏自主性("依赖"),外部依赖性("市场"),落后性("低效")。为克服这些问题,梅德韦杰夫提出:"在未来的几十年里,俄罗斯应该成为这样一个国家,其福祉不能依赖原材料出口,而是要依赖智力资源——一个创造独特知识、出口最新技术和创新产品的'智能型'经济体。"一个独特的、创新的、技术导向的、智能的"新俄罗斯"在这一叙述中呼之欲出,这个正面的新身份在对前在身份的否定过程中得以建构。但需要注意的是,尽管"依赖石油、天然气市场的低效经济"一直被看作是俄罗斯"能源超级大国"形象的固有要素之一,但新身份中的"独特""创新""技术""智能"等因素与"能源"因素并不矛盾——梅德韦杰夫的"现代化宣言"否定的是传统上认知、使用能源的落后方法,而不是对"能源超级大国"身份的全盘否定。"即使对于俄罗斯这样的国家",这句话的言外之意是俄罗斯仍然是一个强大的国家,只不过经历了暂时的困难(Медведев,2009b)。

　　长期以来,在俄罗斯国内的政治语境中,传统的"能源超级大国"元叙事和革新的"反能源超级大国"元叙事围绕着俄罗斯的国家身份相互交织,形成了一种独特的能源叙事框架。这类叙事往往直接与俄罗斯的自我身份建构相关,卡列宁(И. Калинин)称这类叙事具有"怀旧现代化"特征——在努力突破技术局限、创新发展理念的进程中,通过话语将现在、未来与"理想化的过去"联结起来,兼具"过去"和"未来"的双向性(Калинин,2011)。具体来说,在融合了两种元叙事之后的"怀旧现代化"能源话语中,"苏联"所指向的大国记忆披上了理想主义色彩,而"落后""保守""官僚"等语义则被"技术""创新"等所取代。在这一过程中,"能源超级大国"概念并未从政治议程中消失,它只是渐渐淡出话语本身,但作为自我"理想化过去"的遗迹和"理想中未来"的路标,这一概念正在并将长期以隐性方式存在于俄罗斯的能源政治语境中。比如2020年在新冠肺炎疫情背景下举行的"燃料和能源综合体发展会议"中,普京一方面指出能源"是国民经济的重要部门,它直接影响制造业、交通运输业、农业,影响我们的城市和乡村,以及整个国家领土的发展,在很大程度上也决定了俄罗斯的出口潜力和公共财政状况",另一方面又特别强调"现代的俄罗斯燃料能源综合体……是一个高科技产业……正在以最先进的数字技术解决方案,在包括北极、气候条件严酷的东西伯利亚在内的地区实施世界上独一无二的项目"(Путин,2020)。在新冠肺炎疫情肆虐、国际油价下跌的背景下,普京从正面叙述了俄罗斯现阶段经济结构的能源依赖性,并将这种传统的能源身份话语同"高科技"话语相结合,充分体现出了现阶段俄罗斯能源政治话语的基本特征。

五、外交话语视角下俄罗斯国际能源话语权的架构路径:案例分析

　　伯恩斯坦(B. Bernstein)曾在研究教育话语时提出"再情景化"(recontextualization)概念,认为"再情景化"使话语从原来的实践和情景中移走,依据一定的组序和聚焦规则对话语进行重建——在这一过程中,话语原有的社会基础和权力关系也发生改变,再情景化规则

"选择性地挪用、重建、重新聚焦并关联其他话语,以形成自己的秩序"(Bernstein,1990)[159]。借用"再情景化"理论,俄罗斯政治语境中的"能源超级大国"概念在最近的十余年中经历了非常明显的再情景化进程。

在 2008 年世界政治经济体系经历系统性经济危机之后,发展中国家和转型经济体迅速发展,传统权力中心(美国、欧盟、日本)实力受到冲击,俄罗斯也面临来自生态、信息、金融、教育、恐怖主义等多方面的压力。在这一背景下,确保能源安全成为俄罗斯的优先事项,能源外交开始在俄罗斯外交政策中发挥重要作用。2014 年的克里米亚事件对俄罗斯的地缘政治环境和能源外交策略产生了显著影响。俄国一些学者指出,克里米亚事件意味着俄罗斯开始重新在其南部、西部和西南方向进行地缘扩张,而这标志着"俄罗斯作为一个大国的古老传统的复兴"——加强这些方向的边界控制是俄罗斯作为一个世界性大国发展的基本条件(Козьменко 和 Щеголькова,2014)。而正是因为俄罗斯似乎进入了一个"政治复兴时代",西方的制裁机制也随之启动。乌克兰危机以来,在政治、法律、经济等因素的综合影响下,俄罗斯所面临的制裁压力逐渐加剧——包括美国、欧盟影响之下的俄罗斯传统贸易伙伴对俄罗斯能源项目所施加的压力。在多方压力下,俄罗斯能源地缘政治面临的主要挑战之一是努力使现有的能源(主要是天然气)出口模式现代化——在天然气运输基础设施系统中形成强大的技术储备,以改善运输、交付条件及价格机制。在全球能源市场上开展互利合作、寻求市场平衡机制、兼顾各方利益,这是新时期国际地缘政治生态的客观要求。尽管存在地缘政治分歧、金融和技术制裁,但能源互利合作仍是解决国际政治行为体(比如欧洲国家)能源安全问题的主要途径。现阶段俄罗斯的能源生产、运输路线方法多样化政策显示出了一种基于实用主义的基本原则,体现出了一种负责任的"商业态度"——努力让"正常的商业关系逻辑取代能源问题中的政治分歧借口"(Путин,2019)。

在这一新的时代背景之下,俄罗斯的能源政治话语的建构路径也发生了明显调整。"能源超级大国"概念并没有从俄罗斯国内政治话语中消失,俄罗斯官方话语所做的努力是:剥离"能源超级大国"概念中的苏联元素——过时的、野蛮的,在其中加入新的时代元素——先进的、创新的、未来的……从本质上说,这一概念经历了一个概念意指的"再情景化"过程。前文中论述的"能源超级大国"元叙事中加入了新的时代元素,而所谓的"反能源超级大国"元叙事,其本身就是糅合了传统的"能源超级大国"话语与新的技术话语、创新话语等而进行的概念"再情景化"过程。通过"再情景化",俄罗斯的"能源超级大国"元叙事杂糅了苏联超级大国的伟大历史记忆,以及新时期先进的国家身份,从而适应新形势,焕发新的生机——成为其在当今国际舞台中架构能源话语权的利器。

根据前文分析,国际能源话语权架构主要在行为体间的"对话"以及"身份争夺"两个维度上展开。笔者将以普京总统在 2017—2019 年"俄罗斯能源周"国际能源效率与能源发展论坛上的三篇致辞为例,探析当代俄罗斯能源国际话语权的外交话语建构路径①。

在"对话"维度上,能源外交话语从本质上是说者和听者之间关于表述意义与理解意义

---

① 普京的三篇致辞文本参见 http://www.kremlin.ru/search?query=Российская+энергетическая+неделя。

的交互活动——国际能源地缘政治的参与者围绕能源话语内涵进行基于"表述与理解"的意义争夺。对俄罗斯来说,能否清晰、准确、有效地表述自我的能源主张,并争取更大范围内的理解与认同,将直接影响其能源外交话语的有效性。

在 2017 年第一届论坛中,普京在发言的开篇用了相当大的篇幅论述了"将决定全人类共同能源未来的那些最重要的趋势",指出随着世界经济的发展、人口的增长,在未来 20 年内人类的能源需求将增长 30%,全球仍面临着非常严峻的能源形势("据统计,地球上仍有多达20 亿人不能充分获得能源")。为了应对这种能源形势,不仅"几乎所有发达国家都在开始发展清洁能源,包括可再生能源",而且"传统能源的发展也不会止步不前"。基于这些趋势,普京给出了他对于全球能源地缘政治形势的判断——"所有这些趋势将进一步加强生产者和消费者之间的联系,将导致市场的进一步全球化,使地球不同地区之间的能源相互依存关系增加"。在以上论述中,普京在表述未来全球面临的共同能源挑战的基础上,将能源地缘政治行为体区分为"能源生产者"和"能源消费者"两个群体身份,由此激活了俄罗斯"能源超级大国"这一传统的叙事框架——"俄罗斯作为主要的能源大国之一,非常清楚自己在确保全球能源的可持续发展方面的作用和责任。我国向世界几十个国家出口能源资源,并一再证明了自己作为可靠、稳定的合作伙伴的地位"。而在之后的致辞中,普京并没有将议题设置在"俄罗斯的能源出口"上,而是接连使用技术、创新等话语进行"再情景化"——"近年来,俄罗斯在新技术开发、装备生产国产化和附加值提升方面创造了大量的有利投资条件","今天,我们努力使我们的炼油厂现代化,建立了强大的石油和天然气化工厂","和世界上所有的主要国家一样,我们努力追求清洁能源,并取得了相当大的成功。在这方面,我想指出,即使在今天,在最大的经济体中,俄罗斯的能源平衡也是最清洁的","俄罗斯不像其他有些国家那样,拒绝发展清洁、安全的核能"。以上这些话语都不是传统的表征俄罗斯"地大物博"的"超级大国话语",而是在当前世界能源语境中建构的具有新内涵的能源话语。普京巧妙地在致辞中将新旧两种话语关联起来,利用传统的"能源超级大国"身份表述自我的能源优势,利用再情景化的"新能源超级大国"身份表达自我的能源主张,从而将新的规范性观念与已有观念连接在一起,有效建构了具有说服力的话语信息。

在 2018 年的第二届论坛中,普京的致辞运用了与 2017 年相同的话语策略:开篇即建构传统"能源超级大国"语境——"俄罗斯是世界能源市场上最大的参与者之一,油气生产和出口处于领先地位,电力和煤炭生产处于领先地位";随后对这一概念进行"再情景化",指出俄罗斯在石油、天然气、煤炭、核能工业等领域都极具创新力——"我们的优势不仅是拥有最大的天然气储量,还有有效的运输车辆、管道基础设施","我们正在投入运营新的生产和加工设施,实施发展交通基础设施的战略计划,包括为北海航线提供装备,建立破冰船舰队,使包括天然气运输船在内的船只能够全年在俄罗斯北极地区活动","我们将特别关注煤炭运输和消费的环保技术,包括在电力行业……我们将在我国的能源电网中引入数字解决方案……我们的另一个优先事项是保持我们在核能工业中的领先地位"。传统的以及经过"再情景化"的"能源超级大国"身份赋予了俄罗斯能源外交话语及行为以合法性、权威性,使其在围绕能源议题的"讨价还价博弈"中占据主动位置,促使话语接受者在其设定好的议程框架内"理解"其提出的能源议程，并说服其接受"新知识"。这就是俄罗斯在外交话语的"对话"维度架构其能源话语权的一个基本路径。

国际能源话语权架构的第二个重要维度是"身份争夺"，能源地缘政治中的话语权博弈本质上可以理解为主体间的身份建构之争。如前文所述，俄罗斯的"能源超级大国身份"的构成要素是复杂的，除了传统的以及经过"再情景化"的"能源超级大国"身份之外，在具体能源外交语境中，俄罗斯的能源外交话语会针对具体议题建构"能源超级大国"的"下位身份"。这种基于身份建构的能源外交话语策略集中反映于普京在 2019 年第三届论坛的致辞中。2016 年 12 月，欧佩克与非欧佩克产油国签订《联合宣言》，俄罗斯等 11 个非欧佩克产油国宣布联合减产；2019 年 7 月，俄罗斯等非欧佩克产油国与欧佩克签署《合作宪章》，"欧佩克+"合作机制自此长期化。在这一背景下，普京在致辞中明确建构俄罗斯与欧佩克之间的关系身份——"俄罗斯是一个负责任的'欧佩克+'成员国……我们讨论的不仅是石油生产水平，而且涉及在采用生产、加工、运输碳氢化合物的新技术以及解决环境问题等领域的密切合作"。同时，普京指出"未来几年能源消耗的增长将主要集中在亚太地区以及欧洲等传统市场"，并以俄罗斯与欧洲、中国之间的能源合作建构自我"可靠商业伙伴"身份——"我们表现出负责任、务实的态度，包括在我们与欧洲的长期伙伴关系方面……我要再次强调：这些项目是与欧洲公司联合执行的，完全是商业性质的。我想再次强调，这里没有任何政治动机"，"得益于亚马尔液化天然气项目，俄罗斯在全球液化天然气市场的份额增加了一倍多，目前约为 9%。对俄罗斯来说，这还不算多，但已经是一个显著的进步。我们正与法国、日本、中国的公司一起实施北极 LNG-2 项目，每年将再多提供 2 000 万吨液化天然气"。除了与其他行为体的关系身份，俄罗斯能源外交话语一向重视用科技、环境、创新话语直接建构自我身份，比如 2019 年论坛中普京明确建构俄罗斯在清洁能源、能源创新方面的自我身份："如今的俄罗斯是世界上能源结构最清洁、低碳的国家之一……可再生能源发电在我国的零售市场中受到青睐……俄罗斯正积极在能源电网中使用数字解决方案。"通过"负责任的'欧佩克+'成员国""可靠商业伙伴""低碳国家""能源创新国家"等系列身份的连续建构，俄罗斯新时期的"能源超级大国"身份不断丰满，通过外交话语在能源国际话语权争夺中发挥积极作用。

国际能源话语权争夺过程中的"身份争夺"并不仅仅涉及对自我身份的直接建构以及与合作伙伴之间身份的关系建构，更重要的是通过话语的建构能力对竞争对手相关行为的身份合法性进行消解。具体到俄罗斯的"能源超级大国"身份，这一身份并不独属于俄罗斯，世界上的能源大国（如美国）同样可以类似的策略建构自我身份，同时通过特定话语策略如技术话语，尤其是环境话语来威胁俄罗斯"能源超级大国"的国家身份，污名化其国家形象，并配合制裁等物质手段有效打击俄罗斯的国际能源话语权。因此，在俄罗斯的能源外交话语建构过程中，一方面必然会不断建构、重塑自我的能源超级大国身份，加入新的构成要素，在新的时空背景中对能源超级大国概念进行"再情景化"；另一方面针对其能源地缘政治对手（美国）的"攻击性"话语策略同样必不可少——通过特定话语，在自我合法身份的建构基础上，消解对手的身份合法性。比如在 2019 年的论坛中，普京通过建构自我"可靠商业伙伴"身份，以经济话语、经济身份来有效分化美国与其欧洲、亚太伙伴之间的共同政治身份；在为俄罗斯与欧洲、亚太国家的能源合作建构有利语境的同时,打击美国身份、行为的合法性,指出其在欧洲"以牵强的借口限制能源公司及其合作伙伴的活动……我们相信,无论情绪如何酝酿,无论针对我们的手段如何肮脏,我们都必须以务实、可靠和对共同未来的愿景为指导。我们打算这么做,也会这么做的"。在以上叙述中,在"对共同未来的愿景"的指导下,俄罗斯与欧洲建立了共同的"伙伴关系",而美国这一他者不仅"企图让能源行业成为政治分歧的牺牲品",而且是人类"共同、稳定、可预测的未来"的破坏者。这种身份话语的建构策略能够从道义层面有效架构俄罗斯的国际能源话语权,是俄罗斯能源外交话语中的常用策略。

六、结　语

外交话语视角为解读俄罗斯当前的能源战略提供了一个有益的参考,但我们对于俄罗斯国际能源话语权架构路径的研究不能仅仅依赖话语这个单一视角。正如挪威学者荷内兰德(Geir Honneland)所说:"叙事不可能仅仅以'叙事'的形式存在,对国家外交政策的完整诠释需要各种理论的支撑。"(荷内兰德,2019)[150] 如果在 2020 年的时代语境中审视当前的全球能源地缘政治形势以及俄罗斯的能源战略、政策,一个有趣的事实是——俄政治精英在近十余年中所倡导的"将原材料经济转变为知识经济"的理想发展道路似乎仍然仅仅停留在话语层面。

根据俄罗斯能源部[①]和海关署[②]的数据,截至 2020 年底,俄罗斯全国石油原材料产量比 2019 年下降 4 840 万吨(−8.6%),石油出口额则下降了 40.8%。尽管 2021 年俄罗斯能源出现了明显复苏,前 9 个月的出口额已超过 2020 年全年,但是在全球气候议程的背景之下,俄罗斯能源工业的长期发展仍然面临巨大挑战。2021 年,普京在"俄罗斯能源周"等多个重要场合表态,称俄罗斯的目标是到 2050 年减排 79%,到 2060 年实现全面碳中和。但鉴于油气产业在俄经济体系中的极端重要地位,俄罗斯的能源转型必将面临重重困难。为了保护能源产业,俄罗斯政府提出了一系列措施,包括免除石油公司因无力维持生产目标而受到的罚款,以及建立战略级的石油储备,预期将达到俄罗斯石油年产量的 10%。现阶段俄罗斯预算收入的 40% 来自能源部门,而俄罗斯 2035 年前的能源战略仍在强调传统的碳氢化合物,并没有针对脱碳和能源效率问题提出切实有效的规划。可以得出这样的结论:当前俄罗斯的能源转型战略和可再生能源尚处于起步阶段(蓝景林,2020)。这一现状显然与本文的分析结果存在一定偏差,即官方主流话语与实际政治之间存在明显的非一致性。这种情况在政治话语分析中并不罕见——哪怕最为激进的后结构主义者也不会声称仅仅通过话语、叙事、身份等变量就可以完全解释所有的外交政策。这种话语与实际政治现实之间的非一致性体现出了俄罗斯精英阶层在能源议题上的二元性:一方面,俄罗斯精英层认识到经济现代化和创建一个创新(知识)型经济体系的必要性;另一方面,俄罗斯决策层做出的能源相关决策到目前为止,大多仍停留在旨在保护现有能源产业运营与管理体系以及传统价值观的阶段,这一现状短期内仍不会改变。为实现能源产业的多元化转型,俄罗斯仍需经历痛苦而漫长的过程。

---

① 参见 https://minenergo.gov.ru/node/1209。

② 参见 https://customs.gov.ru/folder/513。

同时,从能源外交话语的视角出发,俄罗斯能源政治中的这种话语与现实的非一致性现象也可以解读为政治话语、政治叙事与政策行为之间的相对独立性——能源外交话语对于国际能源地缘政治现实具有显著的"形塑"作用,在国际能源话语权的争夺过程中,俄罗斯的"能源现代化"并不是一个"客观状态"(尚未实现),而是可以被能源话语所"主观建构"的。这种"主观建构"的结果在一定程度上并不依附于"客观现实",反而可以利用话语操控行为,在主体间建构"另一种现实",以达到争取认同、架构话语权的目的。这也凸显了"话语行为"在国际行为体的国际话语权争夺活动中独立于物质实力之外的"软"力量,值得我们在建构新时期中国特色大国外交话语体系、争夺国际话语权的过程中予以重视、借鉴。

BERNSTEIN B, 1990. The structuring of pedagogic discourse[M]. London: Routledge.

FOUCAULT M, 1972. The archaeology of knowledge[M]. New York: Pantheon Books.

TOLZ V, 2001. Russia: Inventing the nation[M]. London: Arnold.

ВАРДУЛЬ Н, 2012.Провокаторша по имени Нефть. Почему России невыгоден рост цен на «черное золото»[DB/OL]. (03-06) [2021-11-19]. https://novayagazeta.ru/economy/51505.html.

КАЛИНИН И, 2011. Бои за историю: Прошлое как ограниченный ресурс[J/OL]. Неприкосновенный Запас(4), [2021-11-19]. https://magazines.gorky.media/nz/2011/4/boi-za-istoriyu-proshloe-kak-ogranichennyj-resurs.html.

КОЗЬМЕНКО С Ю, ЩЕГОЛЬКОВА А А, 2014. Арктика: Модернизация региональной газотранспортной системы в условиях евро-российского геоэкономического и политического перепутья [J]. Вестник МГТУ, 17(3): 490-496.

МЕДВЕДЕВ Д А, 2009a. Послание Федеральному обранию Российской Федерации[DB/OL]. (12-12) [2021-11-19]. http://www.kremlin.ru/transcripts/5979.

МЕДВЕДЕВ Д А, 2009b. Россия, вперед![DB/OL]. (09-10)[2021-11-19]. http://www.kremlin.ru/news/5413.

НАРОЧНИЦКАЯ Н А, 2004.Родина: Ресурсы не отдадим[DB/OL]. (01-15)[2021-11-19]. http://www.narotchnitskaya.org.

ПУТИН В В, 2003. Послание Федеральному обранию Российской Федерации[DB/OL]. (05-16) [2021-11-19]. http://archive.kremlin.ru/text/appears/2003/05/44623.shtml.

ПУТИН В В, 2006. Послание Федеральному обранию Российской Федерации[DB/OL]. (05-10) [2021-11-19]. http://www.rg.ru/sujet/2526.html.

ПУТИН В В, 2007. Послание Федеральному обранию Российской Федерации[DB/OL]. (04-27)

[2021-11-19]. http://www.rg.ru/sujet/2953.html.

ПУТИН В В, 2019. Стенографический отчёт о пленарном заседании Международного форума «Российская энергетическая неделя»[DB/OL].(10-02)[2021-11-19].http://www.kremlin.ru/events/president/news/61704.

ПУТИН В В, 2020. Совещание по вопросам развития топливно-энергетического комплекса[DB/OL]. (04-29) [2021-11-19]. http://www.kremlin.ru/events/president/news/63292.

РОГОВ К, 2013. Страна поставлена на путь контрмодернизации[DB/OL]. (02-25)[2021-11-19].https://www.vedomosti.ru/opinion/articles/2013/02/25/vozvraschenie_v_nulevoj_cikl.

СУРКОВ В, 2006.Национализация будущего[DB/OL]. (12-06)[2021-11-19]. http://surkov.info/nacionalizaciya-budushhego-polnaya-versiya/.http://surkov.info/nacionalizaciya-budushhego-polnaya-versiya/.

ШЕВЦОВА Л, 2005. Россия-год 2006: Логика политического страха[DB/OL]. (12-13)[2021-11-19]. https://www.ng.ru/ideas/2005-12-13/1_russia-2006.html.

巴赫金，1998a. 巴赫金全集：第 5 卷［M］. 白春仁，顾亚玲，译．石家庄：河北教育出版社．

巴赫金，1998b. 周边集［M］. 李辉凡，等译．石家庄：河北教育出版社．

巴赫金，1998c. 巴赫金全集：第 4 卷［M］. 白春仁，晓河，周启超，等译．石家庄：河北教育出版社．

哈桑，1996a. 后现代主义转折［M］// 王潮．后现代主义的突破．兰州：敦煌文艺出版社．

哈桑，1996b. 后现代景观中的多元论［M］// 王潮．后现代主义的突破．兰州：敦煌文艺出版社．

荷内兰德，2019. 俄罗斯和北极［M］. 邹磊磊，等译．北京：中国社会科学出版社．

金正昆，1999. 现代外交学概论［M］. 北京：中国人民大学出版社．

蓝景林，2020. 疫情下的俄罗斯能源及展望［DB/OL］.（06-12）［2021-11-19］. https://www.essra.org.cn/view-1000-746.aspx.

刘北成，2001. 福柯思想肖像［M］. 上海：上海人民出版社．

米未言，2020. 俄罗斯新版 2035 年前能源战略解析［DB/OL］.（06-16）［2021-11-19］. https://www.essra.org.cn/view-1000-754.aspx.

王伟男，2011. 试论中国国际气候话语权的构建［J］. 中国社会科学院研究生院学报（1）：5-10.

王治河，2004. 后现代主义辞典［M］. 北京：中央编译出版社．

张国清，1998. 中心与边缘［M］. 北京：中国社会科学出版社．

赵秀凤，2018. 能源话语研究的体系与范畴［J］. 天津外国语大学学报，25（3）：63-77，160.

赵秀凤，曹春华，2020. 能源人文：一个新兴的跨学科研究领域［J］. 中国石油大学学报（社会科学版），36（3）：25-34.

话语联盟与政策制定

——以韩国《促进氢经济和氢安全管理法》的制定为例

李家秀　郑世高

（中国石油大学(北京)　中国国际能源舆情研究中心,北京,102249）

摘　要

　　"话语联盟"理论强调政策制定过程中持不同观点的"行为者"所主导的"意义竞争"过程。但话语最终能否成为政策,除受其自身意义影响外,还受宏观环境、制度结构与权力关系的制约。本文运用马丁·哈杰的"话语联盟"理论,对韩国政府《促进氢经济和氢安全管理法》(2020)制定过程中的话语竞争进行分析。氢能政策制定过程中主要存在"氢能是未来能源"与"氢能存在安全隐患"两个话语联盟。韩国总统文在寅主导的"氢能是未来能源"话语联盟在宏观环境与权力关系的作用下战胜民间团体主导的"氢能存在安全隐患"话语联盟获得了成功。

关键词

　　话语联盟;话语竞争;政策话语;能源话语

一、引　言

　　后实证主义指出,政策本身就是语言的,语言在政策话语中具有建构社会现实的作用。政策制定过程中,相关行为者通过语言的运用,不但描述了现实,也在描述中创造了现实(Fischer & Forester, 1993)。荷兰学者马丁·哈杰(Maarten Hajer)是后实证主义政策分析的核心倡导者,也是政策话语分析的早期探索者。在对英国和荷兰两国的酸雨治理政策的比较研究中,他提出了话语联盟框架(discourse coalition framework)的政策过程解释工具:如果存在对于政策问题的多种相互冲突的故事情节,那么接受不同故事情节的人就实际形成了不同的话语联盟。不同话语联盟争夺话语霸权的冲突导致了政策争论,而新话语的制度化则意味着政策的变迁(Hajer,1995)。

基金项目：本文系中国石油大学(北京)教改项目"'思辨英语读写（Ⅰ）'线上线下混合式教学课程（SPOC）建设"（项目编号：XM10720200021）的阶段性成果。

近几年,氢能作为可再生能源的储能媒介,受到众多国家的青睐。韩国氢能产业链的发展走在了世界的前列,这与政府的政策支持是分不开的。出于振兴经济的目的,韩国正以更大力度发展氢燃料汽车产业。韩国总统文在寅称氢能是韩国经济"未来的面包和黄油",氢能经济将为韩国带来发展新机遇。但随着全球加氢站爆炸事故此起彼伏,再加上资金压力巨大,韩国国内多家加氢站关门。不少车企也表示,在中短期内,氢燃料汽车尚不具备大规模推广应用的条件(万莹,2019)。2019 年,韩国在《氢能经济发展路线图》指引下,顶住江陵氢气爆炸事故和日韩贸易摩擦的压力,有效、持续推进氢经济的履行,实现了燃料电池汽车销量和燃料电池发电装机全球第一,新建加氢站数量全球第三的佳绩。2020 年 2 月 4 日,韩国率先发布全球首个《促进氢经济和氢安全管理法》(以下简称《氢法》),以促进基于安全的氢经济建设。

本文应用话语联盟框架考察分析韩国《氢法》制定过程中的社会论争以及政策制定的过程,有助于我们更好地认识复杂政策议题的内在实质与演变特征。

二、话语联盟框架

与其他社会科学一样,当代公共政策研究领域在 20 世纪 90 年代也出现了所谓的"语言学转向"(White,1994)。后实证主义者们认为,政策以及政策过程只有在解释中才能获得真正的意义(Araral et al.,2012)。1988 年,德伯拉·斯通(Deborah Stone)出版的 *Policy Paradox and Political Reason* 一书开始强调语言在政策制定过程中的重要作用,并将政策制定过程视为在政治生活中如何分类、如何定义和塑造人们的行为偏好以及如何说服他人的过程。在斯通的定义中,无所谓中立的真相,政策事实总是披上言语或数字的外衣并必须依赖解释而存在(Gottweis,2006)。政策行动者的情境解释、论点提出、论点回应、叙事的阐释和质疑等理应成为政策分析的重要组成部分(德雷泽克,2013)。在政策话语场域中,存在着各种各样的"行动者",他们是话语竞争的参与者以及政策决策的倡议者与推动者。其中,最重要的政策行动者是"话语联盟"。

在公共政策研究中,哈杰最早使用"话语联盟"的概念来分析环境政策的论争。哈杰曾表示:"需要一个中层概念来以非化约主义(reductionism)的方式将话语间的互动与个人的策略行动关联起来。"(Hajer,1995)[52] 话语联盟的一个重要特征在于,尽管作为一种政策"行动者"而存在,但它并非只是纯粹的个人、群体或组织,而是由进行话语宣称的主体、话语宣称的内容、话语实践及其所用策略等共同构成的整体。哈杰运用"故事情节"(storylines)这一术语表示话语宣称的主要内容,体现社会主体对于社会现实的特定认知与理解方式。 在哈杰看来,"话语联盟与特定人的关联并不那么密切,而与行动者所使用的故事情节及其实践密切相关"(Hajer,2005)[303]。哈杰将政策制定过程视为不同话语联盟"争夺话语霸权的竞争"(Hajer,1995)[44]。

哈杰提出,话语联盟之间的竞争分为两个阶段:第一阶段为"话语的结构化"(structuration)阶段,某一话语被许多人共同接受;第二阶段为"话语的制度化"(institutionalization)阶段,某一话语转化为公共政策或固化于制度与组织实践中。话语制度化的最高形式是话语所指称的对象被广泛视为是"自然的""正常的",甚至是"无可置疑的社会事实"(Hajer, 2005)[303]。

本文运用哈杰的"话语联盟"理论为分析框架,对韩国《氢法》的制定过程进行研究。

三、主要故事情节

1. 国家未来的面包和黄油

与产生温室气体和粉尘的碳能源不同,氢是一种清洁能源,水是唯一的副产品,因此氢燃料电池汽车还具有净化细粉尘的作用。氢是一种无穷无尽的资源,可以在任何地方找到。韩国93%的能源需求依赖进口,一旦氢能经济能够提供一定比例的能源,韩国就可以更加稳定地发展经济和巩固能源安全。2019年1月17日上午,文在寅在蔚山市政府大楼举行的主题为"氢能经济和未来能源始于蔚山"的活动上发表讲话。政府当天发表《氢能经济发展路线图》,文在寅号召通过改变国家能源系统寻求新的增长动力,称氢能是韩国这个亚洲第四大经济体"未来的面包和黄油",并宣称自己是这项技术的代言人。同年10月15日,文在寅带领多位政府官员亲临韩国京畿道现代汽车南阳研究所。在随后举行的"未来汽车产业国家蓝图"发表仪式上,韩国产业通商资源部等多个部委联合发布了《2030未来汽车产业发展战略》。文在寅强调,汽车行业的技术变革为韩国提供了一个在全球汽车市场领跑其他国家的机会。电动化时代,大家在同一个起点重新出发,"未来,我们不必再做'跟随者'"。文在寅在活动现场说:"最终,我们将有机会成为技术'领导者',而不是'追随者',我们应当把握好这个机会。"(李晶,2019)。

2. 高额补贴

2015年,韩国政府出台财税补贴政策、放宽标准、修订法规等系列鼓励措施,重点在交通运输和固定式发电领域加速燃料电池商业化推广。在交通运输领域,2016年韩国环境部发布《氢燃料电池车和加氢站建设补贴指南》,为每辆现代品牌燃料电池车提供购置补贴。2018年末,燃料电池公交车开始在首尔、蔚山示范运行,每辆可获得2亿韩元购车补贴。地方政府根据情况为每辆燃料电池车提供1 000万~1 250万韩元的补贴。此外,韩国政府还通过减免车辆购置税、高速公路费、公共停车场停车费等政策培育消费者市场,提出了放宽燃料电池汽车登记标准、制定公交安全标准、推动燃料电池汽车租赁业务、加大公务用车等支持措施。为加速基础设施建设,韩国政府对每座加氢站提供30亿韩元的建设补贴,以及上一年运营费用66%的运营补贴;减免加氢站国有土地50%的租赁费,并利用政策性资金投资,鼓励对民营加氢站建设公司进行金融投资或长期低息融资(游双矫等,2019)。

3. 环保耐用的燃料电池汽车

韩国汽车制造商现代汽车是为数不多的已经在市场上成功推出燃料电池汽车产品的企业之一。该公司于2013年推出 Tucson FCEV,这也是全球首款大规模量产的氢燃料电池汽车之一。现代汽车的目标是通过加强研发来提高氢燃料电池汽车的性能和耐用性，从而巩固其在氢燃料电池技术方面的领导地位，同时进一步推动这项技术更小型、更便宜。作为发展计划的一部分，现代汽车在 2017 年第四季度推出了一款全新的氢动力巴士，并于 2018 年初在韩国销售新款以 Nexo 氢燃料电池为动力的 SUV（运动型多用途汽车）。2019 年，现代汽车宣布计划在 2030 年前向燃料电池汽车生产设施及相关研发活动投资 7.6 万亿韩元，计划在 2030 年新建 2 座工厂，生产 50 万辆氢燃料电池汽车和 70 万套燃料电池系统，作为业务多元化战略的一部分，其中 20 万套系统将出售给其他汽车制造商（曹旻希，2019）。氢燃料具有强大的发展潜力，可以重振包括中小型企业在内的制造业，创造新的就业机会，氢燃料电池汽车被塑造为既环保又耐用的形象。

4. 安全隐患

2019 年 5 月 23 日，韩国江陵一家利用太阳能制氢的创新型中小企业发生事故。工人在对容量为 400 升的氢气罐进行测试时，3 个氢气罐发生爆炸，造成 2 人死亡、4 人受伤。该事件是韩国国内首次发生的涉及氢气的爆炸事故，也是近年来全球首次发生在氢气制取与储存过程中的爆炸事故。爆炸没有引发火灾等后续事故，但该事件向业界敲响了警钟。在韩国，氢气不受危险品安全管理法规管制。此次事故加剧了部分民众对加氢站和燃料电池车的质疑。9 月底，韩国一家化工厂发生氢气泄漏事故并引发火灾，3 名工人被烧伤。在韩国之外，美国加州一个氢气公司于 2019 年 6 月发生爆炸，距离爆炸现场几公里外的居民也感受到了爆炸冲击波。随后，该区域的加氢站均暂停了氢气输送。（氢小星，2019）就全球各地尤其在韩国本地发生的一系列氢能相关事故，韩国居民团体爆发了抗议活动，不满政府在他们的居住地建设氢能相关设施，《氢能经济发展路线图》规划的落实一度受阻。

5. 死亡之谷

居高不下的成本同样制约着氢燃料电池产业的发展。一辆氢燃料电池车每百公里消耗的燃料费用是汽油车的 3 倍、柴油车的 1.5 倍，必须以大量的政府财政补贴做支撑，否则对运营单位来说只能亏损。虽然从环保角度来说氢燃料具有无可比拟的优势，但是现阶段制氢成本居高不下，氢气的特殊性又导致它的运输成本高于其他燃料。这些因素加起来，导致氢燃料的成本和价格过高。对车主来说，加氢站普及度较低，往往不敢远距离驾驶，和纯电动车一样只敢在市内开一开，实际体验并不好。尽管政府计划在 2019 年底之前建造 114 个氢站，这是大规模采用氢燃料电池汽车的关键，但目前只有 29 个已经完工。平泽市于 4 月挑选了 2 家加油站经营氢燃料补给站，但不到 3 个月，这 2 家运营商都决定退出，迫使平泽市重新寻找加氢站运营商。有运营商表示："起初，我很感兴趣。但认真考察过一段时间后，我意识到政府是在追求一些不能盈利的东西。而且，我特别担心会再次发生爆炸。"一家财团的首席执行官柳钟秀在 6 月的一份报告中表示："将有一段时间会像经历'死亡之谷'。"该财团的任务是建设 100 座加氢站，但预计要到 2025 年才能盈利（李晶，2019）。

四、意义竞争与政策制定

话语最终能否成为政策，除受其自身意义影响外，还受宏观环境、制度结构与权力关系的制约。就"氢能是未来能源"联盟而言，其主要行动者是以韩国总统为首的政府，该联盟的行动者在权力关系与宏观结构上对由人民和民间团体主导的"氢能存在安全隐患"联盟都具有压倒性优势。在宏观结构的把握上，"氢能是未来能源"联盟有更多考量。韩国能源安全、能源结构、经济发展状况等内外部环境面临诸多挑战，存在能源对外依存度高（93%）、化石能源使用量占比高（占总能源使用量的 83%）以及经济增长减缓等问题（游双矫等，2019）。近年来，韩国密集出台政策追赶领先国家。2008 年，韩国政府发布低碳绿色增长战略，先后投入 3 500 亿韩元实施绿色新政、百万绿色家庭、绿色氢城市等示范项目，并在《韩国新能源汽车规划》《氢燃料电池汽车产业生态战略路线图》等规划政策中明确了燃料电池汽车发展目标。2015 年，韩国环境部确定 2030 年碳排放量降低 37% 的目标，将氢能定位为未来经济发展的核心增长引擎和发展清洁能源的核心。韩国政府采取出台财税补贴政策、放宽标准、修订法规等系列鼓励措施，重点在交通运输和固定式发电领域加速燃料电池的商业化推广。在相关政策鼓励支持下，韩国燃料电池汽车销量从 2016 年的 30 辆增长至 2018 年的 744 辆（游双矫等，2019）。在这一过程中，"氢能是未来能源"联盟充分发挥其在权力关系、宏观环境上的优势，把"未来能源"和"国家补贴"作为重点话语内容。2018 年 8 月，韩国政府就将氢能经济与人工智能、大数据并列为三大战略投资领域。而后历经 3 个月，在听取了 100 多位专家的意见后，韩国政府经研究分析制定了《氢能经济发展路线图》，囊括了氢能生产、运输、存储、使用等全部领域，旨在大力发展氢能产业，并在全球氢燃料电池车市场的发展中占得先机。这意味着，尽管"氢能存在安全隐患"联盟强调的"爆炸""破产"等话语一度成为立法阻碍，但《氢能经济发展路线图》的出台说明氢能合法性在国家层面上受到了肯定。

2019 年，随着韩国氢能产业发展愈发如火如荼，其安全问题亦愈发尖锐。全球 5 起氢能事故（韩国 2 起），特别是挪威加氢站的爆炸，让氢能和氢燃料电池车的安全性备受质疑。以民间团体为主要行动者的"氢能存在安全隐患"联盟以"爆炸""死亡""破产"为主要话语主题在一定程度上对政府的政策制定进程造成了阻碍。《氢能经济发展路线图》的出台并没有让民众看到十足的安全性，韩国政府只得以更加严格的监管政策来反映政府对于保证氢能使用安全的决心。这样一来，尽管政府承诺会给予氢能发展超过 60 亿韩元的资金支持，但在严格的监管政策以及薄弱的技术支持下，投资氢能项目的企业的财务安全充满了更多的不确定性。在"安全"的双重意义都得不到保障的实际情况下，"氢能存在安全隐患"联盟的声音与主张是政府立法无法忽视的一关。

2019 年，韩国《氢能经济发展路线图》的发布意味着"氢能是未来能源"联盟已经进入了决策场域，并初步确立了未来政策的基本框架。2020 年 2 月 4 日，韩国政府正式颁布《氢法》，确立了"氢能是未来能源"联盟在法律上的正当性。不过，就"氢能存在安全隐患"联盟而言，尽管其自身在权力结构中处于弱势，但 2019 年以来宏观环境的发展为其提供了有利条件，其关于安全利用氢能的正当诉求也在《氢法》中得到体现。例如，《氢法》第 4 章第 26

至 32 条明确了"氢经济基础",第 5 章第 36 至 49 条也较为详尽地解释了氢产品的安全管理,如指定安全经理、氢产品制造设施的完工检验、氢产品的进口和检验、安全教育等氢安全管理事项。

五、讨论与结语

本文尝试应用话语联盟框架对政策制定过程进行解释。在围绕"氢能"政策制定的论争过程中,不同行为体从供应安全、生产安全以及经济发展等角度进行话语生产,在公共舆论空间逐渐形成了两大话语联盟,即"氢能是未来能源"话语联盟与"氢能存在安全隐患"话语联盟。两个联盟分别通过特定话语为氢能赋予了积极和消极形象,进而表达了自身政策诉求。不同的话语会建构出不同的"现实",也会为不同政策方案提供"合理性",由此构成了政策论争的主要内容(张海柱,2016)。

推进氢经济和加强氢安全看似矛盾,实则互补,最终会促进氢能产业健康可持续发展。从宏观而言,《氢法》的颁布将使韩国氢能发展战略免受政府换届的影响,为政府促进氢工业发展与市场投资和技术创新构建可持续发展平台。从产业而言,《氢法》的颁布明确了政府对氢能产业和氢能企业的行政与财政支持,为包括氢能企业的培育、援助、人才培养、产品标准化等在内的产业基础事项奠定法律基础,同时弥补了《高压气体法》和《燃气法》的不足,为电解水制氢等低压氢气设备及氢燃料使用设施的安全管理提供了法律依据。以《氢法》的制定为契机,韩国民间领域的投资将更加活跃,各级政府可通过财政预算以及专设机构,积极、系统地推进建立氢气生产基地及加氢站等氢能产业基础设施。(氢能首席观察员,2020)"氢能是未来能源"话语联盟获得了结构化和制度化的力量。相对而言,"氢能存在安全隐患"话语联盟尽管在意义上存在合理性,也具有一定的社会动员力量,但其结构化不足,格局较小,行动主张方式过于偏激,无法使其话语获得制度化地位。

参考文献

ARARAL E, FRITZEN S, HOWLETT M, et al. , 2012. Routledge handbook of public policy [M].
    New York: Routledge.

FISCHER F, FORESTER J, 1993. The argumentative turn in policy analysis and planning [M].
    Durham and London: Duke University Press.

GOTTWEIS H, 2006. Argumentative policy analysis in Handbook of Public Policy[M]. London: Sage
    Publications.

HAJER M, 1995. The politics of environmental discourse: Ecological modernization and the policy
    process [M]. New York: Oxford University Press.

HAJER M, 2005. Coalitions, practices, and meaning in environmental politics: From acid rain to BSE in
    howarth [M]. Hampshire: Palgrave.

WHITE L G, 1994. Policy analysis as discourse [J]. Journal of Policy Analysis and Management,

13(3): 506-525.

曹旻希，2019. 韩国人为何选择了氢？［EB/OL］.（02-11）［2020-09-05］. https：//baijiahao. baidu. com/s?id=1625135363974041167&wfr=spider&for=pc.

德雷泽克，2013.《重构公共政策：话语政治与协商实践》一书评介［J］. 李强斌，译. 公共管理与政策评论（3）：90-93.

李晶，2019. 大量加氢站将关闭，致命爆炸正摧毁韩国车企发展氢燃料电池汽车的野心［EB/OL］.（09-25）［2020-06-11］. http：//auto. sina. com. cn/news/hy/2019-09-25/detail-iicezzrq8351808. shtml.

氢能首席观察员，2020. 全球首部氢法：韩国政府颁布《促进氢经济和氢安全管理法》［EB/OL］.（02-12）［2020-07-03］. https：//zhuanlan. zhihu. com/p/106377760.

氢小星，2019. 聚焦 2019：氢能热点事件回顾［EB/OL］.（12-26）［2020-07-04］. http：//chuneng. bjx. com. cn/news/20191226/1031855. shtml.

万莹，2019. 电动汽车、自动驾驶、飞行汽车"一网打尽"，韩国"大笔"描绘未来汽车产业蓝图［EB/OL］.（11-03）［2020-07-02］. https：//www. sohu. com/a/351365449_120044219.

游双矫，张震，周颖，等，2019. 氢能先发国家的产业政策及启示［J］. 石油科技论坛，38（5）：57-66.

张海柱，2016. 话语联盟、意义竞争与政策制定——以互联网"专车"论争与监管政策为例［J］. 公共行政评论，9（5）：3-23, 203.

能源企业形象的媒介塑造

中国化石能源企业形象的多模态话语建构

——多模态批评话语分析路径

展伟伟[1]　赵秀凤[2]

（1. 中国石油大学（华东）　外国语学院，山东青岛，266580；

2. 中国石油大学（北京）　外国语学院，北京，102249）

摘　要

　　本研究从多模态批评话语分析的视角分析中国化石能源企业的形象宣传片，考察企业形象的建构，并解释话语中所蕴含和传递的意识形态。研究语料是基于中国石油天然气集团公司（简称"中石油"）形象宣传片（2010—2020 年）的自建样本库（$N=10$），研究范式以批评话语学者 Fairclough 的"三维分析模型"（文本 text、话语实践 discourse practice 和社会文化实践 sociocultural practice）为理论框架，并结合 van Leeuwen 的"社会符号分析法"阐释样本库中的多模态语篇。研究问题有：① 中石油形象宣传片中表征（包括排斥）了哪些社会行为者和社会行为？② 运用了哪些多模态表征手段？采用了什么话语策略？③ 宣传片建构了中石油什么企业形象？体现了什么意识形态？通过定性与定量分析，本研究发现，以中石油为代表的中国化石能源企业重点表征了"中石油员工"和"中石油客户群"两大类社会行为者，表征了"油气生产行为""油气服务行为"和客户的反应行为。研究发现，经由多模态语篇的再情景化，中石油被赋予两类形象——服务型企业形象和优秀企业公民形象，反映了中石油的"家国情怀"精神、"顾客至上"的经营理念和"企业社会责任担当"的管理理念。

关键词

　　化石能源企业；企业形象；多模态批评话语分析；三维分析模式

基金项目： 本文系教育部人文社科规划基金项目"多模态能源舆情话语的认知批评研究"（项目编号：21YJA740055）、北京市社会科学基金规划项目"多模态视域下中西能源话语比较研究"（项目编号：21YYB006）的阶段性成果。

一、引　言

企业形象是公众对公司的看法、情感、知识和印象等认知的总和（Bernstein，1984；Markwick & Fill，1997）。企业形象的内容主要包括企业家形象、产品形象、服务形象、社会责任形象、企业标识和企业文化等内容（胡钰，2015）。Melewar（2003）、Devereux et al.（2017）等学者认为企业形象是管理学、市场营销学、设计和传播学的经典研究话题，这些领域一般关注企业形象的构成要素、行政管理、影响力等。近年来，语言学界也开始关注企业形象的话语建构问题。该类研究主要以"文本"（语篇）中的词汇与标题（李英华，2014）、词汇搭配与情态词（王琦，2019）、语义（徐珺和自正权，2020）为研究对象，少数研究也涉及多模态语篇对特定企业形象的建构问题（王玉和董静萍，2014）。但整体而言，多模态话语对企业形象的建构问题仍有待于系统深入地探讨，尤其是在结合特定企业类型考察企业形象塑造的话语策略方面，有很大的探索空间。

化石能源企业在我国具有特殊的地位和性质。鉴于能源之于国民经济的重要性，以中石油、中石化、中海油等为代表的化石能源企业在我国属于大型国有企业，公司的运行和管理机制不同于一般私营企业，该类企业形象的"自塑"方式和途径也有独特之处。目前，在全球应对气候变化、呼吁低碳环保的大背景下，化石能源企业处于一种非常尴尬的境地。一方面，我国在相当长的一段时间内仍然需要依赖化石能源提供动力；另一方面，"低/去碳化"又是大势所趋，逐渐减少对化石能源的依赖，大力发展可再生能源是中国乃至全世界制定的明确能源战略目标。在该语境下，中石油作为典型的国有化石能源企业，建构了怎样的企业形象？是如何建构的？体现了什么意识形态和价值观？这些问题值得深入探究。

我国化石能源企业的形象问题也引起了学界的关注，如赵星等（2011）从经济学角度，孙南（2013）、王亚娜（2017）等从管理学角度，丁先友（2013）从新闻传播学角度展开了系列研究，然而这些研究很少关注化石能源企业形象的话语表征方式和话语策略。本文以中石油为例，选取中石油发布的企业形象宣传片为语料，采用多模态批评话语分析方法考察语篇所建构的企业形象，并对形象背后蕴含的意识形态的表征方式进行批评话语分析。

二、多模态批评话语分析框架

Fairclough（1989）提出的批评话语分析模型包括"文本、话语实践和社会文化实践"三个维度，对应三个研究路径：描述、阐述和解释。其中，描述指对文本语言层面的词汇、语法、语义以及语篇的衔接手段进行描写和分析；阐述指文本的生产（production）、传播（distribution）与消费（consumption）环节的社会认知；解释关注话语实践和社会文化语境之间的关系，把话语放置到意识形态中，探索话语实践与意识形态的双向关系（纪卫宁和辛斌，2009）。

van Leeuwen（1996，2008）提出了语篇分析的"社会符号分析法"，认为语言是一种社会符号，语篇是对社会实践的一种再情景化，社会行为者（social actor）和社会行为（social action）实现和构成再情景化。一方面，"社会行为者网络"的中心问题是语篇中哪些人被表征/排斥和用何种语言/符号形式表征/排斥，如概括化（generalization）、具体化（specification）、非人格化（impersonalization）、抽象化（abstraction）、客体化（objectivation）等，这些对于揭示话语背后的权势关系、意识形态具有重要意义。其一,在任何语篇中,某类人群是被表征(inclusion)还是被排斥(exclusion)可直接反映话语秩序和权势关系;其二,社会行为者在文本中被赋予的社会角色(role allocation)、年龄、性别、民族、种族、信仰等是否被表征,用何种语言形式表征也都反映话语生产者的意识形态立场。另一方面,"社会行为网络"也相应地关注语篇中哪类社会活动被表征 / 排斥和用何种方式表征 / 排斥,如非 / 过度限定(in/overdetermination)、去 / 施动者化(de/agentialization)等。同时,"行为"和"反应"的问题也是"社会行为网络"的主要关注点,哪类活动是"行为"和哪类活动是"反应"也蕴含话语生产者的意识形态和价值取向。在社会行为者和社会行为的符号表征上,除了语言符号外,其他如图像、声音、色彩等多模态都是实现再情景化的符号手段。在分析多模态符号表征方式时,本文主要还采用如 Kress & van Leeuwen(1996)、Tan(2009)、O'Halloran(2011)、Tan et al.(2016)等视觉语法研究学派的相关概念和分析框架。van Leeuwen(1996,2008)认为通过对语篇中社会行为者和社会行为的符号学分析,可以探索语篇所隐含的话语权力和意识形态。

因此,本研究遵循 Fairclough(1989)的三步分析法,以 van Leeuwen(1996,2008)的社会行为者和社会行为为理论框架,通过系统分析中石油形象宣传片的社会行为者和社会行为多模态表征,阐述中石油企业形象建构内容,解释语篇中的企业形象和社会文化之间的关联性,进而探索以中石油为代表的国内化石能源企业在企业形象建构时所蕴含和传递的价值理念、立场定位和意识形态,并对其形象的塑造手段和方法的合理化策略进行批评性分析。

三、语料与研究步骤

1. 语 料

本文语料是基于中石油近 10 年(2010—2020 年)的形象宣传片所自建的多模态语料库(N=10)。语料来源包括中石油官方网站、腾讯视频和百度视频,以"中石油""润滑油"为关键词在上述网站进行人工检索和筛选,确定了以企业形象宣传为主题的 10 则宣传片为研究语料,具体信息详见表 1。

表 1 中石油形象宣传语料库信息

编码	年限	主 题	网址链接
1	2019	宣传片 —— 昆仑润滑油	https://v. qq. com/x/page/k0827uu4pjo. html
2	2018	宣传片 —— 加油站	https://haokan. baidu. com/v?vid=10092136668239885525&pd=bjh&fr=bjhauthor&type=video
3	2018	宣传片 —— 助力惠民利民	https://v. qq. com/x/page/b070439aefn. html
4	2017	宣传片 —— 智慧加油站	http://www. cnpc. com. cn/powercms/media/powercms_content/1703/1489738762426. html
5	2017	宣传片 —— 畅想生活每一站	http://www. cnpc. com. cn/powercms/media/powercms_content/1703/1489738582796. html
6	2017	宣传片 —— 一卡在手全国加油	http://www. cnpc. com. cn/powercms/media/powercms_content/1703/1489738722611. html

编码	年限	主 题	网址链接
7	2017	宣传片——铁人精神	http://www.cnpc.com.cn/powercms/media/powercms_content/1706/1496627738963.html
8	2015	宣传片——中国石油天然气	https://v.qq.com/x/page/g0389zpft2y.html
9	2014	宣传片——品牌形象与平凡见非凡	http://www.cnpc.com.cn/powercms/media/powercms_content/1404/1397806697593.html
10	2014	宣传片——公司宣传片	http://www.cnpc.com.cn/powercms/media/powercms_content/1404/1397815709077.html

2. 研究步骤

本研究遵循"描述—阐释—解释"的分析路径(Fairclough,1989),首先运用 van Leeuween(1996,2008)提出的"社会符号分析法",聚焦社会行为者和社会行为,描述其多模态文本表征形式,然后分析阐释社会行为网络表征的规律、特征和话语策略,最后结合社会文化语境和企业的性质、使命,综合批评分析中石油自塑的企业形象。

具体研究问题包括:① 中石油形象宣传片中表征(包括排斥)了哪些社会行为者和社会行为?② 运用了哪些多模态表征手段?采用了什么话语策略?③ 宣传片建构了中石油什么企业形象?体现了什么意识形态?

四、多模态表征分析

1. 社会行为者表征

"社会行为者网络"的首要关切是哪些社会行为者被包含和排斥(van Leeuwen,2008)。仔细标注和统计语料中所表征的社会行为者,我们发现中石油形象宣传片集中表征了两大类社会行为者——中石油员工和中石油客户。中石油员工包括加油员、技术工人、高级工程师三小类,中石油客户群主要包括加油站客户、行驶途中的车辆/司机与乘客、机构性客户群。我们按照"类符"统计表征频次,即以单个宣传片为单位,统计社会行为者的出现频次,表征形式上包括图像和文字。例如,加油员这一类型在同一个宣传片中出现,无论人数、性别、年龄、相貌上有什么差异以及在此宣传片中有多少帧镜头,统计上只记 1 次;当加油员在 2 个不同的宣传片中出现时,统计上记 2 次。

每一个宣传片中都包含至少一种类型的中石油员工,其中,"加油员"8 次(即样本库中 80% 的宣传片中都表征了"加油员"社会行为者),"技术工人"4 次(40%),"高级工程师"4 次(40%)。可见,中石油宣传片把服务客户的窗口端工作人员"加油员"建构为代表其企业形象的首要社会行为者,彰显其服务提供者身份。从客户表征来看,每一个宣传片中都包含至少一种类型的中石油客户,其中,"加油站客户"8 次(80%),"行驶途中的车辆/司机与乘客"9 次(90%),"机构性客户群"5 次(50%)。客户表征彰显普通消费者,与服务提供者身份相对应,同时"机构性客户群"亦是中石油客户的重要组成部分。

就表征方式而言，所有社会行为者皆使用视觉图像为主要表征符号，部分辅以声音模态和文字符号，具体表征方式信息见表 2。

表 2　社会行为者表征类型和频次表

社会行为者类型		频　次	样本占比	符号／模态
企业员工	加油员	8	80%	视觉、声音、文字
	技术工人	4	40%	视觉、声音、文字
	高级工程师	4	40%	视觉、文字
目标客户	加油站客户	8	80%	视觉、文字
	行驶途中的车辆／司机与乘客	9	90%	视觉、文字
	机构性客户群	5	50%	视觉、声音、文字

我们发现中石油形象宣传片的"社会行为者网络"呈现出如下特征：

第一，社会行为者身份的群体化。首先是中石油员工的群体化，主要体现为视频画面以集体、团队的多人群构成：身穿中石油统一标识（logo）工作服，所从事的社会行为为集体活动，如员工讨论（样本 2，视频 02：12—02：19；样本 8，视频 09：32—09：35）、会议（样本 8，06：39—06：55；样本 10，视频 00：20—00：24）、宣誓（样本 10，视频 01：25—01：38）、业务比赛（样本 8，视频 05：49—06：03）、现场作业团队（样本 8，视频 06：08—06：11）、工会活动（样本 8，视频 09：36—09：39）。以样本 8 为例，绝大部分画面都由一群整齐着装的石油工人组成，他们出现在同一镜头，表征了石油工人的团队协作精神；语言符号上主要使用集合指称，如样本 2 的旁白"千千万万加油员"、样本 8 的旁白"我们"和"一代一代石油人"等。视觉图像和语言符号协同建构"中石油员工"的集体身份。其次是中石油客户的群体化，其表征方式也是主要依赖于图像，通过叙事情景中服务对象的群体化，构建中石油的服务型企业形象。一方面，如样本 1、2、3、4、5、6、9、10 的车来车往的画面通过"交通工具 —— 汽车"指代"司机和乘客""驾车族"和"用车族"，并延伸至现代社会的每一员，因为"移动出行"是现代社会的重要标识之一。用社会行为网络理论术语来说，在客户群的表征方式上，语篇更多的依赖于社会行为者的非人格化（impersonalization）（van Leeuwen，2008）表达，从而说明中石油所提供业务的普遍性和广泛性。另一方面，客户的群体化也通过一些机构来表征，如南极科考团队（样本 1，视频 00：37—00：39）、蔚为壮观的坦克铁甲洪流（样本 1，视频 02：04—02：06），这类客户群以工作场景说明中石油服务对象的特殊性机构，群体所在的机构身份折射出中石油服务国家重大战略需求的企业形象。

第二，社会行为者身份的角色化。中石油宣传片所表征的社会行为者往往不是具体的个体，而是机构化、场景化的社会角色，与上述服务对象的群体化形象相关。该类宣传片在建构企业自身形象时，更着重强调突出所服务对象的机构或社会角色，而非现实生活中的具体个体。例如，"加油员"（样本 2、3、4、5、6、9 等）的图像表征方式是"提供类（offer）"而非"索取类（demand）"（视觉语法术语，Kress & van Leeuwen，1996），因为"加油员"面对的是语境中的客户而非镜头外的观众，该表征方式所凸显的是中石油的工作服、加油身份和加油业务而非"加油员"个体特征；再如，对"航母军人"社会行为者的图像表达（样本 1，视频

02：26—02：30)在表征方式上镜头由远及近,从航空母舰、大海、飞机等语境及情景最终聚焦并停留在"飞行员"身上,凸显了"飞行员"的社会角色,强化保家卫国的社会责任。

第三,社会行为者身份的平民化。与印象式预设不同,中石油宣传片所表征的社会行为者很少涉及企业高层管理者或政府领导,更多的是普通工作人员,以普通劳动者的身份被表征。在石油工人表征上,以工作在一线的"加油员"和"技术工人"为主要表征对象。在客户群层面,宣传片采用很多抽象化、非人格化的表征方式,如采用港口(样本1,视频00：08—00：12)、高铁(样本1,视频00：28—00：32)、风力发电机(样本1,视频00：40—00：44)、核电站(样本1,视频00：45—00：48)等工作、生活场景。该类场景指代与此场景相关的社会行为者,又包含国家基础建设的多个项目,由此各行各业的千千万万普通劳动者通过视觉画面和声音符号被隐性表征。

第四,社会行为者的符号化。该类宣传片往往通过表征典型社会领域的非人格化场景,借助转喻,隐性表征被高度符号化的社会行为者。用高度符号化的事物或场景,如航天航空(样本1,视频00：05—00：07)、港口(样本1,视频00：08—00：12)、潜水艇(样本1,视频00：13—00：17)、高铁/动车组(样本1,视频00：28—00：32)、航空母航(样本1,视频00：33—00：36)、核电站(样本1,视频00：44—00：48等)(图1),来表征所服务的对象。这些表征物一方面以宏大图像场景形式展演中石油所服务的社会行为瞬间,另一方面又配有如"伴国之重任前行""在中国前进的每一个重要时刻""助力国家为己任""更助力国家前行""守护国之重器""昆仑润滑油始终伴随中国前行的步伐"等声音旁白,视觉画面和声音模态皆表现出明显的服务国家的叙事倾向。可见,该类非人格化的场景表征方式,其实是通过常规社会场景的典型性符号,转喻激活社会服务提供者"中石油"和所服务对象的从业者。样本7中的声音配乐"我为祖国献石油"(视频00：30—01：15)和场景"盛大庄严的国庆庆典"(视频02：10—02：15)更是点明了中石油服务人民、服务国家的理念。在视觉图像、声音与文字符号的协同作用下,宣传片的受众很容易理解该类物化场景的交际目的不是展现符号所代表的表层意义(如介绍项目的进展、国庆庆典细节等),而是通过符号的象征性联想义凸显中石油为国民基础设施建设、经济建设和国防建设等提供动能,构建其服务国家战略的国企身份。

　(a)航空航天　　　　　　　(b)港口　　　　　　　(c)潜水艇

　(d)高铁/动车组　　　　　(e)航空母舰　　　　　(f)核电站

图1　符号化场景

(图片来源 https://v.qq.com/x/page/k0827uu4pjo.html)

综上,中石油宣传片所表征的社会行为者体现出明显的群体化、角色化、平民化和符号化特征,行为者表征的以上特征集中建构了中石油的服务者和国家使命承担者的企业形象,既为普通民众的日常生活提供动力,又为国家的重大战略项目提供动力支撑,突出体现中石油作为我国央企的家国情怀,这也是央企在我国社会文化语境下被赋予的应有的社会政治角色。

2. 社会行为表征

社会行为网络理论把社会行为分为行为(action)和反应(reaction),行为又分为物质行为(material action)和符号行为(semiotic action)(van Leeuwen, 2008)。物质行为大致相当于及物性系统中的物质行为过程,符号行为大致相当于及物性系统中的言语行为过程。反应则包括认知(cognitive)、情绪(affective)、感觉(perceptive)等心理感知活动。

鉴于多模态表征的融合性,无法对所有表征的社会行为进行穷尽性分类统计,但通过仔细分析,笔者发现中石油形象宣传片以油气生产行为和油气服务行为的表征为主,以服务提供者和客户反应行为的表征为辅。具体如下:

(1)中石油员工的社会行为主要围绕油气生产(样本 7,视频 00:15—01:16;样本 10,视频 00:01—00:10,00:16—01:11,01:44—02:05 等)、研发(样本 1,视频 01:27—01:33)、销售服务(样本 2、3、4、5、6、9 中的"加油员"日常工作)、抢险救援(样本 8,视频 09:40—09:46)等物质行为展开,只有少数情况下有符号行为表征,如"喂,好,我们马上到"(样本 3,视频 00:04—00:07)、"您好,欢迎光临"和"再见,欢迎下次光临"(样本 2,视频 00:44—00:54)等,这类简短的交际言语行为也是旨在建构积极的服务形象。大量的物质行为是为了在视频受众(即多模态语篇受众)心中勾勒出一个团结奋进、朝气蓬勃和为人民做实事的团队形象,进而完成"为人民服务"的企业形象建构。

(2)中石油客户的社会行为主要为依托中石油提供的油品服务所产生的驾驶或行进行为(样本 2、4、5、6、9 中的驾驶员驶进、驶出加油站)的画面。除该类物质行为外,宣传片还主要表征客户在接受服务后的反应,体现为情绪反应,视频画面表达有顾客微笑回应加油员的打招呼(样本 4,视频 01:06—01:08;样本 5,视频 01:39—01:42)、一家三口在加油站服务区休闲购物时的温馨表情和孩子的嬉戏打闹(样本 4,视频 03:09—03:12;样本 5,视频 00:38—00:48)、顾客加油后开启幸福旅程和展露快乐笑容(样本 4,视频 03:32—03:45;样本 6,视频 00:37—00:46,01:09—01:19),更有农民客户对加油车驶进视野时的期盼表情(样本 3,视频 00:11—00:20)、天真孩童给加油员端水表示感谢(样本 3,视频 00:56—00:58)。以上图像中人物的面部表情、手势、肢体语言等说明中石油客户对企业的生产研发工作、油品质量和服务质量的认同度及满意度,进一步强化了中石油"为人民服务"的企业形象。

中石油形象宣传片在"行为"和"反应"的表征上呈现出以下特征:

第一,商业服务行为的多元化。通过社会实践的再情景化,中石油旗下的多门类商业行为被表征,如油气品服务(如加油站售油)、非油气品服务(如昆仑好客 Usmile 便利店)和工业技术出售等。首先,视觉符号与文字协同表征了其专业化、规范化、智能化的油气品服务(样本 2、4、5、6);其次,加油员和顾客的温馨互动呈现了昆仑好客 Usmile 便利店的非油气品服务（如样本4、5、6多以生活日用品种类繁多和温馨购物环境为主要表征画面）；再次，画面和言语文字描述了中石油的工业技术转让和出售等商业行为（样本8，视频02：25—02：30）；最后，样本10（视频02：16—02：18）呈现了一幅世界地图，上面布满了中石油标识，标识代指企业在全球各地的子公司或分支机构，此画面说明中石油所经营业务的深度和广度。

第二，社会服务行为的故事化。在旁白、对话和视觉画面协同作用下，具体化叙事也是社会服务行为的明显特征。动态画面和对话在再情景化虚拟时空里讲述中石油员工与顾客之间"感人肺腑"的故事。例如，样本2叙述了"惠农利民"的故事：中石油加油员穿越崇山峻岭把流动加油车驶进田间地头，"唠家常"式的画面让观众感到加油员是农户家中的一分子。又如，样本9叙述了"深夜抢险"的故事：中石油加油员深夜穿越某高原地区，及时把油送到因道路塌方而抢修路段的工程队和受阻车辆身边，镜头里，加油员像抱自己孩子一样抱着受阻车辆里的孩子们，给予孩子们父亲般的关爱。再如，样本8中的"事故救援"故事更是刻画了中石油的社会使命感：身着"中石油"标识服装的工人们在一片塌方的建筑物废墟里紧急救援。以上3则再情景化的故事场景把中石油塑造成优秀的企业公民楷模，爱客户如家人、保护人民群众的生命和安全无不叙述着人间大爱的故事，它超越了因"油品买卖"而搭建的"销售方与购物方"的人际关系。

第三，客户反应行为的同质化。10则样本库中有4则样本（样本2、4、5、6）再情景化了昆仑好客Usmile便利店。在"便利店"语境里，加油员与顾客的互动行为围绕"加油""购物""端茶""畅聊"和"舞蹈"等语境展开。在接受中石油员工服务后，顾客有着近似统一的反应如"微笑""鼓掌""畅谈""共舞"等温馨视觉画面。中石油员工的社会行为与顾客的反应行为可归纳为以下3个维度："肢体语言"的符号表征方式、"服务与被服务"的因果流程和"文明和谐关系"的传递内容。这4则样本在上述3个维度上采用了相似的表征符号、流程和传递内容，顾客对员工服务质量和服务态度的反应是趋同的。语篇构建了同质化场景：买油和购物需求得到满足后，顾客表露了极真实的幸福感。

综上，中石油宣传片所表征的社会行为具有商业服务行为多元化和社会服务行为故事化的特征，全方位彰显中石油的服务型企业形象。中石油顾客在行为反应上的同质化特征也进一步折射出服务对象对企业形象的认同度，凸显中石油的社会责任角色。

五、企业形象分析

本研究发现，中石油企业宣传片充分且巧妙地利用多模态符号，对主要社会行为者及社会行为进行了全方位再情景化建构，通过多模态语篇向公众塑造了服务型企业形象和富有家国情怀的企业公民形象。其中，服务型企业形象包括服务国家和服务民众两个层面，企业公民形象包括社会责任和道德责任两个层面。

第一，服务型企业形象体现在服务国家战略上。众所周知，石油是国家发展的经济命脉，能源产业是国民经济的支柱性产业。一直以来，服务国家是中石油在企业文化建设中着力打造的品牌形象。例如，在上文的"社会行为者网络"表征分析中，中石油员工以"勤奋劳动者"的形象被表征，"一代代石油人"牢记初心使命，秉承艰苦奋斗精神，坚持国家利益至上，把"我为祖国献石油"视为己任，生动地刻画了中石油是社会主义建设者的形象。同时，在形象宣传片语料库中高频表征城市现代化建设，如风力发电、核发电、电力事业、军事／国防、高铁／交通等一批体现国家战略部署的项目，通过参与这类项目工程支援国家建设，中石油塑造其"服务国家战略"的企业形象。

第二，服务型企业形象体现在服务民众上。像"服务国家"一样，"服务民众"也是中石油企业形象的重要组成部分。但是，两个传统理念使民众对中石油的企业形象存在认知偏差：一是传统的经营模式理念，在这一理念下价值是由企业创造的，而在新经营理念下价值是由顾客和企业共同创造的（陈春花，2018）；二是部分民众持有一种"央企不需要竞争就可以保证其核心竞争力"的认知。针对这两个形象认知偏离，中石油通过再情景化，"服务民众，满足民众"的形象在话语实践中被建构。从上文"社会行为者网络"和"社会行为网络"表征符号的论述中可以看出，在新的经营理念下，"顾客至上"不再是口号而是行为。中石油提供多元化的服务行为，服务更注重人文情怀，加油站的服务理念是温暖如家和解顾客之忧，建立企业与顾客的共生关系。同时，企业通过流动加油车、大数据、云计算、物联网、移动支付等手段构建"人－车－生活"一站式服务平台，科技感和生活感（样本 4、5、6）把服务质量提升到更高的层面，顾客不仅享受便捷的服务，还体会到人文关怀。至此，中石油完成了"服务民众"的企业形象的修正和维护。

第三，优秀企业公民形象。企业公民是关乎企业责任的术语。按照法律和道德的要求，企业像公民一样享有经营谋利的权利，同时也履行对利益相关者和社会的责任。企业责任包括社会和道德两个层面：社会责任包括法律规定下的强制性责任，如税收、提供就业和维护职工权利等；道德责任强调企业公民的责任意识和公益心（龚天平，2010）。从上述企业公民的概念和内涵可以看出，员工的福祉、环境保护、社会公益事业、抢险救援等都属于企业公民的责任范畴。在上文"多模态表征分析"中，中石油员工的群体活动刻画了他们积极向上和阳光奋进的精神面貌，这表征了中石油员工的"企业认同感"；中石油员工把油送到忙碌的农民手中和抢修道路塌方的工程车处，这表征了中石油的责任感和使命感。借该类社会行为的表征，语篇经由再情景化完成"优秀企业公民"形象的建构。

六、结　语

本研究从语言学视角探索我国化石能源企业形象的建构，既丰富了企业印象建构理论的研究范式，又将再情景化理论的研究范围拓展至经济管理学领域。本研究以中石油宣传片自建样本库为研究语料，从多模态批评话语分析的视角，考察中国化石能源企业形象的建构。研究范式以批评话语学者 Fairclough 的"三维分析模型"为总理论框架，又以 van Leeuwen 的"社会符号分析法"分析语篇的多模态符号表征。研究发现，中石油通过再情景化策略把中石油员工塑造成为"群体劳动者"，用以巩固员工的企业主人公形象和重申"劳动者最光荣"的意识形态，从而增强了员工的认同感和归属感；同时，通过"服务者"形象的自我建构，反映了以"服务国家，服务人民"为己任的意识形态，蕴含了中石油的"家国情怀"精神、"顾客至上"的经营理念和"企业社会责任担当"的管理理念。服务型企业形象和优秀企业公民形象经由多模态符号的巧妙表征使企业诉求得以合理化表达,并规避掉那些不符合企业预估的想法／评价等,如化石能源产业带来的生态、环境影响等。企业形象建构是现代商品社会的特性,行业竞争的外部现状和企业发展的内在需求使得建构企业形象成为企业文化建设的重要内容。企业不仅面对竞争,还面对瞬息万变的社会视角下的各种合力形成的多种认知和异声。面对不可抗力带来的潜在影响,企业以话语实践(如多模态语篇)作为沟通的媒介,不仅向公众宣传其商品和服务的质量,还传达、塑造、维护和巩固一个良好企业公民的形象。

参考文献

BERNSTEIN D, 1984. Company image and reality: A critique of corporate communications [M]. Eastbourne: Rinehart & Winston Ltd.

DEVEREUX L, MELEWAR T C, FOROUDI P, 2017. Corporate identity and social media: Existence and extension of the organization[J]. International Studies of Management & Organization, 47(2): 110-134.

FAIRCLOUGH N, 1989. Language and power[M]. London: Longman.

KRESS G, VAN LEEUWEN T, 1996. Reading images: The grammar of visual design [M]. London: Routledge.

MARKWICK N, FILL C, 1997. Towards a framework for managing corporate identity [J]. European Journal of Marketing, 31(5/6): 396-409.

MELEWAR T C, 2003. Determinants of the corporate identity construct: A review of the literature [J]. Journal of Marketing Communications (4): 195-220.

O' HALLORAN K L, 2011. Multimodal discourse analysis[A] // HYLAND K, PALTRIDGE B. Companion to discourse analysis. London: Continuum, 120-137.

TAN S, 2009. A systemic functional framework for the analysis of corporate television advertisements[A] // VENTOLA E, MOYA GUIJJARO A J. The world told and the world shown: Multisemiotic issues. London: Palgrave Macmillan, 157-182.

TAN S, WIGNELL P, O' HALLORAN K L, 2016. From book to stage to screen: Semiotic transformations of gothic horror genre conventions [J]. Social Semiotics, 26(4): 404-423.

VAN LEEUWEN T, 1996. The representation of social actors[A] // CALDAS-COULTHARD C R, COULTHARD M. Texts and practices: Readings in critical discourse analysis. London and New York: Routledge, 32-70.

VAN LEEUWEN T, 2008. Discourse and practice: New tools for critical discourse analysis [M]. Oxford: Oxford University Press.

陈春花, 2018. 经营中最容易忽略的核心元素——顾客价值 [J]. 销售与市场(营销版)(10): 49-52.

丁先友, 2013. 中石油企业形象的塑造与传播研究 [D]. 成都: 西南石油大学.

龚天平，2010. 企业公民、企业社会责任与企业伦理 [J]. 河南社会科学（4）：75-78.

胡钰，2015. 中国企业海外形象建设：目标与途径 [J]. 中国软科学（8）：101-105.

纪卫宁，辛斌，2009. 费尔克劳夫的批评话语分析思想论略 [J]. 外国语文（6）：21-25.

李英华，2014. 从西方传媒对中国企业的新闻报道看中国企业的对外形象 —— 基于批评性话语分析视角 [J]. 新闻知识（3）：105-106.

孙南，2013. 中国石化集团公司召开 2013 年节能减排工作视频 [J]. 中国石油和化工标准与质量，33（8）：2.

王琦，2019. "一带一路" 英文媒体中的中国企业形象——语料库辅助下的批评话语分析 [J]. 当代外语研究（3）：99-113.

王玉，董静萍，2014. 企业形象多模态话语构建——以埃克森美孚为例 [J]. 外语艺术教育研究（1）：5-9.

王亚娜，2017. 国内外石油公司企业形象建设探析 [J]. 国际石油经济（7）：14-19.

徐珺，自正权，2020. 基于语料库的企业外宣翻译与企业形象语义构建研究 [J]. 外语学刊（1）：93-101.

赵星，张运东，司云波，2011. 加强碳排放管理塑造低碳时代负责任的企业形象 [J]. 国际石油经济（7）：31-36.

视觉语法视角下企业形象宣传片的意义建构

——以中国石油化工集团公司2018年宣传片为例

李素真

（中国石油大学(北京) 外国语学院,北京,102249）

摘 要

　　企业宣传片是提高企业知名度、提升企业形象的重要手段。本文在视觉语法的理论框架下,以中国石油化工集团公司(简称"中石化")2018年宣传片为研究对象,从再现意义、互动意义和构图意义三个方面分析宣传片的意义建构,解读视频画面元素的特定排列方式如何体现企业宣传片表达的社会意义。

关键词

　　企业宣传片;视觉语法;再现意义;互动意义;构图意义

一、引 言

　　企业宣传片是一种表现力和传播力很强的媒介形式,借助视觉、听觉等多种模态直观生动地向观众传递企业信息,展示企业的实力和形象,加深观众对企业的了解,对企业的未来发展有深远的影响。

　　企业形象是企业的无形资产,也是企业的声誉。企业形象的好坏会影响公众、员工以及客户对企业的态度,直接关系企业的发展和利益,因此企业会通过各种途径提升自身形象。目前,学术界关于企业形象的研究主要集中于企业形象的宣传、建构、传播、提升和管理策略方面。语言学领域对企业形象的研究重点是其宣传文本,极少涉及影音资料,但是视频在传达信息的同时能给观众带来视觉和听觉上的享受,因而受到越来越多企业的青睐。视频宣传片已经成为提高企业知名度和宣传企业形象的重要手段。

　　中石化是特大型石油石化企业集团,是中国最大的成品油和石化产品供应商、第二大油气生产商,是世界第一大炼油公司、第三大化工公司,加油站总数位居世界第二,在2019年《财富》世界500强企业中排名第二。随着经济全球化的发展,国际商场上企业之间的竞争日趋激烈。中石化要在这种环境中占据一席之地,争得应有的市场份额,就必须具备国际视野,规划和推广公司的经营理念,传播公司品牌,宣传公司形象,从而提高公司的国际影响力,推进公司的国际化进程。

中石化 2018 年发布的宣传片时长达 5 分 44 秒,用了 140 多个不同的画面[①]。该宣传片运用影像、文字、声音等多种符号,宣传企业的发展目标、经营理念、科技创新、社会服务等不同层面的意识形态和价值观念,以期传递良好的企业形象,提高公司声誉。本论文以该宣传片为研究语料,探讨多模态视频语篇如何通过不同模态符号的建构和整合传达意义,在企业和观众之间实现思想上的共鸣。

二、视觉语法理论

信息交流的方式有很多,除了语言文字之外,声音、图像、色彩等非语言符号也能传递信息。同时,随着多媒体科技的应用日益广泛,非语言符号在信息传播中的比例也越来越高,因此分析它们在超文本中如何表情达意就显得尤为重要。

Halliday(1994)在功能语法中提出,作为社会符号的语言有三种元功能:概念功能、人际功能和语篇功能。概念功能是语言对人们在现实世界中的各种经历的表达,人际功能是语言表达讲话者的身份、地位和参加社会活动、建立社会关系等方面的功能,语篇功能则是语言用来组织信息的功能。Kress 和 van Leeuwen(2006)以 Halliday 的理论为基础,把语法分析延伸到了视觉层面,提出视觉语法的概念,并将其发展成为分析图像的理论框架。功能语法研究的是句子和语篇的组合方式以及表达的意义,而视觉语法关注的是非语言符号表征意义的方式。图像和语言一样也是符号系统,同样能实现社会意义。Kress 和 van Leeuwen(2006)认为图像能表达三种意义:再现意义、互动意义和构图意义。这三种意义分别对应语言的三种元功能。

从 20 世纪末开始,用视觉语法理论分析多模态语料的研究不断涌现,语料也从政治漫画、电影海报、PPT 等静态图像拓展到旅游宣传片、电视广告等动态视频,但运用视觉语法理论分析企业宣传片的研究相对较少。

本文以中石化 2018 年的宣传片为研究对象,从视觉语法的再现意义、互动意义和构图意义三个层面分析该宣传片如何实现意义建构,达到宣传企业的目的。

三、宣传片的再现意义解读

再现意义对应功能语法的概念功能。图像也能和语言一样反映真实世界,通过各种元素符号及其组成方式表征交际关系或概念关系。Kress 和 van Leeuwen(2006)以是否存在矢量为标准,将再现意义划分为叙事再现和概念再现。曾蕾和杨慕文(2016)认为,矢量是两个或多个图像参与者之间构成的斜线关系,是视觉及物性关系的体现,即在视觉及物结构中,矢量是各种图像参与者之间行为潜势的体现。矢量只存在于叙事再现中,概念再现中没有。换句话说,如果图像中的不同视觉符号之间存在明显的对角线,就属于叙事再现,否则就是概念再现。叙事再现表征的是变化着的动作和事件,包括行动过程、反应过程、言语和心理过程。

---

① 宣传片参见 https://v.youku.com/v_show/id_XNDY3MDI2NDkxMg==。

行动过程中的动作者和目标之间由矢量连接。在宣传片的开头,一位女士面带微笑,看着手中色彩亮丽的外套。画面中的动作者是女士的双手,目标是手中的衣服。从女士的表情可以看出,她对这件衣服非常满意,而衣服的布料正是中石化的产品加工而成的。这个画面要表达的含义是:中石化的产品使人们的生活变得"色彩斑斓"。在宣传片 3 分零 1 秒的画面中,科研人员的双手之间有个地热资源的地层结构模型。科研人员的双手是动作者,模型是动作目标,随后的画面中,模型被转动起来,意指中石化积极开发利用先进技术,将其用于发展可再生能源,并且能够循环利用地热资源造福社会。在宣传片 2 分 35 秒的画面中,小女孩牵着妈妈的手和爸爸一起来到中石化易捷加油站也是行动过程。小女孩是动作者,动作指向的目标是母亲。从小女孩身体前倾的动作和脸上兴奋的表情可以看出,她很喜欢加油站的便民商店,充分体现了中石化服务民生的理念:将易捷便利店转型为"优质生活综合服务商",服务美好汽车生活。

反应过程相当于功能语法的言语过程,其矢量是图像中参与者之间的目光交流。这类过程往往是通过对反应者眼神的刻画来展现其内心世界的变化。反应者的目光可以直接或间接地说明他们处于什么样的心理状态。宣传片在第一部分呈现了这样的画面(0 分 21 秒):正在驾车行驶的丈夫从后视镜里看着在后座轻松说笑的妻儿,一家人幸福对视。丈夫脸上轻松的表情不仅来自家人的欢乐,也来自安全驾驶的体验。这一切都离不开中石化生产的燃油和润滑油,有了它们,轿车才能平稳行驶,一家人才能享受旅途的快乐,这也是中石化为生活带来的精彩。在介绍中石化对外合作的视频中(4 分 20 秒),外方人员用渴望的眼神看着中石化同行,表现出期待与中石化合作的迫切心情,充分体现了中石化坚持开放合作、互惠共赢的理念取得的成就——与中石化开展国际化业务的国家(地区)已达 75 个。

叙事再现表征的是不断变化的动作或过程,而概念再现则表达稳定、概括的分类、结构或意义。概念再现通常包括分类过程和象征过程。宣传片片头的整体背景为黑色,只见耀眼的太阳迅速上升到空中,照亮了地球,象征着中石化像太阳一样,会为人类社会创造福利。

四、宣传片的互动意义解读

视觉语法的互动意义对应功能语法的人际功能。互动意义探讨的是图像的设计者、图像内容和观察者之间的关系,同时也表达了观察者对图像表征的事物所持的态度。互动意义的实现方式有接触、社会距离、情态和态度四种。

接触表征的是图像中的参与者与观察者之间的关系,是通过"凝视系统"实现的。也就是说,如果观察者和图像中的参与者的目光能产生交流,就形成接触。表征接触的图像有"索取"类图像和"提供"类图像两种。如果图像中的参与者的目光直视观察者,像是在索要什么,属于"索取"类图像;如果图像中的参与者只给观察者展示某种信息,则属于"提供"类图像。中石化坚持产业扶贫,提高贫困地区的可持续发展能力。在介绍公司精准帮扶成果的视频中(4 分 13 秒),来自受帮扶地区的妇女手捧挂在枝头的猕猴桃,喜笑颜开。她们和观众并没有目光的交流,因此属于"提供"类图像,目的是向观众展示中石化的扶贫成果。中石化勇担道义、倾情社会,无论是中石化光明号健康列车上走下来的复明患者(4 分 5 秒),还是

"一带一路"沿线国家的孩子们（3 分 58 秒），脸上都洋溢着幸福的笑容，同时都和观众有目光的交流，使观众在情感上产生共鸣，感恩中石化为社会创造的福利，这属于"索取"类图像。宣传片出现的科研攻关人员的画面多属于"提供"类图像。科研人员只专注于自己的工作，并没有和观众建立目光交流。但是有消费者出现的视频中，则多使用"索取"类图像。画面中消费者的目光指向观众，试图和观众建立亲近的社会关系，意在邀请观众使用中石化的产品。宣传片在用"提供"类图像展示中石化所做贡献的同时，也用"索取"类图像唤起观众对中石化的情感。这两种图像相互结合，从不同角度全面提升中石化的企业形象。

互动意义中的社会距离表达的是图像参与者和观察者之间关系的远近亲疏。社会距离是通过改变图像取景框的大小和镜头的远近实现的：近景的特写镜头表示图像观察者和参与者的关系比较密切；远景则表示观察者和参与者的关系疏远，这种图像包含的元素也比较多。李战子（2003）把距离分为六种：只能看见脸和头的亲近距离，能看到头和肩的个人近距离，展示腰部以上的个人远距离，展示整个人的社会近距离，展示整个人及其周围环绕空间的社会远距离，展示超过四个人的全身的公共距离。宣传片 5 分零 1 秒的画面是远距离镜头，中央有一组人在讨论企业管理方案，背景是中石化总部大楼。这种以工作环境为背景拍摄的远距离镜头可以更好地彰显图像信息的真实性和可靠性。宣传片关于中石化"勇担道义、倾情社会"的部分使用了很多近距离镜头，其中大部分是人物的面部特写。这种镜头能拉近画面中的参与者和观察者的距离，观察者更容易被画面传递的信息所感染。3 分 35 秒的近镜头是葱绿草坪上一棵嫩芽摇曳生长的慢镜头，满屏的绿色散发着生机和活力，展现了中石化坚持可持续发展理念，实施绿色企业行动计划取得的骄人成绩。

宣传片多处用到了远镜头和近镜头的切换，不仅使视频充满了动态感，也把观察者不知不觉地带进了画面之中。海上油气钻井平台的视频先使用了近镜头，使观察者仿佛身临其境，对钻井平台复杂的结构和庞大而坚实的框架有了感性上的认识。随后，画面快速切换为远镜头，以展示钻井平台在海洋作业的巍然雄姿。介绍中石化获得的科技成果奖时，都是先用远镜头航拍油气田，然后切换成近镜头展示这些技术的应用细节，丰富的细节增强了真实感，同时拉近了和观察者的距离。介绍科研人员的画面同样使用了远近镜头的结合，先是用远镜头展示实验室等工作环境，然后用近镜头聚焦科研人员。

互动意义中的情态以感官的编码倾向作为出发点，指的是图像对内容的真实反映程度。Kress 和 van Leeuwen（2006）从色彩、照明、亮度等多个不同视角标记情态量值。宣传片中高亮度、高饱和度的画面居多，不仅能产生视觉上的吸引力，而且可以强化感情投入，加深观察者对宣传片的记忆，使得观察者在情感变化的同时接受视频播放的内容和理念，从而达到很好的宣传效果。

互动意义中的态度通过图像参与者呈现的拍摄视角反映出来，参与者在图像中展示的不同视角会影响观察者对图像的解读。Kress 和 van Leeuwen（2006）将视角分为水平和垂直两大类。水平视角又分正面水平视角和斜面水平视角，前者对观察者热情，有把观察者代入画面的感觉；后者则对观察者冷漠，有拒观察者于图像之外的意思，警示观察者不属于图像中的世界。垂直视角表征的是图像参与者和观察者之间的权利与地位的不平等，分为仰视和俯视两种情况。宣传片中的火箭升空、飞机起飞等都使用了仰视视角,使画面中的图像显得高大而有气势。介绍中石化生产的高端润滑油时,视频画面中的三名科研人员仰视前方,倍感自豪,因为他们匠心研发的产品能为海陆空全产业链提供航天级润滑保护。宣传片中的油气田、炼油厂、化工厂等用的都是俯拍视角,使观察者为如此宏大的场面感到震撼,同时可以彰显中石化的生产能力和雄厚的综合实力。张菁和关玲(2013)认为俯拍角度主要用于体现环境的宽广和规模,强调环境、空间及人物在其中的位置,有一种宏观表达的意义。

根据 Kress 和 van Leeuwen(2006)的研究,侧面视角表示"你所看到的不是我们的世界,而是我们不参与的他者的世界",因此侧面视角可以使图像更客观。正面和侧面的切换能增加宣传片的动感效果,创造出图像参与者和观察者面对面交流的效果,使观察者积极介入画面中,比平铺直叙的方式更具有说服力。宣传片中拍摄科研人员时,首先用水平正面视角展现他们工作的实验室,将观察者带入画面中,然后用侧面视角近距离拍摄科研人员,因为他们专注于研究,不需要与观察者有交流,更不愿被外部环境所干扰。正是他们的潜心钻研和科技攻关才使中石化攻克了世界级难题,拥有了多项"拥有自主知识产权"的技术。

五、宣传片的构图意义解读

构图意义相当于功能语法的语篇功能,是指图像按照特定的方式整合再现意义和互动意义,从而形成一个能表达意义的整体。构图意义体现的是图像的布局以及它给观察者留下的整体印象。图像的构图意义由信息值、显著性和取景三个方面实现。

图像元素的位置不同,体现的信息值也不尽相同。在左右布局的图像中,左边的元素通常是已知信息,右边的是新信息;在上下布局的图像中,图像上方通常是理想的、概括性的信息,下方是真实而具体的信息。宣传片中有关公司资产、炼油化工能力、重大科技攻关的画面都是在上方列出具体名称和数据。宣传片开头介绍中石化的画面主体是公司总部的办公大楼,画面上方的文字"2018 年总资产 2.3 万亿元,品牌价值 291.47 亿美元"明确了中石化经过 36 年的艰苦奋进连续 8 年位居《财富》全球 500 强前五位的辉煌业绩。1 分 18 秒的画面主体是普光气田的一处作业点,画面右边的文字"获得国家科技进步特等奖"是新信息,与屏幕下方的解说词"攻克了特大型超深高含硫气田开发这一世界级难题"互为补充,强调了取得这项技术的重要意义。

构图意义中的显著性是指图像中的不同元素对观察者的吸引程度不同。各元素在图像中的位置、所占比例、前景和后景的比重以及色彩对比等可以实现显著性。Kress 和 van Leeuwen(2006)认为,置于中心位置的元素可凸显其中心地位和重要性,而那些环绕在四周的元素则处于次要地位。介绍公司经营理念的画面(0 分 59 秒)都用了深蓝色做背景,文字则使用了白色,增加了辨识度。同时,文字周围有流动的虚拟光柱做引导,把观察者的注意力吸引到光柱指向的文字上面,带来更有冲击力的视觉印象。3 分 40 秒的画面中央是一个群山围绕的湖泊,"'碧水蓝天'实施环保治理项目 870 个,投入 209.2 亿元"用白色字体呈现,与蓝色的湖泊形成鲜明的对比。这种搭配不仅凸显了中石化既要"能效倍增"又要"碧水蓝天"的运营理念,而且会带来更加清亮的感觉,如同湛蓝的天空中漂浮的朵朵白云,给观察者带来视觉上的愉悦感。

六、结　论

本文以 Kress 和 van Leeuwen 的视觉语法为理论基础，从再现意义、互动意义和构图意义三个层面对中石化 2018 年的公司宣传片进行了意义解读，剖析了视频如何通过宣传片中的场景和图像元素符号宣传公司形象。通过对视频图像的再现意义、互动意义和构图意义的解读，可以更真切地体会到中石化的企业形象：致力于为全人类提供更先进的炼油技术、更优质的产品和更周到的服务，不断"为生活创造更多奇迹，为世界增添更多精彩"。因此，由图像元素组合成的宣传片和文字语篇一样，也发挥着传递意义和信息的作用，它从视觉层面给观察者带来了强烈的冲击，成功地宣传了公司的实力，提升了公司的社会形象。

HALLIDAY M A K, 1994. An introduction to functional grammar [M]. London: Edward Arnold.

KRESS G, VAN LEEUWEN T, 2006. Reading images [M]. 2nd ed. London: Routledge.

李战子，2003. 多模式话语的社会符号学分析 [J]. 外语研究（5）：1-8.

曾蕾，杨慕文，2016. 视觉语法与功能语法的投射分析比较研究 [J]. 北京科技大学学报（社会科学版）（12）：1-11.

张菁，关玲，2013. 影视视听语言 [M]. 北京：中国传媒大学出版社.

哈萨克斯坦主流媒体对
中国能源企业形象的话语建构

薛红霞

(中国石油大学(北京) 中国国际能源舆情研究中心,北京,102249)

摘 要

本文以哈萨克斯坦主流媒体《哈萨克斯坦真理报》对我国能源企业——中国石油天然气集团公司(简称"中石油")的新闻报道为语料,采用话语分析研究方法,解读该媒体所建构的中石油企业形象。基于报道频率、报道来源、报道类型和主题及报道标题等特征和内容的分析,本文发现该媒体集中建构了中石油三类形象——实力雄厚的跨国公司形象、开放包容的国企形象和勇担社会责任的企业形象,整体上对中石油形象进行了积极正面建构,突出强调中国与哈萨克斯坦在能源领域的合作是互惠互利的,将以中石油为代表的中国能源企业视为理想的合作伙伴。

关键词

企业形象;能源话语;海外形象;能源企业

一、引 言

企业海外形象是企业行为在东道国民众中形成的印象,是企业在长期生产经营中在海外公众中形成的整体认知和情感。企业的海外形象不仅影响企业在海外的可持续发展,而且关系企业所属国国家形象的构建和提升(廖秉宜和李海容,2017),因此企业形象问题成为传播学、政治学、管理学及语言学共同关注的话题。海外民众对企业认知和情感的形成,除了亲身经历以外,更多依靠媒体的话语建构与传播。在企业海外形象的塑造和传播方面,东道国主流媒体发挥着重要的作用。因此,海外媒体中语言学之外的领域一般关注企业形象的构成要素、塑造或传播路径、影响力等(Melewar & Saunders, 1998;Devereux et al., 2017;王亚娜,2017;丁先友,2013),语言学界则倾向于关注企业形象的词汇语法表征及媒介化话语建构策

基金项目: 本文系中国石油大学(北京)教改课题"思政教育在二外俄语教学中的融合探索"(项目编号:XM10720200061)的阶段性成果。

略等（李英华，2014；王琦，2019；徐珺和自正权，2020）。就能源企业海外形象的话语建构而言，可以分为自塑和他塑：一方面，企业自身可以通过生产运营、合作战略及所承担的社会责任等能源实践构筑自己的企业形象，并通过媒体传达给东道国受众，影响受众对自身企业形象的认知；另一方面，东道国媒体也可以通过新闻报道、深度访谈等形式，对他国的能源企业形象进行媒介化话语塑造。

我国学界高度关注海外媒体对我国企业的解读，因为它直接影响有关国家受众对我国企业的认知，进而影响我国国家形象的建构。随着我国经济的快速发展，国内很多大型企业走出国门，对外合作项目越来越多。企业的海外形象与我国的国家形象直接相关，因此很多研究把企业形象纳入国家形象研究范畴，关注我国企业海外形象与国家形象建构之间的关系（廖秉宜和李海容，2017），或关注海外特定媒体对中国企业形象或中国国家形象的话语建构作用（李英华，2014；王琦，2019）。现有研究以关注英语媒体为主，近年来，随着"一带一路"建设的推进，中国企业在"一带一路"沿线国家媒体中的形象问题开始成为新的研究热点。

对中亚、俄罗斯这一区域的关注首先源自该区域媒体对我国国家形象的塑造问题，尤其是以俄语为载体的国外媒体对中国国家形象的建构研究。例如，胡美春（2015）从语言学的角度出发，采用定量的文本分析，在建立语料数据库的基础上查询、检索、分类、调用、加工出哈萨克斯坦主流媒体中的中国国家形象；范晓玲（2016）运用话语研究分析的方法，分析哈萨克斯坦网络媒体涉华内容中政治、经济、文化等相关主题的分布状况及其总体倾向，考察了哈萨克斯坦主流网络媒体中的中国形象，并从中得到在哈萨克斯坦主流网络媒体中树立良好中国形象的相关启示；闫新艳（2017）通过解读哈萨克斯坦媒体塑造的中国形象，提出了我国在哈萨克斯坦形象建构的策略；李淑华（2018）通过俄罗斯媒体对"中共十九大"的报道梳理出俄罗斯对中国的认知和评价。也有一些学者注重外媒对中国某一区域形象的解读进而构建国家形象，如任育新和王海珍（2020）以白俄罗斯通讯社关于甘肃的俄语新闻报道为语料，从话语内容、话语模式和建构主体三个方面考察了白俄罗斯主流媒体中甘肃形象的话语建构。但是，到目前为止，对该区域中主流俄语媒体对中国企业海外形象建构问题的研究相对较少。

事实上，我国在中亚和俄罗斯地区的能源合作是"一带一路"建设的排头兵。20世纪末，随着国内能源需求逐年加大，中国能源企业走出去成为时代发展的必然。中石油、中海油、中石化等能源企业纷纷和全球主要产油国合作，成为我国海外企业的领头羊。中石油是我国的大型国有能源企业，也是我国最早"走出去"的能源公司之一。早在 1997 年，中石油就收购了哈萨克斯坦阿克托别油田，以此为标志，拉开了中国与哈萨克斯坦合作的序幕。哈萨克斯坦是资源丰富的国家，也是中亚地区最大的油气资源生产国。目前国内三大石油公司在哈萨克斯坦都有油气方面的合作开发，同时一些民营企业也纷纷加入进来。从中哈能源合作的时间、项目数量、领域及经济效益等要素来看，中石油发挥着举足轻重的作用。中石油的企业形象直接关系到中哈能源合作的成败，影响我国的能源战略布局，中石油在哈萨克斯坦的企业形象问题也应该引起学界的关注。

我国能源企业海外形象的话语建构属于能源话语研究范畴。能源话语研究是一个上位概念,指运用语言学及其相关学科理论和方法,聚焦媒体或机构话语对特定能源话题的建构作用,揭示话语背后的意识形态和价值观,尤其是主流媒体对民众的能源认知、能源理念、能源使用行为的塑造作用(赵秀凤,2018;郑世高,2018;赵秀凤和曹春华,2020)。本文以哈萨克斯坦主流媒体《哈萨克斯坦真理报》(简称《哈真理报》)关于中石油的新闻报道为语料,采用话语分析研究方法,考察该媒体作为中石油能源合作东道主国家主流媒体对中石油企业形象的话语建构,以期为我国能源企业海外合作提供参考。研究问题包括:① 该媒体关于中石油报道的现状(报道频率、报道内容、报道类型)如何? ② 这些报道建构了中石油什么企业形象? ③ 采用了何种语言手段?

二、语料选择

话语在建构现实中起着至关重要的作用,因此媒体话语的作用及影响力不言而喻(钱毓芳,2016)。作为语料来源的媒体选择尤为重要。哈萨克斯坦自1991年独立以来,媒体发展速度和水平明显高于其他中亚国家。哈萨克斯坦有8 248个注册媒体机构(其中活跃的有2 513个媒体),212个电子媒体,2 392个外国媒体,以KZ域名注册的媒体共有9 000多个,其中85%的媒体是非官方的(Тютебаева,2018)。哈萨克斯坦媒体有以下特点:第一,媒体的种类有官方、私营和独立媒体三类,其中85%是私营媒体,大多与俄罗斯媒体合作,地方媒体偏多,影响力不够,所以笔者决定选择官方媒体。第二,纸媒是哈萨克斯坦媒体中占比最大的媒体形态,主要的纸媒都有自己的官方网站,便于收集资料。第三,哈萨克斯坦是多民族、多语言的国家,有30多个民族,所使用的语言有124种,其中俄语和哈萨克语使用最广。虽然官方语言是哈萨克语,但是俄语使用超过哈萨克语,全国有一半的人使用俄语。笔者选择的媒体网站要同时有俄语和哈萨克语两个版本,而且要发行量大、读者覆盖面广、报道主题丰富。基于这几个标准,选择了《哈真理报》作为语料来源。

创刊于1920年的《哈真理报》历史久、发行量大、受众广,虽然是俄文报纸,但网络版有英语和哈萨克语的版本。该报是政府主办的日报,信息量大,发布迅速、准确,是主要的官方信息源,报道内容广泛,涉及政治、经济、科技、教育及健康等民生问题,也有大量国际新闻报道。

三、语料分析

笔者以CNPC(中石油英文缩写)为搜索关键词,时间段限定在2013年末至2020年初。选择2013年末作为起始点,是由于2013年9月7日中国国家主席习近平在哈萨克斯坦纳扎尔巴耶夫大学作演讲,第一次提出共同建设"丝绸之路经济带"的倡议。作为"一带一路"西进的第一个国家,哈萨克斯坦积极响应,这一议题成为媒体关注的热点。笔者在《哈真理报》网站共搜索出有效文章84篇,以下从报道频率、报道来源、报道类型和主题、报道标题等方面概括该媒体对中石油的新闻话语全貌,便于提炼出中石油在该主流媒体中的整体形象。

1. 报道频率

如图1所示,自2013年底开始哈萨克斯坦的媒体加大了对中国的报道,对中石油在哈萨克斯坦的业务以及两国之间能源合作的报道也随之增加，2015 年达到高峰。2015 年 3 月，习近平主席在出席博鳌亚洲论坛时详细阐述了"一带一路"倡议构想，其间多部委联合公布《推动共建丝绸之路经济带和 21 世纪海上丝绸之路的愿景与行动》，"一带一路"建设进入务实推进阶段。也是在这一年，哈萨克斯坦总统纳扎尔巴耶夫访华，两国首脑在会见时提出中哈两国加强能源方面的合作，尤其是石油天然气领域的合作，并签署了一系列油气勘探开发及销售运输的协议。2015 年 12 月，亚洲基础设施投资银行正式宣告成立。这一年哈萨克斯坦媒体的关注焦点是中国的经济建设与发展，对在哈萨克斯坦有众多合作项目的中石油有了更多的报道。2017 年又出现一个小高峰，5 月哈萨克斯坦总统纳扎尔巴耶夫参加在中国杭州召开的"一带一路"国际合作高峰论坛，6 月中国领导人参加在哈萨克斯坦阿斯塔纳召开的世博会并访问哈萨克斯坦。两次首脑外交会面都提及了两国在能源方面所取得的成就。可以看到两次报道的峰值都出现在两国政治外交方面的合作紧密期，能源是其中重要的议题，同时也可以看到中哈两国之间的能源合作更多是由两国政府主导推进的。

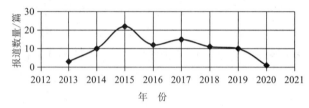

图 1　关于中石油的报道频率

2. 报道来源

《哈真理报》稿件中有记者署名文章 63 篇，占总报道的 75%，大部分来自《哈真理报》记者和各地方州的记者，报道的内容较客观公正，一定程度上反映了媒体眼中真实的中国企业形象，这部分报道对哈萨克斯坦主流媒体对中石油形象的建构意义重大。《哈真理报》因为是国家官方的主流媒体代表，除选用国内记者的新闻稿件外，还有 12 篇报道引自政府机构、协会和公司的网站，如总统府网站、总统新闻处、总理网站、哈萨克斯坦石油天然气公司董事局网站等，在很大程度上代表官方的态度和观点。《哈真理报》也会引用外国媒体，尤其是俄罗斯等独联体国家的报道。笔者统计到的 9 篇外国媒体的稿件中有 6 篇来自俄罗斯等独联体国家的新闻网站，2 篇来自《华尔街日报》，1 篇来自我国的新华社。由此，可以发现在西方媒体占绝对话语优势的今天，对该份报纸影响较大的不是西方媒体，而是俄罗斯媒体（表 1）。

表 1　关于中石油报道的稿件来源

稿件来源		数量／篇	百分比／%
记者署名文章	本报记者	52	75
	地方州记者	11	
哈萨克斯坦国内其他网站	政府（总统府、总理）网站	7	14
	能源部委、研究协会和能源公司网站	5	

稿件来源		数量/篇	百分比/%
哈萨克斯坦 国外媒体或网站	俄罗斯等独联体国家	6	11
	西方媒体	2	
	中国媒体	1	

3. 报道类型和主题

报道类型是指新闻报道的体裁和篇幅特征。《哈真理报》涉及中石油的报道有消息、通讯、评论分析、专题和专访四种基本新闻形式,评论分析类报道偏少,更多的是通讯、专访或对某一具体事件的专题报道,这些报道形式更客观全面(表2)。

表 2　报道类型

类　型	消　息	通　讯	评论分析	专题和专访
数量/篇	17	31	8	28
百分比/%	20	37	10	33

消息类型的报道主要侧重中石油在哈萨克斯坦合资公司的业务运营、技术改进、公司股权收购等议题,此类报道简单明了。比如,北里海公司卡沙干油田股权转让是2013年哈萨克斯坦各媒体报道的焦点。针对这一议题,《哈真理报》进行连续性报道,有简短的消息 "Заключены крупные сделки" (重大交易签署),也有就这一收购过程的详细报道 "Доля в Кашагане выкуплена КМГ у ConocoPhillips за 5,4 миллиарда долларов 8,4-процентная" (康菲公司卡沙干油田 8.4% 的股份以 54 亿美元卖给哈萨克斯坦国家油气公司),"8,4-процентная доля в Кашагане далее будет перепродана китайской CNPC" (卡沙干油田 8.4% 的股份将转卖给中石油)。除对这一收购行为进行报道外,《哈真理报》在 "Безопасность прежде всего" (安全第一)这篇专访中,针对国民对卡沙干油田的开发可能会造成环境污染问题的疑虑采访了专业人士,一再强调北里海卡沙干作业公司非常关注环境安全问题,这也是纳扎尔巴耶夫总统提出的要求。

《哈真理报》报道的主题主要涉及中石油在哈萨克斯坦的业务(包括油田投资合作项目、合资建厂及生产)、两国各层级人员对中哈两国在能源合作方面的政治论述、中石油合资公司所承担的社会责任等。除此之外,也有少量负面倾向的消息(图2)。

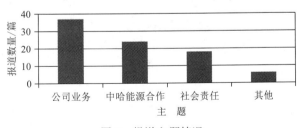

图 2　报道主题情况

在中哈能源合作政治论述报道中,经常引用国家政府首脑、能源部部长和合作项目所在州州长的表述,传达官方对中哈两国在能源方面合作的评价和愿景。比如,在

"Сотрудничество в нефтегазовой сфере обсудят главы Казахстана и Китая"（哈中两国首脑将讨论石油和天然气领域的合作）中报道了纳扎尔巴耶夫总统会见中石油董事长时，提到即将进行的哈中两国首脑会谈的一个重要议题就是讨论新经济条件下石油和天然气领域的合作，并指出哈中两国在采矿合作方面有着丰富的经验，特别强调了与中石油的合作。

在公司业务方面，22% 的稿件为中石油在哈萨克斯坦油气田方面的投资，如涉及中石油购买卡沙干油田的股份以及北里海公司股权转让等。关于油气购买协议和油气价格的协商方面的报道占比 19%，这是由于近几年全球油价的下跌直接影响到中石油在中哈两国油气市场的稳定供应。报道最多的是两国油气公司在哈萨克斯坦的合资建厂以及油气管线的投产启动，包括在哈萨克斯坦建设的中亚最大的钢管厂，还有冷轧厂、炼油厂以及中哈气管线 C 线泵站的投产使用等。同时也有 11% 的报道谈到中石油在生产过程中运用的先进技术。

1979 年，卡罗尔（Carrol）提出企业社会责任的概念，企业在进行自我形象塑造的同时应该着力塑造企业经济形象、企业法律形象、企业道德形象和企业慈善形象四个形象（郑建峰，2008）。随着国际化程度越来越高，与哈萨克斯坦的合作越来越广泛和深入，中石油开始重视公司的海外企业在所在国所应承担的社会责任，构建企业与当地社区的和谐环境，以期赢得当地政府、社区和民众的支持与信任。在《哈真理报》近几年对中石油的报道中，有关中石油在社会慈善、提供就业、员工培训等方面的内容涉及得越来越多，占比 21%。例如，中石油在阿克托别州阿克托别市投资建造了青年艺术中心，总统造访当地时专门去参观，关于该艺术中心的新闻稿就有三篇。有关中石油参与社会活动的新闻报道往往更能拉近企业和民众的距离，从而正面塑造中石油的海外形象。

《哈真理报》报道中的负面消息占比为 7%，主要为提高合资公司当地员工工资和加大"当地含量"的报道。在新闻稿中，地方官员要求哈萨克斯坦员工与中石油的中方员工同工同酬；当地能源服务企业协会抱怨招投标过程不透明，当地公司在与资金技术占优势的中石油进行竞争时往往落败，希望在与外资有关的业务谈判中加大"当地含量"等。

4. 报道标题

新闻标题是新闻的高度凝缩，好的标题能够画龙点睛，是连接新闻与读者的桥梁。笔者尝试从这个角度进行分析统计，找到哈萨克斯坦媒体聚焦中石油的重点以及所建构的企业形象。通过对 84 篇新闻报道主标题和副标题的统计，我们得到表 3 中所示的 10 个高频词。

表 3　语料标题高频词

俄文关键词	中文关键词
сотрудничество	合　作
рынок	市　场
строительство	建　设
зарплата	工　资
партнерство	伙　伴
инновация	创　新

俄文关键词	中文关键词
инвестиция	投　资
взаимовыгодный	互　惠
контракт	合　同
экспорт	出　口

　　针对俄语的语言特点,本文选取的高频词包括了同一含义的形容词、副词和动词。中石油是商业公司,在海外项目的开发过程中,"市场""合同""出口"自然是高频词,除此以外,"合作"和"伙伴"也是报道中哈两国能源合作时最常见的词汇,如:

　　① «КазМунайГаз» и PetroChina развивают сотрудничество в области нефтепереработки

　　哈石油和中石油正在发展石油加工领域的合作

　　② Партнерство будет продолжено: Нурсултан Назарбаев провел встречу с председателем совета директоров корпорации CNPC Ван Илинем

　　伙伴关系将继续:努尔苏丹·纳扎尔巴耶夫会见中石油董事会主席王宜林

　　"合作"和"伙伴"常常与"发展"和"继续"等词搭配,说明哈方重视双方在能源方面的合作,并认为这种合作方式是应进一步持续发展下去的。

　　"投资"和"互惠"是另一个重要议题,在谈到中石油对哈萨克斯坦能源项目"投资"时,"互惠"是出现频率很高的一个重要词汇,如:

　　③ Казахстан намерен привлекать иностранные инвестиции в реализацию проектов в сфере альтернативной энергетики

　　哈萨克斯坦打算吸引外国对替代能源项目的投资

　　④ На взаимовыгодной основе: Китайские компании намерены активно участвовать в реализации инвестпроектов в Актюбинской области

　　在互惠的基础上,中国公司打算积极参与阿克托别地区的投资项目

　　"建设"一词出现的频率也很高,不仅仅出现在工厂和泵站的建设中,也出现在由中石油捐助建设的其他项目上:

　　⑤ Президент поблагодарил китайских спонсоров за строительство Академии хореографии в Астане

　　总统感谢中国赞助商在阿斯塔纳建设舞蹈学院

　　同样,"创新"除在涉及工艺技术时出现外,也运用在其他的地方。"Актобе должен стать источником инноваций—Президент РК"(哈萨克斯坦共和国总统指出,阿克托别应该成为创新的源头),这是哈总统对中石油投资建设的艺术中心的褒奖,也是对地方政府运用外资发展本地文化事业的鼓励。

《哈真理报》持续关注合资公司哈方员工的工资问题。2020 年的第一篇关于中石油的报道就是要求提高哈方员工的工资——Час зарплаты: Бригада работников нефтяной компании «М-Техсервис» на днях не вышла на смену на месторождении Кенкияк в Темирском районе, требуя повышения заработной платы（发工资的时候到了：泰米尔区肯基亚克油田 M 技术服务石油公司团队日前没有轮换上岗，要求增加工资）。

通过这些标题中的高频词可以看出，《哈真理报》关于中石油的新闻报道以正面和肯定为主，强调中哈两国能源合作的互惠互利和合作共赢，比较符合两国能源合作的实际。

四、建构的中石油企业形象

通过以上分析可以看出，《哈真理报》主要建构了中石油以下企业形象：

（1）实力雄厚的跨国公司形象。《哈真理报》对中石油相关报道最多的是中石油与哈萨克斯坦之间的能源合作业务，包括油田的投资、合资建厂、油气协议的签订等，多呈现为事实陈述型客观报道。该类报道旨在让媒体受众感受到一个业务、资金、技术等能力强大的跨国公司的形象。中石油在哈萨克斯坦从事油气合作项目 20 多年，形成集油气勘探开发、管道建设与运营、工程技术服务、炼油和销售于一体的上中下游完整业务链。例如，在勘探开发领域，中石油控股与参股项目有七个；在炼油业务方面，与哈萨克斯坦国家油气公司共同管理运营着哈三大炼油厂之一的奇姆肯特炼厂；还有横贯中亚三国的中国—中亚天然气管道 A/B/C 线和中哈原油管道。中石油为哈萨克斯坦当地经济与社会发展做出了重大贡献，在哈萨克斯坦累计投资和上缴税费均超 400 亿美元，这些合作业绩构成了《哈真理报》关于中石油新闻报道的主调。在这类新闻报道中，中石油专业技术精湛，经济实力雄厚，企业管理能力超群，是一家理想的跨国合作企业。

（2）开放包容的国企形象。《哈真理报》关于中石油的报道常常引用哈萨克斯坦政府首脑、能源部和地方官员的话语。在中国提出"一带一路"倡议后，2014 年哈萨克斯坦制定了致力于在其国内推进基础设施建设，保障经济持续发展和社会稳定的"光明之路"计划，能源是其中的一个重要领域。中石油作为中国的国家级大型能源企业，负责推进和落实我国"一带一路"建设和哈萨克斯坦"光明之路"的对接。该类报道大部分是正面和肯定的，说明中石油得到了哈萨克斯坦官方层面的认可，也被赋予了较强的政治使命。

（3）勇担社会责任的企业形象。《哈真理报》对中石油如何融入当地社会，积极承担企业社会责任方面的活动也进行了报道。中石油结合自身实际、行业特点和所在国国情，尽力融入当地社会，积极承担企业的社会责任。例如，中石油阿克托别石油天然气公司社企合作方面成就显著，连续两年赞助州政府举办的"阿克托别国际马拉松"，投资建造"青年艺术中心"，积极参与为老兵捐款的活动；在人才培养方面也做了更多的工作，与中国石油大学合作培养青年员工，挑选员工到中国的炼油厂进行技术培训等。这些活动都得到了《哈真理报》及其他媒体的关注。

五、结论与建议

综上,《哈真理报》所建构的中石油形象是立体和积极正面的。从主题分布和报道类型来看,《哈真理报》所建构的中石油形象以业务经营等类经济形象为主,少量涉及中石油的政治或社会形象。但从报道数量来看,整体上,哈萨克斯坦主流媒体对中石油这样一家世界知名的、在中亚深耕20多年的跨国公司的报道,与企业自身的规模不相匹配。这一方面是哈萨克斯坦媒体报道的特点,另一方面是我国海外企业喜欢"多做少说",对自身的媒体宣传或形象自塑重视度不够。如何构建和塑造中石油的企业形象,不仅关系中石油在海外能走多远,而且关系中国的国家形象(白智勇和郭影,2014)。鉴于此,本文尝试提出以下几点建议:第一,需要及时关注企业所在国的舆情动态,利用主流媒体为企业发声。这里的主流媒体既包括海外企业所在国的媒体,也包括中国的主流媒体,从而创造良好的国际舆论环境。第二,运用多种渠道参与对外传播工作,可以通过国际会议和论坛、品牌的宣传会和推介会等介绍自己,为媒体提供信息和素材,增进企业与政府、专家学者、媒体以及公众的沟通,为企业形象建设提供舞台。第三,海外企业要承担更多的所在国的社会责任,负责任的企业形象更能够赢得民众信任。可以通过参与所在国的公益事业,如对体育、文化、艺术、教育、医疗卫生事业的赞助和参与,加强与当地政府和民众的情感沟通。第四,注重对所在国人才的培养,加大对本地优秀人才的招聘与培训,改善当地的人力资源状况,根据所在国的要求完成本地当量,实现中国企业的本地化经营等,赢得当地政府、社区和民众的支持。

DEVEREUX L, MELEWAR T C, FOROUAI P, 2017. Corporate identity and social media: Existence and extension of the organization[J]. International Studies of Management & Organization,47(2):110-134.

MELEWAR T C, SAUNDERS J, 1998. Global corporate visual identity systems: Standardization,control and benefits[J]. International Marketing Review, 15(4):291-308.

ТЮТЕБАЕВА А М, 2018. Современные казахстанские массмедиа: Перспективы и развитие[J]. Вестник КазНУб(1-2): 128-132.

白智勇,郭影,2014. 对企业海外形象塑造与传播实践的思考——"2013年首届中国企业海外形象塑造研讨会"观点集粹及对中国石油的启示[J]. 国际石油经济(4):78-85.

丁先友,2013. 中石油企业形象的塑造与传播研究[D]. 成都:西南石油大学.

范晓玲,2016. 哈萨克斯坦主流网络媒体中的中国形象——以网络版《哈萨克斯坦快报》和《哈萨克斯坦真理报》为研究对象[J]. 新疆社科论坛(5):88-91.

廖秉宜,李海容,2017. 中国企业海外声誉与国家形象建构研究[J]. 对外传播(9):42-45.

胡美春,2015. 哈萨克斯坦主流媒体报纸上的中国形象研究[D]. 乌鲁木齐:新疆师范大学.

李淑华,2018. 俄罗斯媒体对"中共十九大"的认知与评价[J]. 俄罗斯学刊(1):68-81.

李英华,2014. 从西方传媒对中国企业的新闻报道看中国企业的对外形象——基于批评性话语分

析视角 [J]. 新闻知识（3）：105-106.

钱毓芳，2016. 英国主流报刊关于低碳经济的话语建构研究 [J]. 外语教学与研究（2）：25-35.

任育新，王海珍，2020. 白俄罗斯主流媒体 BELTA 中甘肃形象的话语研究 [J]. 浙江外国语学院学报（1）：23-32.

王琦，2019. "一带一路"英文媒体中的中国企业形象：语料库辅助下的批评话语分析 [J]. 当代外语研究（3）：99-113.

王亚娜，2017. 国内外石油公司企业形象建设探析 [J]. 国际石油经济（7）：15-19.

徐珺，自正权，2020. 基于语料库的企业外宣翻译与企业形象语义构建研究 [J]. 外语学刊（1）：93-101.

闫新艳，2017. 哈萨克斯坦《快报》中的中国形象 [J]. 《新疆师范大学学报》（哲学社会科学版）（5）：137-143.

赵秀凤，2018. 能源话语研究的体系与范畴 [J]. 天津外国语大学学报，25（3）：63-77，160.

赵秀凤，曹春华，2020. 能源人文：一个新兴的跨学科研究领域 [J]. 中国石油大学学报（社会科学版），36（3）：25-34.

郑建峰，2008. 基于社会责任的企业形象塑造 [J]. 企业经济（10）：142-144.

郑世高，2018. 中国能源安全的话语建构 [J]. 天津外国语大学学报（3）：87-94.

能源议题的技术化形塑

基于语料库的中美核安全话语对比研究

——以中美核安全文件为例

崔亚霄　　操玲玲

（中国石油大学（北京）　外国语学院，北京，102249）

摘　要

　　本文以《中国的核安全》白皮书（英文版）和美国《核态势评估》报告作为对比语料，考察其主题词，并通过观察主题词及其搭配，考察中美两国核安全话语的差异性以及各自体现的核安全观。研究表明：中国政府更加注重核能发展的安全性，强调"发展与安全并重"；美国政府则更加强调发展核武器所带来的核威慑作用，希望通过增强核威慑力量防止核侵略，从而维护其国家安全。

关键词

　　核安全话语；语料库；《中国的核安全》；《核态势评估》

一、引　言

　　随着世界核能的发展，核安全问题日益成为世界各国关注的焦点。当前学术界对核安全这一概念有广义和狭义两种解释："广义的核安全概念包括防止核扩散、防范核恐怖主义以及安全利用核能等；狭义的核安全概念则主要是指核材料和核设施的安全。"（詹欣，2019）世界主要核拥有国都高度重视核安全问题，将其视为国家安全的重要组成部分。在此背景下，中国政府于2019年发布《中国的核安全》白皮书。这是中国政府发表的第一部核安全白皮书，全面介绍了中国核安全事业的发展历程，阐述了中国核安全的基本原则和政策主张，分享了中国核安全监管的理念和实践，阐明了中国推进全球核安全治理进程的决心和行动。而美国政府也曾在2018年发布了《核态势评估》报告。该报告是由美国国防部负责研究起草的专项报告，目的在于规划美国五至十年内的核政策、核力量发展与运用、核军备控

基金项目：本文系中国石油大学（北京）研究生教育质量与创新工程项目"基于翻译工作坊的'文体与翻译'课程建设"（项目编号：yjs2018023）、中国石油大学（北京）科研基金资助项目"话语分析视角下的能源人文研究"（项目编号：2462020YXZZ009）的阶段性成果。

制的目标和实施步骤,尤其是核武器在美国安全战略中的作用,是集中反映美国核战略的重要文件。这两份文件分别反映了中美两国的核安全政策和主张,并且都从广义和狭义两个角度对核安全的相关内容展开了详细阐释。

本文以《中国的核安全》白皮书(英文版)和《核态势评估》报告作为研究语料,考察主题词及其搭配,并进行对比分析,旨在回答以下问题:中美两国的核安全话语有何差异?体现了各自怎样的核安全观?

二、研究语料与研究方法

1. 研究语料

《中国的核安全》白皮书(英文版)和《核态势评估》报告具有较高的可比性。首先,从内容和主题来看,《中国的核安全》和《核态势评估》分别是中美两国对于核安全理念和现实情况的高度概括,充分反映了当前两国核安全发展的基本态势、目标取向、战略定位和实践指导;其次,从发布时间来看,《中国的核安全》和《核态势评估》分别发表于2019年和2018年,时间相隔不久,能够体现相近时期内两国的核安全战略;最后,从体裁上看,二者均是政府发布的官方文件,用词和语言风格都比较正式。基于上述可比性,本文选定这两个文件作为研究语料。

2. 研究方法与步骤

首先,以《中国的核安全》和《核态势评估》作为语料自建小型语料库,约3万字,以BROWN语料库作为参照库,使用AntConc 3.5.8提取《中国的核安全》和《核态势评估》的主题词(keywords)。根据生成的主题词表,对比分析二者主题词体现的文本内容。然后,从《中国的核安全》和《核态势评估》的主题词中选取主题性较高的词作为节点词,使用AntConc 3.5.8对其进行搭配检索,考察其搭配,从而总结出《中国的核安全》和《核态势评估》中主题词搭配模式所体现出的中美两国的核安全话语特征,并分析其异同。最后,由话语特征剖析语言形式背后隐藏的中美两国的核安全理念。

三、主题词分析

作为语料库研究关注的重要方面,主题词的作用主要体现为三点:实词主题词可以凸显文本焦点内容,虚词主题词能够体现文体风格,主题词可以为其他研究提供出发点(李晓倩和胡开宝,2017)。本文以BROWN语料库作为参照库,使用AntConc 3.5.8提取《中国的核安全》和《核态势评估》的主题词,按主题性进行排序,结果见表1。

通过研究表1,可以发现《中国的核安全》和《核态势评估》的前20位主题词中,除共同的话题"nuclear"和常用虚词"and"之外,其余主题词基本上都为实词,且大部分主题词都不相同,这反映出两国的核安全文件内容侧重点不同,也体现出两国核安全话语的差异性。

表 1　主题词词表

序　号	《中国的核安全》		《核态势评估》	
	主题词	主题性	主题词	主题性
1	nuclear	2 736. 80	nuclear	5 531. 53
2	safety	1 964. 90	deterrence	1 303. 21
3	China	652. 46	U.S.	1 266. 17
4	and	343. 17	capabilities	1 199. 84
5	radiation	265. 31	weapons	1 116. 20
6	radioactive	242. 56	states	883. 55
7	regulation	195. 48	united	848. 00
8	international	177. 78	strategic	787. 87
9	regulations	155. 49	allies	583. 26
10	development	152. 88	non	564. 28
11	energy	143. 97	threats	530. 08
12	global	143. 57	adversaries	524. 49
13	facilities	138. 70	potential	514. 88
14	cooperation	133. 65	security	446. 40
15	monitoring	132. 86	ensure	439. 95
16	environment	118. 31	and	422. 71
17	management	116. 20	adversary	417. 93
18	surveillance	109. 24	partners	396. 12
19	strategy	103. 62	forces	391. 04
20	standards	100. 93	strategy	371. 84

　　具体看来,除指代自身的表达(China, U. S. , United States)外,两个文件的主题词均体现出一定的语义倾向。根据基本语义,《中国的核安全》的主题词大致可以归为四类:物质类(nuclear、radiation、radioactive、energy、facilities、environment)、行动举措类(regulation(s)、monitoring、management、surveillance、strategy、standards)、关系类(international、global)和目标类(safety、development、cooperation)。由此可推知,《中国的核安全》比较注重对核能发展进行具体的战略性规范,强调完善核设施建设和监管制度,提升核能发展的安全性和规范性,避免核泄漏、核辐射等核事故的发生,尽可能减少对环境的危害,其核心内涵是"发展与安全并重"。例如:

① China practices peaceful use of nuclear energy on the basis of ensuring safety, which responds to the needs of the people today and will not leave any risk or cause harm to future generations.
中国在确保安全基础上开展核能和平利用,既满足当代人的需要,又不对子孙后代遗留隐患、构成危害,以保障人类文明永续发展。
② The government performs rigorous surveillance of nuclear facilities and units that are engaged in nuclear activities in accordance with the law, to ensure compliance with nuclear safety laws, regulations, standards, and licensing requirements.

坚持依法严格对核设施和从事核活动的单位进行监督检查,确保符合核安全法规标准和许可要求。

同时,《中国的核安全》强调核安全国际合作(cooperation),推动建立合作共赢的国际核安全体系,凸显出中国在核能发展方面的国际化视野和大国担当:

③ China advocates the development of an international nuclear safety system characterized by fairness, cooperation, and mutual benefit. It facilitates the global effort on nuclear safety governance through fair and pragmatic cooperation, works together with the rest of the world to build a community of shared future for global nuclear safety, and promotes the building of a community of shared future for humanity.

中国倡导构建公平、合作、共赢的国际核安全体系,坚持公平原则,本着务实精神推动国际社会携手共进、精诚合作,共同推进全球核安全治理,打造核安全命运共同体,推动构建人类命运共同体。

与《中国的核安全》相比,《核态势评估》包含的主题词类别基本对应,也可以归为物质类(nuclear、weapons)、行动举措类(deterrence、strategic/strategy、threats、ensure、forces)、关系类(allies、adversaries/adversary、potential、partners)和目标类(capabilities、security)。然而,结合语境,我们发现这几类主题词所反映的焦点不同。

其一,《核态势评估》更强调发展核武器的战略意义。美国的基本出发点是从不确定的国际安全环境出发,希望通过研发核武器增强自身核威慑力,从而维护其超级大国地位。例如:

④ The highest U.S. nuclear policy and strategy priority is to deter potential adversaries from nuclear attack of any scale.

美国核政策与战略最优先的考虑是威慑潜在敌人不要发动任何规模的核袭击。

其二,美国除了强调国际环境的威胁,倾向于以敌对和防御的姿态看待核能(adversaries/adversary、threats)以外,也自然期望寻求战略同盟(allies、partners)以共同防御。例如:

⑤ The United States has formal extended deterrence commitments that assure European, Asian, and Pacific allies. Assurance is a common goal based on collaboration with allies and partners to deter or defeat the threats we face.

美国将正式的威慑承诺拓展到涵盖更大范围,以保障欧洲、亚洲和太平洋盟国的安全。安全保障是建立在与盟国和伙伴合作的基础上的共同目标,以威慑或击败我们所面临的威胁。

除主题词语义类别之外,从语义韵方面看,《中国的核安全》的主题词偏向中性和积极,如 safety、cooperation 和 development;而《核态势评估》的主题词有更多消极倾向,如 deterrence、threats 和 adversaries。这也在一定程度上反映出两个文件的话语主旨特征差异。

四、主题词搭配分析

《中国的核安全》和《核态势评估》中主题性最强的主题词都是 nuclear,因此本文以 nuclear 作为节点词,设置左右跨距为 5,分别检索该词在《中国的核安全》和《核态势评估》两个语料库中的搭配,并按频数排序,最后选取频数最高的 10 个实词,分别生成表 2 和表 3。

表 2 《中国的核安全》主题词 nuclear 搭配检索结果

序　号	搭配词	总频数	频数(左)	频数(右)	搭配值
1	safety	200	25	175	4. 193 85
2	China	52	26	26	3. 595 93
3	facilities	29	5	24	4. 462 42
4	energy	27	4	23	4. 304 88
5	power	25	2	23	4. 556 42
6	regulation	19	9	10	3. 967 85
7	development	19	14	5	3. 267 41
8	international	18	14	4	3. 345 52
9	radiation	17	1	16	2. 966 08
10	security	16	4	12	4. 134 96

根据表 2 的检索结果,nuclear 在《中国的核安全》中的高频搭配实词有 safety、China、facilities、energy、power、regulation、development、international、radiation、security。具体的搭配能够进一步印证上一节中主题词所揭示的内容。

在《中国的核安全》中,一方面,nuclear 是作为能源的一种类型,和能源开发与发展形成强关联,例如:

⑥ China uses the most advanced technology and the most stringent standards for the development of nuclear power…

中国使用最先进的技术和最严格的标准发展核电……

⑦ China treats the development and utilization of nuclear energy as an important strategy to boost economic and social development and build a beautiful China…

中国将开发利用核能作为促进经济社会快速发展、建设美丽中国的重要战略……

另一方面,nuclear 与有关核设施与核安全的表达频繁共现,例如:

⑧ The government has strengthened safety control of nuclear facilities, materials and activities and radioactive materials through comprehensive safety licensing and rigorous technical review.

通过全链条安全许可和严格的技术审评,强化对核设施、核材料、核活动和放射性物质的安全管控。

⑨ To meet the requirements of the development of the nuclear sector and nuclear safety regulation, China has given top priority to strengthening the professional teams, to develop an "iron army" with strong political convictions, professional capacity, impeccable conduct and a strong sense of responsibility.

着眼于核事业发展和核安全监管需要,把队伍建设作为百年大计和基础工程,大力培养政治强、本领高、作风硬、敢担当,特别能吃苦、特别能战斗、特别能奉献的核安全"铁军"。

⑩ China has set up the National Nuclear Accident Emergency Coordination Committee, and formed a three-tier emergency response system at state and provincial level and also at nuclear facility operating organizations, to organize emergency response to nuclear and radiation accidents.

成立国家核事故应急协调委员会,建立国家、省和核设施营运单位三级核应急组织管理体系,组织协调核事故和辐射事故应对。

同时,核安全是建立在国际合作基础上的,例如:

⑪ Strengthening international exchanges and cooperation on nuclear safety.
加强核安全国际交流与合作。

而在《核态势评估》中,表3的检索结果显示,主题词 nuclear 的高频搭配词有 weapons、capabilities、strategic、deterrence、forces、states、attack、united、limited、threats。

表3　《核态势评估》主题词 nuclear 搭配检索结果

序　号	搭配词	总频数	频数(左)	频数(右)	搭配值
1	weapons	173	13	160	4. 827 65
2	capabilities	123	20	103	4. 390 57
3	strategic	96	61	35	4. 582 36
4	deterrence	80	20	60	3. 794 24
5	forces	75	4	71	4. 524 88
6	states	59	28	31	2. 816 93
7	attack	54	9	45	4. 887 45
8	united	51	17	34	2. 754 36
9	limited	39	29	10	5. 096 03
10	threats	37	7	30	3. 791 81

与《中国的核安全》相比,在《核态势评估》中主题词 nuclear 的高频搭配词 weapons、forces、attack、strategic、capabilities 表明美国更多地将核作为一种武器,与军事力量结合起来,例如:

⑫ Given the current state of our nuclear weapon production infrastructure, the United States will mitigate the potential consequences of future challenges to U.S. nuclear strategy by sustaining a reserve nuclear stockpile of non-deployed weapons able to support U.S. nuclear strategies amid unexpected change.

鉴于核武器生产设施的现状,美国将通过维持储备核武器数量来缓解未来挑战对美国核战略的潜在影响,这些储备核武器能够在意外变化中支持美国的核战略。

⑬ Nuclear forces, along with our conventional forces and other instruments of national power, are therefore first and foremost directed towards deterring aggression and preserving peace.

因此,核力量同我们的常规力量以及其他形式的国家力量一样,首先是为了威慑侵略和维护和平。

⑭ Russia has expanded and improved its strategic and non-strategic nuclear forces.

俄罗斯扩大和改进了其战略和非战略核力量。

⑮ Therefore, we must, and will, posture our nuclear capabilities to hedge against multiple potential risks and threat developments.

因此,我们必将展示我们的核能力,以防范多种潜在风险和威胁。

主题词 nuclear 的高频搭配词 deterrence 则进一步揭示,美国发展核武器与军事力量是为了起到威慑作用,维护美国及其盟国的国防安全,例如:

⑯ U.S. nuclear capabilities make essential contributions to the deterrence of nuclear and non-nuclear aggression.

美国的核能力对威慑核侵略和非核侵略做出了重要贡献。

⑰ Such an infrastructure offers tangible evidence to both allies and potential adversaries of U.S. nuclear weapons capabilities and thus contributes to deterrence, assurance, and hedging against adverse developments.

这样的基础设施为同盟国和潜在的对手提供了美国核武力的确证,从而有助于进行威慑、提供保障以及防范敌对势力发展。

另外,states 与 nuclear 的搭配,除提供关于美国(United States)的论述之外,主要是 nuclear-armed states 和 non-nuclear weapon states,例如:

⑱ Nuclear weapons have and will continue to play a critical role in deterring nuclear attack and in preventing large-scale conventional warfare between nuclear-armed states for the foreseeable future.

在可预见的未来,核武器已经并将继续在阻止核攻击和防止核武器国家之间进行大规模常规战争等方面发挥关键作用。

⑲ North Korea's nuclear weapons program also increases nuclear proliferation pressures on non-nuclear weapon states that North Korea directly and explicitly threatens with nuclear attack.

朝鲜的核武器计划也增加了对无核武器国家的核扩散压力,朝鲜直接并明确地以核攻击威胁这些国家。

这表明,美国仍然是关注其他国家是否拥有核武器,是否会对自身及其盟友产生威胁。

高频搭配词 limited 的使用也与美国对其他国家核技术应用的关注相关,主要用来形容核技术和核武器开发的程度,例如:

⑳ Russia's belief that limited nuclear first use, potentially including low-yield weapons, can provide such an advantage is based, in part, on Moscow's perception that its greater number and variety of non-strategic nuclear systems provide a coercive advantage in crises and at lower levels of conflict.

俄罗斯认为,有限地首先使用核武器(可能包括低当量武器)可以提供这样的优势,这在一定程度上是基于莫斯科的如下考虑:其数量和种类更多的非战略核系统在应对危机和较低水平冲突方面提供了强制性优势。

通过观察《中国的核安全》和《核态势评估》的高频搭配词及其语境可以看出,中国政府比较注重核能发展与建设的安全性(nuclear safety),不仅在自身发展核能过程中不断完善核设施(nuclear facilities),加强对核设施、核材料和核活动以及放射性材料的安全控制,还制定了相关政策法规(nuclear regulations)来完善核安全治理体系。此外,中国政府还致力于核安全建设的长期发展(nuclear development),通过加强核安全国际交流与合作,呼吁国际社会共同打造核安全命运共同体,为全球核安全体系建设贡献自己的力量。而美国政府则将发展核武器(nuclear weapons)视为维护国家安全的重要保障,面对复杂的国际安全形势,美国认为通过核威慑(deterrence)可以对核攻击和非核攻击起到抵制作用,防止大规模战争,还可以保证其盟国的安全。整体而言,中国政府的核安全观更加符合世界和平与发展的主题,有利于构建全球核安全命运共同体。

五、结 语

本文考察了《中国的核安全》和《核态势评估》的主题词,并选取高频主题词 nuclear 作为节点词,研究其在《中国的核安全》和《核态势评估》中的搭配行为。主题词研究表明:《中国的核安全》的重要内涵是"发展与安全并重",强调实施国家核安全发展战略时建立完善的法规标准,并且认真履行国际义务的核安全理念;而《核态势评估》则更彰显其军事威慑力,美国政府重视发展核武器,希望通过不断加强对其他国家的核威慑来维护其国家安全。

不同的核安全理念和核政策主张,充分表明了中美两国核战略思想的本质差异,深刻反映了两国在国际地位、战略诉求、历史文化等方面的差异。美国作为世界上最强大的发达国家,是当今世界政治经济秩序的主导者,在国家综合实力比较中具有强大优势,其"进攻性现实主义"的核战略思想蕴含着美国中心主义和实力优先原则(焦世新,2014)。其通过加强核威慑来维护国家安全的战略思想,旨在保持"美国单边优势",也表明美国战略重心重回"大国竞争"(宋岳等,2019)。中国是世界上最大的发展中国家,面临着艰巨繁杂的改革发展任务,积极倡导更加公正合理的政治经济秩序。中国始终"坚定奉行自卫防御的核战略"(《2006 年中国的国防》白皮书),以中国国家安全和人道主义作为核战略的基本出发点(夏立平,2010),从不回避自己在保障核安全方面应负的责任。当前人类社会正处于百年未有之大变局，大国竞争与核能力发展将会加剧国际社会发展的不稳定性与不确定性（胡高辰，2018）。通过中美核安全话语分析深刻认识两国核安全理念和政策的差异性，可为加强彼此之间有效沟通、增进共识提供前提准备，从而制定现实政策，共同打造核能发展人类命运共同体，为世界和平、发展、繁荣做出积极贡献。

参考文献

胡高辰，2018. 从国际核态势视角看国际核秩序 [J]. 国际政治科学，3（1）：55-88.

焦世新，2014. 进攻性现实主义是美国的自我写照 [J]. 国际关系研究（3）：17-20.

李晓倩，胡开宝，2017. 中国政府工作报告英译文中主题词及其搭配研究 [J]. 中国外语（6）：81-89.

宋岳，赵松，马荣芳，等，2019. 特朗普政府《核态势评估》报告解读 [C]// 中国核学会 . 中国核科学技术进展报告（第六卷）——中国核学会 2019 年学术年会论文集（第 9 册）（核科技情报研究分卷、核技术经济与管理现代化分卷）. 北京：中国原子能出版社：103-106.

夏立平，2010. 论中国核战略的演进与构成 [J]. 当代亚太（4）：113-127，112.

詹欣，2019. 中国与全球核安全治理 [J]. 当代中国史研究（2）：112-113.

美国智库涉华清洁能源话语的批评话语分析

——以美国国际战略研究中心为例

赵秀凤　　刘海萍

（中国石油大学(北京)　中国国际能源舆情研究中心,北京,102249）

摘　要

近年来,我国实施清洁能源优先发展战略,推动能源转型,引起了国际社会尤其是海外智库的关注。本文以美国国际战略研究中心的相关评述性文章为例,运用批评话语分析理论框架,从文本、话语实践、社会实践三个维度考察该智库学者对中国能源转型实践的认识和定位。研究发现,该智库巧妙运用词汇选择、过度词汇化等词汇策略,及物性系统中的"物质过程""关系过程"等语法策略,对符合世界能源发展大势的中国能源转型实践进行了"污名化"建构,把中国塑造成"经济威胁的强势大国""歧视外资的贸易保护主义者"和"表面漂绿的煤炭大国"等,误读和扭曲了中国的低碳化绿色发展模式。通过批评分析美国知识精英对中国能源实践的话语建构,有助于认清美国知识精英根深蒂固的知识霸权和东方主义思维,有的放矢地调整我国的能源外交策略。

关键词

美国智库;清洁能源;学术话语;批评话语分析;中国国家形象

一、引　言

随着气候变暖和环境污染日益加剧,国际社会开始逐渐意识到清洁能源对人类社会发展的重要性,认为必须最大限度地提高能源生产与利用效率,清洁、有效地利用各种能源。实现人与自然和谐相处的可持续发展已经成为国际共识,成为全球经济社会发展的方向。

近年来,我国适应世界能源发展大势,出台了一系列支持清洁能源发展的政策,鼓励清

基金项目：本文系 2019 北京市教改项目"依托世界能源大学联盟的能源学术英语能力建设"、中国石油大学(北京)科研基金资助项目"话语分析视角下的能源人文研究"（项目编号：2462020YXZZ009）、2019 年研究生教改项目"英语公共基础课程群本(硕)博一体化课程体系建设"的阶段性成果。

洁能源技术开发、市场开拓和推广应用,积极推动清洁能源发展,促进传统能源的清洁化和清洁能源的产业化。随着节能环保理念的不断深入,发展清洁能源已然成为我国能源发展的必然选择,也是实施可持续发展国家战略的必然要求。在国家层面,大力发展清洁能源不仅是保障能源安全、控制二氧化碳排放的重要措施,也对产业结构升级、实现绿色经济增长具有重大促进作用(徐斌等,2019)。经过这些年的快速发展,我国水电、核电、风电、光伏发电等清洁能源产业化走在世界前列,光伏产业已成长为具有国际竞争优势的战略性新兴产业。党的十九大提出清洁能源优先发展战略,政府研发和产业化扶持等政策向清洁能源倾斜,促进技术创新,能源的清洁化发展步伐加快。

中国在清洁能源领域出台了一系列能源政策和实践,取得了令人瞩目的成绩,引发了国际社会尤其是海外专业知识精英的高度关注,成为国内外媒体、学者关注的热点话题。如美国国际战略研究中心(Center for Strategic and International Studies,简称 CSIS)作为美国规模最大的国际问题研究机构,持续关注中国的清洁能源发展,陆续发表评述性文章和研究报告,阐述他们对中国清洁能源战略的认识。我们应该加大对海外智库的研究力度,对他们发表的涉华学术话语展开系统研究,及时了解他们的对华态度和研究动态。

能源议题日趋政治化已经成为一个不争的事实。能源话语承载的立场、观点、意识形态和权势关系理应成为话语研究的重点(赵秀凤,2018)。目前学界关于中国清洁能源、能源转型的研究主要集中于能源经济和能源政策领域,对海外智库的研究也多聚焦观点和内容,鲜有学者关注海外智库学术话语对中国相关实践或国家形象的建构。能源话语研究在中国刚刚兴起,仍需要尽快融入国际学术界的能源人文研究大潮,拓宽研究视野,提升研究的高度(赵秀凤和曹春华,2020)。本文把美国智库涉华清洁能源的学术研究视为典型的精英知识能源话语,基于建构主义立场,运用批评话语分析方法,全面考察该类话语对中国形象的建构,揭露美国知识精英对中国能源实践的误读和意识形态立场。

本文以党的十九大为时间节点,从 CSIS 网站选取 2017 年 11 月至 2020 年 6 月发表的有关涉华清洁能源的评论性文章,共 6 篇,8 082 字,见表 1。

表 1　语料信息

作　者	题　目	网　址
Jane Nakano	China's Prudent Path Forward on a Nationwide Emissions Trading Scheme	https://www.csis.org/analysis/chinas-prudent-path-forward-nationwide-emissions-trading-scheme
	China's Nuclear Power Sector: What It Is and What It Is Not(Yet)	https://www.csis.org/analysis/chinas-nuclear-power-sector-what-it-and-what-it-not-yet
	Greening or Greenwashing the Belt and Road Initiative?	https://www.csis.org/analysis/greening-or-greenwashing-belt-and-road-initiative
Lachlan Carey	Chinese Coal is a Stock, not a Flow Problem	https://www.csis.org/blogs/energy-headlines-versus-trendlines/chinese-coal-stock-not-flow-problem
Jane Nakano, Lachlan Carey	Covid-19 Could Put China's Clean Energy Agenda on Hold	https://www.csis.org/analysis/covid-19-could-put-chinas-clean-energy-agenda-hold
Dominic Chiu	The East Is Green: China's Global Leadership in Renewable Energy	https://www.csis.org/east-green-chinas-global-leadership-renewable-energy

二、文本分析

1. 词汇分析

本文把以上评论性文章建成小型语料库,用 Antconc 语料分析工具统计词频,提取共现和词簇化等词汇现象,由词汇选择分析精英话语的基本态度和立场。表 2 列举了语料库中 CSIS 在描述中国清洁能源发展状况时的常用词汇、频次和共现语言表达(按字母顺序排列)。

表 2　描述性、评价性常用词汇、频次和共现语言表达

词　汇	频　次	共现语言表达
abuse	1	abused ill-enforced trademark laws
aggravate	1	China's aggravating smog crises
ambitious/ambition	5	China has ambitious goals in promoting renewable energy
aggressive(ly)	2	aggressive export drive
coercion	1	China is increasingly willing to use economic coercion
devastate	1	devastating to global climate goals
discriminate	1	discriminate against foreign firms
disguise	1	disguise for China to implement long-awaited reforms
doubtful	1	whether China can more than double the current capacity by 2025 is doubtful
expansion	4	China's nuclear expansion
greenwashing	2	genuine greening or simply greenwashing

从描述中国清洁能源所用的词汇上可以看出 CSIS 对中国清洁能源发展的观点态度和价值倾向。CSIS 频繁使用 ambitious(野心勃勃的)、aggressive(侵略性的)、expansion(扩张)等消极词汇描述中国在清洁能源方面的积极发展,通过相应的副词、名词、动词等反复认定中国具有扩张性、威胁性。例如:

① While China has been a leader in market **expansion** of renewable energy, its openness to foreign investments in importing foreign renewable technology is more ambiguous.

尽管中国在**扩张**可再生能源市场方面一直处于领先地位,但在引进外国可再生技术方面对外国投资的开放程度却相当模糊。

② China has **ambitious** goals in promoting renewable energy.

中国在推广可再生能源方面**野心勃勃**。

在描述中国与其他国家的清洁能源合作与投资时,CSIS 使用 economic threat(经济威胁)、abused ill-enforced law(滥用执行不力的法律)、discriminate against(歧视)等负面评述词语,把中国建构成一个贸易保护主义的、具有胁迫性的经济合作伙伴。例如:

③ China has used a "negative list" to bar foreign investment in various sectors for many years and **abused ill-enforced trademark laws** to **discriminate against** foreign firms.

中国多年来一直使用"负面清单"禁止外资进入各个领域,并**滥用执行不力的商标**

法歧视外国公司。

此外，CSIS 还使用 greenwashing（漂绿）、skeptical/doubtful（令人质疑的）等词语，质疑甚至否认中国的清洁能源举措。例如：

④ Making good on the environmental protocols and standards it has once again put forward to guide BRI investments will mean the difference between genuine greening or simply **greenwashing**.

中国再次提出了用于引导"一带一路"投资的环境标准，运用这些新标准其实就是意味着区分出"真正绿化"和"表面**漂绿**"。

⑤ Countries, however, are **skeptical** of Xi's claim that China can become an active global economic leader through open trade and investment.

习近平提出中国将通过开放贸易和投资成为全球领先的活跃经济体，然而很多国家对此持**怀疑态度**。

⑥ Also, whether China can more than double the current capacity by 2025 is **doubtful** when no new reactor construction has commenced since December 2016 although roughly 11 GWe of additional capacity is currently under construction.

此外，由于 2016 年 12 月以来没有新反应堆开工建设，尽管目前约有 11 吉瓦的新增产能正在建设中，但中国能否在 2025 年前将目前的产能增加一倍还**不确定**。

CSIS 不断用意义相近的词汇反复突出中国在清洁能源领域的政策、举措和实践，映射中国的实力崛起。在词汇选择上，CSIS 大量使用消极意义词汇来描述中国清洁能源的发展，构建中国野心扩张、打压他国、善于辞令的"伪君子"形象。该类精英话语基于美国国家立场，对中国这一符合世界低碳化发展大势、有力应对气候变化、有益于人类福祉的清洁能源政策和能源转型实践进行恶意曲解，宣扬"中国能源威胁论""扩张论"，塑造公众对中国能源转型的理解和判断，这种故意扭曲解读评论的目的昭然若揭。

2. 及物性分析

及物性传达概念功能，表示行为是如何呈现的，语篇中出现了哪种行为，谁做了这些行为以及这些行为作用于谁。在系统功能语法中，及物性系统存在六种不同的"过程"，即物质过程、心理过程、关系过程、行为过程、言语过程和存在过程。

表 3 统计了语料中及物性过程的分布频率。使用最多的是物质过程，占 59.78%，其次是关系过程，心理过程所占比例最小。由于篇幅所限，下面选取物质过程和关系过程中的典型实例加以分析。

表 3　及物性过程分布

类　型	数　量	百分比 /%
物质过程	165	59.78
关系过程	90	32.61

类　型	数　量	百分比 /%
言语过程	8	2.90
心理过程	1	0.36
存在过程	8	2.90
行为过程	4	1.45
总　计	276	100

表 4 中的物质过程实例说明 CSIS 倾向于聚焦中国国际能源合作中的某些具体事件,如③中国投资的煤电项目遭到民众抗议而中止,⑤中国投资的巴基斯坦煤炭项目被迫叫停,或④某些"一带一路"国家发出的关于与中方合作的忧虑或反对的声音,①中国与其他国家如美国发生的贸易摩擦及由此而引发的中国能源安全战略调整,②中国对外国公司的管制等。这些能源合作实践过程中的事件本身的具体情况和相关因素非常复杂,CSIS 采用化约主义(reductionism)立场,简单建构因果逻辑关系,在语言上均把中国或中方企业建构为施动者,凸显中方对其合作伙伴造成的影响,把合作过程中出现的问题放大。

表 4　物质过程实例

序　号	动作者	过　程	目　标
①	China	sought to	recalibrate its approach to energy security in light of continued trade tension with the United States
②	China	has used	a "negative list" to bar foreign investment in various sectors for many years and abused ill-enforced trademark laws to discriminate against foreign firms
③	a Chinese financed coal power project	has been halted	per judicial order issued in September 2018 amid local environmental activists warning the environmental and public health effects of burning coal
④	some BRI recipient countries	are beginning to	voice concern over Chinese coal projects for their impact on the local environment as well as the potential of crowding out lower carbon power generation alternatives in the future
⑤	Pakistan	decided to	suspend a 1,300-megawatt coal project that had been planned under the auspices of the China-Pakistan Economic Corridor, a flagship BRI project

除使用了较多的物质过程外,CSIS 中也使用了约占 1/3 的关系过程。关系过程反映事物之间的关系,可以用来描述事物的属性和类型。

表 5 中的关系过程实例也表明,CSIS 对中国的过去(如①亟须改革应对生产力降低、老龄化、高额负债率等问题)、现在(如②采用经济胁迫手段压制常规产业)及未来(如③到 2030 年碳排放无法达到峰值)相关状态或发展态势做出了消极判断;同时,也对中国的合作伙伴做出负面预测(如④与中国合作的国家损失最严重),把中国的常规化石能源煤炭的储量建构为全球应对气候变化目标的障碍(如⑤)。这类关系过程与上述物质过程一样,其主旋律是对中国进行负面定位,宣扬"中国经济渗透论",丑化中国的对外形象。

表 5　关系过程实例

序　号	载体 / 被认同者	过　程	属性 / 认同者
①	China	was	in desperate need of reform to address its falling productivity, aging population, and over-indebtedness
②	China	is	increasingly willing to use economic coercion in conventional sectors such as retail, tourism, and manufacturing to promote its own national objectives
③	China	will be	unable to reach peak emissions by 2030
④	China's top trade partners	will be	the hardest hit
⑤	China's existing stock of coal capacity	is	the larger problem for global climate targets

综上，CSIS 充分调用高超的语言手段，通过选择适合交际目的的特定词汇和及物性系统，对中国的清洁能源转型进行评判。把中国政府为清洁能源所做出的努力和取得的成绩解读为技术扩张和抢占控制权，对中国能源转型和"一带一路"能源合作过程中出现的问题上升到体制、机制甚至是意识形态层面进行扩大曲解。

三、话语实践分析

话语实践关注阐释文本和话语实践之间的关系，即文本是如何生成、传播和接受的。

表 6 列举了三处转述，来源分别为研究人员、反对者以及中国的合作伙伴国家——巴基斯坦，这三处均对中国持批评态度。CSIS 利用模糊转述来源把他人的言语嵌入自己的话语生产过程中，借"某研究者"之口讽刺中国的空气污染比新冠病毒还要致命，借"某些反对者"之口抹黑中国的贸易政策。通过这种模糊转述者的方式对他人的言语进行有意识地选择、加工并赋予其抹黑中国清洁能源政策的意义，为本国的意识形态服务，往往不易为公众所察觉，制造一种客观的表象。通过对文本互文性转述现象进行分析，可以发现 CSIS 涉华能源话语背后的立场和意识形态。

表 6　转述实例

序　号	引语来源	转述动词	引语内容
①	one researcher	estimates	more lives have been saved in China thanks to lower air pollution than have been lost to the novel virus
②	critics	have also pointed to	the country's protectionist policies that speak against its claim to continued openness
③	the Pakistani government	had determined	that "surplus generation capacity had already been contracted and more contracts would lead the country to a capacity trap"

在当前全球智库中，美国智库虽然起步比英、德、法晚，但在战后，美国智库的发展却跃居世界首位。美国的大型智库实力雄厚，经常从事全局性、战略性、综合性的研究，常常被称为"影子内阁""美国政府的外脑"等，在一定程度上影响着美国政治、经济、军事、外交等一

系列重大决策(许共城,2013)。美国智库在对内对外传播和话语体系建设中扮演着重要角色,被誉为"第五权力",是学界、政治精英和意见领袖的聚集之地,拥有不可小觑的话语权和话语影响力(章晓英和郭金华,2016)。近年来,随着中国的迅猛发展,当代中国成为美国智库关注的焦点,美国智库从多方面、多角度探讨研究"中国崛起"对中美关系和亚太地区的政治、经济、安全的影响(刘恩东,2014)。

作为当今美国国内规模最大的国际问题研究机构,CSIS 生产和传播智库话语具有以下条件:首先,汇集了基辛格、布热津斯基等老政治家和全美数以百计的专家学者,拥有丰富的政府部门工作经验,能够在学术和政府间顺畅地沟通;其次,具有广泛且细化的议程设置能力,支撑其话语影响力和舆论引导力;再次,拥有名目繁多的研究项目,具有雄厚的资金支持;最后,发表大量研究报告、学术专著、新闻简报、期刊和时事评论性文章等,可影响政策决策圈、政府部门、商业和学术界的政策制定者。CSIS 经常举办国会听证会,不仅以专业知识来影响决策的制定,而且扩大自身的政策影响力、智库话语权和传播的受众范围。CSIS 还建立了"跨太平洋媒体网络",通过媒体扩大社会影响力,引导公众舆论。除此之外,CSIS 每年举办重大公共会议和小型发布会多达 2 000 多场,并在网站和社交媒体上发布,从而广泛地影响公众。

具体到涉华能源话语的生产上,CSIS 有专门的专家团队对涉华能源议题展开专业知识领域的生产。例如,CSIS 专门设有"中国能源未来项目""中国能源安全化和低碳化之路"等专题研究项目,这些项目里的部分专家学者专门从事有关涉华清洁能源议题专业知识的研究和生产。如本文所研究的这些评述性文章,均与上述涉华能源研究项目有关,作者分别为 Jane Nakano、Lachlan Carey 和 Dominic Chiu。其中,Jane Nakano 是 CSIS 能源安全和气候变化项目的高级研究员,专长领域包括美国能源政策,全球市场,有关天然气、核能和煤炭的政策发展,以及亚太地区的能源安全问题。她经常就这些问题在国内和国际会议以及世界各地的媒体上发表文章和讲话,还曾就美国液化天然气出口问题在国会作证。在供职于 CSIS 之前,她曾在美国能源部政策与国际事务办公室工作,负责亚洲的能源、经济和政治问题。Lachlan Carey 则是 CSIS 能源安全和气候变化项目的副研究员,研究领域包括能源地缘政治、气候变化政策和国际贸易,曾是世界经济论坛的顾问,此前还曾供职于澳大利亚财政部。这些作者均为高级知识分子,都曾在政府机构供职,在意识形态上很难摆脱政治偏见。

由以上分析可知,CSIS 整合多种传播力量和传播渠道,面向不同的传播对象输出并营销自身生产的专业知识和话语。这种多渠道、多对象的传播方式使得 CSIS 在涉华清洁能源议题上的观点传播和议程设置具有与媒体一样的"扩音效应"(章晓英和郭金华,2016)。

智库话语权即"智语权",是知识、话语和权力相结合的产物(刘益东,2012)。智库与国家意识形态的关系是无法撇清的。"冷战"后美国智库发展的一个重要特征就是意识形态隐形化,他们把意识形态熔铸于自己的研究过程和成果中,在成果的社会传播中实现其意识形态价值追求和美国的国家利益(刘恩东,2014)。虽然 CSIS 宣称自己"非党派、非营利",但是研究发现 CSIS 具有"保守主义色彩"和"冷战思维",并且还与美国石油财团有着密切的联系(章晓英和郭金华,2016)。

CSIS 利用其精英知识话语权,把中国建构成"经济威胁的强势大国""歧视外资的贸易保护主义者"和"表面漂绿的煤炭大国"等。CSIS 渲染中国的负面形象、唱衰中国能源转型，为美国政府的"亚太再平衡"战略提供话语支撑，为美国垄断清洁能源的话语权扫清障碍，为美国的国家利益和意识形态服务。

四、结　语

以上分析表明，虽然 CSIS 反复强调自身是"非党派、非营利"智库，是科学、公平、中立的知识精英组织，但是他们发表的涉华清洁能源知识话语充分暴露了其非中立立场，他们运用词汇选择、及物性系统中的"物质过程""关系过程"等语法手段，凭借其专业知识生产者身份把中国建构为"经济威胁的强势大国""歧视外资的贸易保护主义者"和"表面漂绿的煤炭大国"等。

在涉华清洁能源话语的生产上，CSIS 巧妙地把他人抹黑中国清洁能源的话语模糊化嵌入自己所生产的话语中，即进行再情景化，对其进行有意识的选择、加工并赋予新的意义，为美国的话语生产和意识形态服务。在涉华清洁能源话语的生产和传播中，CSIS 有专门的专家团队和研究项目对涉华清洁能源议题展开专业知识领域的生产和传播。

我们发现 CSIS 涉华清洁能源话语之所以对中国的国家形象如此塑造，是深受其保守主义色彩、冷战思维、为美国战略利益服务的立场和意识形态影响的。美国智库在国际间不平等的智库话语权力关系中占据主导地位，凭借着自身在智库话语权力上的优势，利用其话语扭曲中国国家形象，形成话语压制。

未来谁掌握了能源话语权，谁占据了能源变革的主动权，谁就掌握了能源世界。美国智库对中国形象的扭曲塑造对我国清洁能源外交和国际合作提出了挑战。对此，中国智库在清洁能源议题上可以实施"反话语策略"，力求在国际上为我国能源转型营造一个良好的国际舆论环境和国家形象。

参考文献

刘恩东，2014. 美国智库发展新趋势［N］. 学习时报，05-05（6）.

刘益东，2012. 提升智语权和智媒实力，实现中国智库的快速崛起［J］. 未来与发展，35（12）：
　　2-11.

徐斌，陈宇芳，沈小波，2019. 清洁能源发展、二氧化碳减排与区域经济增长［J］. 经济研究，54
　　（7）：188-202.

许共城，2013. 美国智库的基本特点和发展趋势［N］. 学习时报，03-11（6）.

赵秀凤，2018. 能源话语研究的体系与范畴［J］. 天津外国语大学学报，25（3）：63-77，160.

赵秀凤，曹春华，2020. 能源人文：一个新兴的跨学科研究领域［J］. 中国石油大学学报（社会科学
　　版），36（3）：25-34.

章晓英，郭金华，2016. 美国智库的舆论生产和传播策略——以"CSIS"为例［J］. 新闻与写作
　　（6）：29-32.

芬兰涉华能源研究报告中的中国国家形象

——批评话语分析视角

赵秀凤　丁添琪

（中国石油大学(北京)　中国国际能源舆情研究中心,北京,102249）

摘　要

　　本文采用基于语料库的话语分析方法,对芬兰《中国在北极——中苏北极合作的机遇与挑战》研究报告进行批评话语分析,揭示该报告所建构的中国国家形象。研究发现,该报告整体上对中国形象进行了积极正面的塑造,对中国参与芬兰和北极能源开发持肯定态度,尤其是对中国作为第二大经济体的经济实力和国际合作的规范性、长期性、规划性等具有非常高的信任度,因此认为中国是非常具有吸引力、可信任的合作伙伴。但是,对中国的碳排放及相关的应对治理承诺尚心存疑虑。我们认为这与芬兰精英对中国政府的了解度不高和受西方主流媒体所塑造的关于中国的刻板印象有关。本研究有助于加深我们对芬兰精英立场的认识,有的放矢,调整和深化我国与芬兰等北极八国的合作,加强"冰上丝绸之路"建设。积极参与北极事务,加强与北极地区的能源合作,是确保我国能源安全,推动能源可持续发展的重要路径。

关键词

　　能源话语;国家形象;批评话语分析;芬兰涉华能源

一、引　言

　　芬兰有三分之一的国土位于北极圈内,处于北极地区的矿产资源丰富地带。作为北极八国之一,芬兰隶属"全面对接派",积极参与"冰上丝绸之路"建设(肖洋,2019)。2017年,中芬宣布建立面向未来的新型伙伴关系并发表联合声明,芬兰明确提出加强北极自然资源开

基金项目：本文系2019北京市教改项目"依托世界能源大学联盟的能源学术英语能力建设"、中国石油大学(北京)科研基金资助项目"话语分析视角下的能源人文研究"(项目编号：2462020YXZZ009)、2019年研究生教改项目"英语公共基础课程群本(硕)博一体化课程体系建设"的阶段性成果。

发领域的经济与科技合作，主张与中国建立全面北极合作关系。2019 年，受芬兰总理府资助，芬兰拉普兰大学北极研究中心、芬兰国际事务研究所、芬兰环境研究所海洋研究中心展开了名为"在不确定性增加时代背景下的北极理事会主席芬兰"的系列研究，发布了题为《中国在北极——中芬北极合作的机遇与挑战》的研究报告，旨在全方面、多角度地描述中国在北极地区的作用和角色，为芬兰政府制定对华北极能源政策提供参考。

该报告意义重大，影响深远。作为重要的北极国家，芬兰对我国的认知和定位直接影响我国在其他北极国家及世界上的形象，影响我国对北极事务的参与程度和方式，影响我国在北极的利益。因此，有必要对该报告进行全面系统的分析，聚焦芬兰以智库报告即精英话语形式构建的中国形象，揭示芬兰对华立场，便于我国有的放矢，推进"冰上丝绸之路"建设，增进北极合作关系，维护我国在北极的国家利益。

目前，学界对北极能源开发和合作关注较少，对"冰上丝绸之路"涉及的芬兰等北极八国的关注度有待加强。北极地区能源资源丰富，不论是北极国家还是非北极国家，都纷纷参与北极地区的能源开发和合作。例如，挪威政府在多个北极战略文件中强调，依托尖端技术实现油气开发，积极推动北极能源领域技术积累、研究与开发；德国在 2019 年 8 月更新版的北极政策文件《德国北极政策方针——承担责任、夯实信任和塑造未来》中，明确提出要同挪威发展北极能源合作关系；韩国则早在 2012 年就同格陵兰达成了北极稀土开发等能源合作谅解备忘录。

中国身为近北极国家和北极利益攸关方，近年来一直积极参与北极相关事务，尤其重视参与北极能源开发合作。2017 年 12 月，全球最大的北极天然气项目——中俄亚马尔液化天然气项目正式投产。2018 年 1 月，中国发表了《中国的北极政策》白皮书，倡导多方合作共商共建北极"冰上丝绸之路"，并将经济合作的重点放在北极能源合作开发等前瞻性投资上。作为世界第二大经济体和能源生产与消费大国，中国应高度关注北极地区的能源开发利用，更应及时了解北极地区主要国家如芬兰与中国的关系和对中国国家形象的定位及话语建构，制定相应的北极能源战略。积极参与北极事务尤其是能源开发，对我国能源安全具有重要战略意义和价值。

本文采用基于语料库的话语分析方法，通过高频词、搭配、检索行等语言学分析手段，考察芬兰在该报告中建构的中国国家形象，并结合社会历史文化语境和国际政治格局，揭示话语背后芬兰的立场和意识形态。透过芬兰的精英话语，解读芬兰对华形象建构和芬兰立场，可为我国进一步优化中芬北极能源合作提供参考。

二、国家形象及其话语建构

虽然学界对"国家形象"的定义并不完全一致，但这一概念核心的指向较为明确和统一：形象是社会集体的想象物，是显示政治意识形态的工具，具有权力话语的阐释性内涵。国家形象是被构造出来的，是一个意识形态的建构物（刘忠波，2017）[4]，即国家形象具有建构性本质。既然如此，那么建构的主体就可以是多元的，可以自塑，也可以他塑。例如，认识到话语对形象建构的重要性，我国不断加强外宣，通过多种途径和手段，自塑国家形象；而随着中国的崛起,西方也不断以强势姿态立足东方主义表述系统,塑造中国的"他者"形象。国家形象的建构者可以是国家外部的国际社会,包括政府、机构或民众(刘继南,1999;陈佳璇等,2011)。外部社会对一国国家形象的建构可能帮助或阻碍一国与世界的沟通,甚至影响国家整个事业的发展(陈佳璇等,2011)。因此,外部社会对中国国家形象的建构成为多学科关注的焦点。

语言学领域主要从话语分析角度出发,关注不同国家或地域对中国国家形象的建构。如刘文宇和毛伟伟(2020)采用语料库辅助话语分析方法,考察非洲主流媒体建构的中国形象;曹韦和赵媛媛(2019)以阿根廷主流媒体对"中共十九大"的相关报道为语料,基于话语研究理论和语料库研究方法,解构阿根廷媒体对中国形象的多维描写;李莎莎(2019)以语料库批评话语分析为研究方法,考察德国主流媒体对中国"一带一路"倡议的认知以及对中国形象的构建,发现德国主流媒体建构了"雄心勃勃"和"迅速崛起"的中国形象;康俊英(2019)考察美国官方政府涉华话语的及物系统表征及分布,对妖魔化中国形象进行批评性分析解读。

现有研究主要关注国外媒体,语料所涉及的主题主要是重大政治事件或涉华报道,鲜有研究关注国外智库发布的关于特定主题如能源的研究报告。其实,智库报告具有非常重要的研究价值。该类报告是由专业高级研究人员即高级知识精英团队经过长时间研究得出的研究结论,常常是政府制定决策的重要参考。从话语类型来说,智库报告属于典型的知识话语或技术话语,对社会现实或未来发展的建构作用更为明显,影响力更大,应该引起语言学界尤其是话语研究的关注。

此外,以往研究多以"一带一路"热点国家为切入点,对"冰上丝绸之路"涉及的北极八国少有涉足,而且以往研究对中国形象的探讨多集中在政治、经济领域,对能源领域的探讨相对较少。能源作为国家发展的动力支撑,其重要意义不言而喻。鉴于此,本文以芬兰政府资助的智库涉华研究报告为语料,采用语料库辅助批评话语分析方法,批评分析在北极能源开发背景下芬兰对中国国家形象的认知定位。

三、研究语料和方法

本文语料选自2019年芬兰发布的研究报告《中国在北极——中芬北极合作的机遇与挑战》。该报告由三部分组成:第一部分为背景介绍,概述中国在国际事务中的角色;第二部分介绍中国在北极地区的利益和活动;第三部分分析中芬北极合作现状,展望中芬在北极地区潜在的合作领域与前景。在内容上,该报告涉及能源开发合作、中美博弈、经济发展、旅游合作、企业投资等多个领域,形符共计38 105个。通过人工筛选,本研究保留涉及能源开发合作的相关语段,自建"芬兰涉华北极能源语料库",形符共计8 731个。

本文所使用的语料库统计软件为AntConc 3.5.0W。首先,检索出频次最高的与研究问题最相关的实词;然后,提取高频实词为节点词的检索行,重点考察 China 和 Chinese 搭配网络,分析其语义偏向和态度,总结语义韵;最后,集中对检索行 China 和 Chinese 所在的语句进行及物性分析。基于搭配词及过程类型分布频率,总结话语特征,解读该报告建构的中国国家形象；结合国际政治格局和北极地区局势，揭示其背后所隐含的芬兰发展逻辑、意识形态与价值观。

四、语料库分析和解读

1. 高频词分析

高频词指在语料库中频繁出现的词，可以揭示文本"话题"或"主题"信息。我们通过 AntConc 的词表统计功能，得出"芬兰涉华北极能源语料库"中排名前 10 的实词：China（144）、Arctic（114）、Chinese（109）、project（59）、climate（43）、company（43）、energy（42）、mine（40）、investment（39）、change（32），详见表 1。

表 1 "芬兰涉华北极能源语料库"高频实词

排 名	实 词	频 次
1	China	144
2	Arctic	114
3	Chinese	109
4	project	59
5	climate	43
6	company	43
7	energy	42
8	mine	40
9	investment	39
10	change	32

从表 1 可以看出，在探讨与中国相关的北极事务时，芬兰所关注的议题依次包括项目、气候、公司、能源、矿藏、投资、变化。这些议题围绕两个语义场展开：一是北极合作开发的首要关切——气候，二是北极开发的主要要素——经济。

关于第一个中心议题——气候，该报告侧重突出中国经济发展对气候变化的影响（如例①）、气候变化对中国的影响（如例②）及中国在气候治理中的角色和政策（如例③④）。

① In the Arctic, black carbon is a significant contributor to climate change. On the global level, Asia — especially China and India — is the biggest source of black carbon, accounting for more than half of the global emissions.

在北极，黑碳是导致气候变化的重要因素。亚洲——特别是中国和印度——是黑碳的最大来源，占全球排放量的一半以上。

② Since changes in the Arctic caused by climate change contribute to haze over China and decreased agricultural output in China, scientific research on climate change is one of the key drivers of China's Arctic policy.

气候变化导致北极地区发生了很多变化,继而加重了中国的雾霾并使农业产量下降,因此开展与气候变化相关的科学研究是中国制定北极政策的主要动力。

③ China has taken part in a variety of international negotiations and partnerships on climate change, and it is a party to the United Nations Framework Convention on Climate Change (UNFCCC), the Kyoto Protocol as well as the Paris Agreement. The state now plays a rather constructive role in international climate politics.

中国积极参加有关气候变化的国际谈判,建立伙伴关系,且是《联合国气候变化框架公约》(UNFCCC)、《京都议定书》以及《巴黎协定》的缔约国。在国际气候政治中发挥建设性作用。

④ China's NDC is not very ambitious and the state is likely to meet or exceed it, which allows the party-state to "gain face" both home and abroad. China is not likely to commit itself to a very ambitious emissions reductions target in the future either; such a commitment would cause a high risk of "losing face" in the case of failing to reach the target.

中国的国家自主减排目标并不宏伟,能够达到甚至超过,可以在国内外"赢得面子"。中国也不可能在未来制定宏伟的减排目标,因为如果未达到目标,将很有可能"丢脸"。

从以上例子可以看出,芬兰对中国参与北极事务的动机——进行科学研究以应对气候变化,以及目前在应对气候变化方面的角色定位和举措基本持肯定态度。但在气候变化归因方面,如例①,只描述当下两个最新经济体——中国和印度对气候变化的影响,而抛开历史,不谈西方发达经济体自工业革命以来向大气长期进行碳排放这一最主要的气候变化因素,很显然是片面的,不符合科学逻辑的,因为气候变化肯定是人类长期作用的结果。芬兰的这一立场明显偏袒西方发达国家,流露出对亚洲新兴经济体崛起的不适。此外,在对中国政策的解读方面(如例④),芬兰精英对中国节能减排的政策和目标的解读过于表层和肤浅,所表现出的迟疑和不信任态度与中国政府节能减排的实际目标和决心不符。

关于第二大中心议题——北极开发的经济要素,该份报告重点介绍和评价了中国参与北极合作开发的具体能源项目(如例⑤⑥),表达了芬兰对中国北极投资的期待(如例⑥)及对中国投资者的定位(如例⑦⑧)。

⑤ When it comes to Arctic energy projects, China's participation in Arctic LNG projects supports these goals by increasing (technical) knowhow as well as the government's efforts to replace coal and oil by natural gas, a less environmentally-harmful fossil fuel.

就北极能源项目而言,中国提升(技术)专业知识,用天然气(一种对环境危害较小的化石燃料)替代煤炭、石油,参与北极液化天然气项目,支持绿色目标。

⑥ Bio-refining, bio-energy and bio-fuels constitute an important area for prospective Chinese investment. Chinese companies are currently particularly interested in bio-refinery investments.

生物炼制、生物能源和生物燃料是中国(在芬兰)的重要潜在投资领域。中国公司目前对生物炼制投资特别感兴趣。

⑦ Some Finnish private actors believe that Chinese investors are driven by long-term goals and strategies and long investment perspectives, which in principle makes Chinese companies attractive business partners.

一些芬兰企业认为,中国投资者具有长期目标、长期战略、长远的投资前景,原则上讲是具有吸引力的商业伙伴。

⑧ Chinese investments are much better planned nowadays, and investors more carefully consider local conditions and regulations.

如今,中国的投资计划经过深思熟虑,投资者更仔细地考虑当地条件和法规。

从以上实例可以看出,芬兰对中国参与北极能源开发合作的方式、领域(绿色技术、可再生能源)给予高度肯定,对中国参与北极能源开发抱有极大的信心,尤其是对中国投资芬兰及北极相关的能源开发项目充满期待。该报告对中国作为投资伙伴进行了积极定位(长期目标、长期战略、长远的投资前景),认为中国投资方具有长期目标和规划,是非常有吸引力的商业伙伴;期待中国能够在更多领域(采矿业、生物炼制)进行投资,与中国开展进一步合作,表达了对中国这一世界第二大经济体的信心与期待。

该报告还审视分析了芬兰目前在吸引中国投资方面存在的自身问题,对如何提升对中方投资的吸引力提出了建议,如例⑨:

⑨ Finland's objective is to attract further foreign investments in its growing mining industry, while there has been little interest among Chinese investors in northern Finland's mining projects thus far. Finnish companies can offer not only investment opportunities but also technological solutions for carrying out operations in northern conditions(e.g. in Greenland or Canada) in a responsible manner.

芬兰的目标是吸引更多的外国投资者对不断发展的采矿业进行投资,而迄今为止中国投资者对芬兰北部采矿项目的兴趣不大。芬兰公司不仅可以提供投资机会,而且可以提供技术解决方案,以负责任的方式在北极地区(如在格陵兰或加拿大)开展业务。

总之,从高频词形成的两个中心语义场结构及具体实例可以看出,芬兰对中国在气候治理和北极能源开发方面持肯定和欢迎的态度,对与中国的能源合作和经济合作充满信心。从高频词来看,该报告整体上建构了一个正面的中国形象。

2. 搭配词分析

在高频词分析的基础上,我们的分析需要进一步细化,以便更微观地考察该报告对中国国家形象的话语建构。我们先从考察 China 和 Chinese 的搭配词开始,通过聚焦核心词的搭配词及其网络,可以发现话语的内在意义(钱毓芳,2010)。

　　我们用 AntConc 软件生成 China 的搭配词列表，从中选取互信息值（MI）大于 3 的搭配词，见表 2。在语料库研究中，MI 值是常用的搭配强度计算方法。MI 值测量节点词与搭配词这两个共现词语间的搭配强度。MI 值越大，说明节点词与其共现词的搭配强度越高。一般而言，MI 值大于或等于 3，搭配词与节点词构成显著搭配。MI 值分析有助于研究者辨析哪些搭配词与节点词之间的搭配强度高。

表 2　China 强搭配词

排　名	搭配词	搭配强度
1	origins	6. 920 02
2	clearly	6. 504 98
3	surpassed	5. 920 02
4	comes	5. 920 02
5	willing	5. 335 06
6	responsible	4. 920 02
7	important	4. 656 99
8	highly	3. 929 92

　　孤立地看，表 2 的强搭配词中，origins、comes、willing 等多为中性词，responsible、important 等为褒义词。结合具体检索行和文本语境，可以发现其实上述搭配词主要涉及污染物排放和气候变化问题，且以污染物排放为主。例如：

⑩ …in the North, where part of the black carbon is deposited there has its origins in China.

……沉积在北极的部分黑碳来自中国。

⑪ China's carbon emissions surpassed those of the United States and it is now the biggest carbon dioxide emitter in the world…

中国的碳排放量超过了美国，成为世界上最大的二氧化碳排放国……

⑫ Lindane（γ-HCH）pollution reaching the Arctic from outside of the region comes mainly from China, which is responsible for 59% of global emission.

中国的林丹（γ-六氯环己烷）排放量占全球的 59%，北极地区的污染物林丹主要来自中国。

　　这些句子意在突出强调中国经济发展对全球尤其是北极地区的环境带来的危害性后果。从话语修辞来看，该报告诉诸科学技术话语策略，频繁引用统计数据做论断支撑，一方面捍卫论断的不可论辩性，另一方面彰显报告作为精英技术话语的科学性。该类话语建构策略已成为当代智库或知识话语的共性。但是，如前文所述，无论如何粉饰其科学性，这类抛开历史只表当下的陈述本身就明显体现出其非科学性的建构本质。

　　更值得注意的是，该报告对中国政府做出的减排承诺及中国在气候治理中的角色定位表现出一定程度的迟疑和不确定性评判，如例⑬运用低情态表达式"appear to…""even assume the role…",例⑭运用显性不确定形容词"unclear"表示话语生产者对中国表态的不确定或不信任态度。

⑬ China appears to be willing to even assume the role of a leader (together with the European Union) in terms of the global climate change fight.

在全球气候变化斗争中,中国似乎甚至愿意承担领导者的角色(与欧盟一起)。

⑭ At present, however, it remains unclear whether this announcement means that China is willing to enhance its NDC under the Paris Agreement in an ambitious manner.

但是,目前尚不清楚这一宣布是否意味着中国真正愿意切实加强《巴黎协定》下的国家自主贡献。

概言之,考察 China 高搭配词语义韵,可以发现该报告在肯定中国经济发展成就和积极参与能源合作开发的同时,还有一条隐性形象建构链——中国是北极环境和气候恶化的罪魁祸首。芬兰精英认为,中国的巨大能源消耗和碳排放对北极环境造成了巨大影响,理应将功补过,为气候治理和北极开发做出应有的贡献;但是他们同时又对中国传达出的减排和参与气候治理的决心表示怀疑。该隐性负面形象与高频词分析所得出的显性正面形象形成逻辑上的自洽关系,运用因果逻辑,对中国承担气候治理责任和参与北极能源开发进行合理化、自然化话语建构。

五、及物性分析

考察及物性中的"行为者"更能揭示作者构建的"行为者"形象以及作者的观点、意识形态等(Hart, 2020)[60],因此以下对以 China 为动作发出者的小句进行及物性分析,以便更全面地认识该报告所建构的中国形象。

语料库辅助及人工识别相结合,发现报告中以 China 为动作发出者的小句共 132 个,主要分为物质过程和关系过程两类,其中以物质过程(115 个,占 87.1%)为主,关系过程(17 个,占比 12.9%)为辅。

1. 物质过程

物质过程的"参与者"包括三类(表 3):第一类为 China、指代 China 的代词 it 以及名词 the country、the state、Beijing;第二类为由 China、Chinese 构成的名词短语(Nominal Group,简称 NG);第三类为具体的中国企业名称。

表 3　物质过程参与者分布

参与者及频次	频 次
China（36）, it（10）, the country（4）, the state（2）, Beijing（1）	53
China's + NG（17）, Chinese + NG（40）	57
China Investment Corporation（1）, China Petrochemical Corporation（1）, Bank of China（1）	3

在"芬兰涉华北极能源语料库"中,与 China 强搭配的主要物质过程词包括 undertake、promote、contribute、strive、commit、seek、require、install、import、publish、invest 等,其中排名前 5 的物质过程动词见表 4。

表 4 强搭配物质过程

排　名	搭配词	搭配强度
1	undertake	6. 768 02
2	contribute	5. 920 02
3	strive	5. 920 02
4	promote	4. 920 02
5	commit	4. 920 02

节点词 China 作为小句的"动作者",是话语生产者评价的话题,搭配词体现话语生产者对 China 行为动作的态度和评价。结合检索行,我们发现这些强搭配动词整体上构建了较为积极的语义韵,主要表征中国政府与北极能源开发相关的行为、举措和立场,如中国积极促进北极"石油与天然气钻采技术创新""发展现代节能技术和产品",且在能源开采时"保护北极环境,考虑对当地居民的影响"。报告对这些行为给予了充分肯定,认为有助于保证北极地区的可持续发展,做到能源开发、经济发展与环境保护、人民生活的协调发展。例如:

⑮ It (China) has promoted the development of modern, energy-saving technology and products as well as established national standards.

它(中国)已促进发展现代节能技术和产品,建立国家标准。

⑯ China requires its enterprises to observe the laws of the relevant States for resource exploration…

中国要求其企业进行(北极)资源开发时遵守有关国家法律……

⑰ China works with other States to enhance control of the sources of marine pollution…

中国与其他国家合作,加强对海洋污染源的控制……

⑱ China invested heavily on renewable energy.

中国大力投资可再生能源。

2. 关系过程

关系过程主要用于描述事物特征,识别事物身份。关系过程有归属和识别两种不同的表现形式。统计结果显示,关系过程共出现 17 次,其中以识别类为主(识别类 12 个,归属类 5 个)。识别类关系过程表示两个实体之间的多种关系,如等同、角色承担、命名、定义、象征、举例、展示等。识别就是把具体的表征和一般的范畴相互关联。一般范畴为"价值(value)",具体表征为"标记(token)"。在话语中,"价值"往往体现话语生产者的重大关切,"标记"则是这些关切的现实载体。价值-标记分析能够指导我们分析话语生产者关注的价值观念和关切(Thompson, 2000)[104]。主要识别类关系过程小句见表 5。

表5　识别类关系过程小句示例

标 记	过 程	价 值
China	being	the largest contributor to hexachlorobenzene
China	is	the biggest source of black carbon
China	is	the biggest source of hydrocarbon
China	is	a major and growing market for pulp
China	is	a major global player in terms of wind and solar power
China	is	Finland's largest single export market for pulp
China	is	the world's biggest investor in carbon dioxide capture and storage technology
China	is	the world's largest consumer and producer of so-called rare earth elements (REEs)
China	has been	the second largest gas importer
China	will be	among the main markets for most new mining projects
Chinese demand	is	one of the key factors shaping raw materials prices

表5中价值-标记类关系过程中的"价值"均为芬兰对中国在北极地区的关注焦点,包括"最大的黑碳排放国""最大的碳氢化合物排放国""最大的二氧化碳捕集与储存技术投资国""主要且不断扩大的纸浆市场""芬兰最大的纸浆单一出口国""原材料价格的主要塑造国"。这些价值体现芬兰对中国的国家认知和定位,与上文语料库分析所得结论相吻合,反映出芬兰对中国的复杂心态:一方面,认定中国是碳排放和环境污染的罪魁祸首;另一方面,认可中国在能源合作和北极事务中的积极作用,希望加强合作,期望中国在北极开发中发挥更大作用。

六、芬兰建构的中国形象

综上,我们运用两种方法对"芬兰涉华北极能源语料库"进行了较为全面的分析——语料库分析和及物性分析。这两种分析互为补充,使我们对该报告所建构的中国国家形象有了较为全面的认识。以下将结合中芬关系、国际政治和国际能源格局、北极事务等现实语境,对芬兰建构的中国形象进行概述和评析。

芬兰对中国形象的建构主要围绕气候和能源及经济合作两大议题展开,整体而言,所建构的中国形象以肯定和正面为主,但夹杂明显的怀疑和不信任态度。具体而言,主要建构了以下形象:

第一,经济实力雄厚的投资大国形象。该报告通过利用一系列与"投资、项目、能源开发"相关的词汇搭配网络,建构了一个积极进取的经济体形象。芬兰作为重要的北极国家,渴望深度参与中国的"冰上丝绸之路"建设,积极加强与中国各方面尤其是能源方面的合作。芬兰国力相对弱小,虽处于北极地区的矿产、森林资源丰富地带,但由于在北极地缘格局中处于相对劣势地位,北极经济收益相对有限。北极政治和经济格局变化多端,芬兰经济发展充满诸多不确定性,这都使芬兰精英认识到必须与像中国这样的巨大经济体加强合作,以北极能源合作开发为契机,推动芬兰及北极地区的可持续发展。芬兰清楚地认识到,在北极地区,中国的主要油气伙伴是俄罗斯,但芬兰和冰岛可以在矿产资源开发和生物燃料方面与中国开展广泛合作。除矿产资源合作外,芬兰在该报告中强调,中国是芬兰最大的纸浆单一出口国。2013 年,芬兰政府将"森林资源"列为可再生能源。在"一带一路"合作倡议下,中国企业积极投资芬兰纸浆产业、生物能产业,令芬兰看到了中芬在生物能源领域巨大的合作空间。总之,芬兰智库对与中国的已有和未来合作潜力充满信心,这一点体现了芬兰知识精英的理性主义立场。

第二,有吸引力的合作伙伴形象。如果说上述投资大国形象侧重的是中国的经济实力,有吸引力的合作伙伴形象则是从与中国的合作经验实践中总结出的对中国政府或企业的一种美誉度评价。该报告看重中国作为合作伙伴的长期性、规划性和规范性。中国企业在"走出去"早期缺乏经验,一定程度上影响了中国形象,而近年来,随着经验的不断积累及与国际接轨,中国企业越来越遵守当地商业规则、注重保护环境、尊重当地风土人情,企业形象显著改善。通过中芬两国在生物制能领域的广泛合作,芬兰认为中国政府对企业的规制和规范作用明显,中国企业在芬兰的形象显著提升。基于中国对能源的强劲需求和芬兰特殊的地理条件和矿产资源,芬兰对与中国在北极地区的能源合作充满信心。

第三,碳排放大国形象。该报告反复运用科学技术话语,突出中国在发展经济过程中的高能耗问题,一味强调中国是导致气候变化尤其北极气候变暖现象的责任主体。从话语手段来看,该报告诉诸科学技术话语策略,频繁引用统计数据,以示论断的不可论辩性。事实上,气候变化问题相当复杂,多年来,国际社会关于气候变化的各种争议不绝于耳,气候变化已经被高度政治化了。中国是新兴发展中国家,虽然改革开放以来经济发展迅速,能耗巨大,但是与自工业革命以来那些高度工业化大国上百年的累积排放量相比,我们的排放量还是少得多。事实上,当前气候变化主要是由于发达国家长期累积排放造成的,发达国家应当改变不可持续的消费模式,大幅度降低温室气体排放,并帮助发展中国家走适合国情的可持续发展道路,努力实现经济发展和应对气候变化的有机统一,而不应该一味甩锅,责怪新兴发展中国家。因此,在应对气候治理问题上,我国政府主张"共同但有区别的责任",并承诺为减缓和适应气候变化做出应有贡献。芬兰智库也没有摆脱西方知识精英的群体感知定势,面对中国崛起所引发的各种不适,试图通过找错和责怪寻求心理安慰。同时,对中国碳排放和环境破坏者形象的塑造本身,也为责成中国在北极相关事务如应对气候变化、能源开发中做出更大贡献提供合理化逻辑基础。

第四,有待检验的承诺兑现者形象。这一条主要体现为报告对中国应对气候变化方面的承诺是否可以兑现抱有一种迟疑和不确定态度。从上述及物性分析及强搭配语句实例可以看出,芬兰对中国尚未提交提高黑碳和甲烷减排量的国家报告一事的动机心存疑虑,并由此扩展开来,传达出对中国是否能兑现各类承诺缺乏信心。报告指责中国作为北极理事会观察员国,未在北极理事会 2015 年制定的《黑碳与甲烷行动框架》中发挥积极作用。芬兰认为这可能是由于中国对黑碳的政策关注有限以及国内对黑碳排放及其来源认识不足。此外,对于"碳排放"这一典型环境话题,芬兰与西方国家一样,认为中国提交的气候行动"国家自主减排预案"中目标过低,并认为中国不可能设定较高的目标,否则一旦没有实现,便会在国际社会上"丢脸"。在这一点上，芬兰与英、法等欧洲国家的态度基本一致，认可中国正在努力减少二氧化碳排放，并取得了一定效果，认为对中国在全球环境治理中所做贡献应该给予积极评价；但由于受一些西方长期妖魔化"中国形象"的影响或对中国政治缺乏了解，芬兰对中国节能减排的意愿与兑现力尚有怀疑。关于更广义的中国环境政策，该报告也表示具有较高的不确定性。深受西方媒体和学界"中国环境威胁论"的影响，芬兰对中国在北极的能源开发是否会造成北极环境破坏也心存忧虑，表示需对中国国内的环境保护措施及成效进行检验。

七、结　语

借助语料库分析工具，通过微观语言学分析，我们发现芬兰发布的《中国在北极——中芬北极合作的机遇与挑战》研究报告整体上对中国形象进行了积极正面的塑造，说明芬兰对中国参与芬兰和北极能源开发持肯定的态度，尤其是对中国作为第二大经济体的经济实力和国际合作的规范性、长期性、规划性等具有非常高的信任度，因此认为中国是非常具有吸引力的、可信任的合作伙伴。但是，对中国的碳排放及相关的应对治理承诺尚心存疑虑。我们认为这与芬兰精英对中国政府的了解度不高和受西方主流媒体所塑造的关于中国的刻板印象有关。我们认为，中国应该抓住北极能源开发的重大机遇，与包括芬兰在内的北极八国加强交流合作，尤其是与知识精英层面的交流，增强互信，提升其对中国的信任度。

本研究采用话语分析视角，批评分析芬兰对我国在北极能源合作开发中的形象和定位，有助于加深对芬兰精英立场的认识，有的放矢，调整和深化我国与芬兰等北极八国的合作，加强"冰上丝绸之路"建设。积极参与北极事务，加强与北极地区的能源合作，是确保我国能源安全，推动能源可持续发展的重要路径。

HART C, 2020. Research discourse: A student guide [M]. London, New York: Routledge.

THOMPSON G, 2000. Introducing functional grammar[M]. Beijing: Foreign Language Teaching and Research Press.

曹韦, 赵媛媛, 2019. 阿根廷主流媒体中的中国形象：基于对"中共十九大"报道的批评话语分析[J]. 西安外国语大学学报（9）：37-42.

陈佳璇, 崔蓬克, 胡范铸, 2011. 言者身份与修辞力量：国家形象修辞分析中的一个问题 [J]. 当代修辞学（2）：70-76.

康俊英, 2019. 基于及物系统的中国国家形象"他塑"批评性分析解读——以美国官方文件涉华话语为例 [J]. 山西师大学报（社会科学版）（9）：45-51.

李莎莎, 2019. 德国主流媒体对中国"一带一路"倡议认知——一项语料库批评话语分析 [J]. 德国研究（2）：99-113, 159.

刘继南, 1999. 大众传播和国际关系 [M]. 北京：北京广播学院出版社.

刘文宇, 毛伟伟, 2020. 非洲报纸媒体报道中中国形象的语料库辅助话语分析 [J]. 外语研究（2）：

9-16.

刘忠波，2017. 多重话语空间下中国形象的权力场域：以纪录片为考察对象［M］. 北京：中国社会
　　科学出版社.

钱毓芳，2010. 语料库与批判话语分析［J］. 外语教学与研究（5）：198-203.

肖洋，2019. 中欧共建"冰上丝绸之路"：机遇、挑战与路径［J］. 德国研究（3）：58-69, 134.

能源舆情研究的对象、方法和路径探析

逯义峰　田芸

(中国石油大学(北京)　中国国际能源舆情研究中心,北京,102249)

摘　要

本文在对舆情及其研究对象和研究方法进行文献梳理的基础上,对能源舆情的概念进行厘清和界定,明确了能源舆情研究的主体、客体和本体及其研究对象。本文基于舆论(舆情)的社会科学研究传统,指出了能源舆情研究的管理型和批判型两种路径,讨论了两种路径的主要研究方法,并进一步结合国内外能源舆情研究的文献进行了具体分析。本文最后探讨了能源舆情研究的意义及启示。

关键词

舆情;舆论;能源舆情;研究对象;研究方法;研究路径

随着互联网和新媒体技术的普及,舆情研究尤其是网络舆情研究在国内外方兴未艾。舆情研究的内容非常多元,包括社会、政法、教育、能源等领域的舆情研究。舆情研究也是众多媒体、高校、科研机构非常重视的领域,经常会将各种课题报告、媒体专栏、研究机构等以"舆情"冠之。百度搜索"舆情"二字,网页上提供的搜索结果更多的是舆情软件或舆情监控的服务,充斥着商业公司的广告营销。何为舆情?如何开展舆情研究?本文将在回顾并厘清舆情的基本概念和研究方法的基础上,进一步探讨能源舆情的研究范围、路径和意义。通过回答这些问题,本文希望为舆情研究,尤其是能源舆情研究的开展提供借鉴和参考。

一、舆情的定义

舆情,汉语中有时以舆论或民意来指称,但其对应的英文都是 public opinion。美国著名记者、政论家沃尔特·李普曼(Walter Lippmann)的著作 *public opinion* 是本文讨论的最佳起点。

基金项目: 本文系 2021 年教育部产学合作协同育人项目"国际能源舆情监测平台和研究基地建设"(项目编号:202101308041)、中国石油大学(北京)2017 年本科教学工程项目"《石油商务英语》教材建设"(项目编号:XM10720170547)、"习语性表达与语言得体性研究——基于'欢乐美语'课程教学"(项目编号:XM10720170539)的阶段性成果。

舆情是什么？李普曼（Lippmann，1946）在书中指出，人通过探索、想象、报道在头脑中形成关于外部世界的影像，这些"脑海影像"就是他们个体的"舆情"，即小写的 public opinion；这些"脑海影像"如果成为一个群体的行为指导，就是公众的"舆情"，即大写的 Public Opinion。但囿于多种限制，这种"脑海影像"与客观世界并不完全一致，甚至经常误导人的行为。这种间接的、想象的，甚至带有固定成见的客观现实影像就构成了舆情的基础。李普曼还使用了"民族的意志""群体的意见""社会的意图"等术语来指称公众的舆情。李普曼从民主政治的角度详细地描述了阻碍符合客观事实的舆情形成的各种影响因素，如新闻审查制度、社会交往局限性、个体刻板印象、语言障碍等。

王来华（2004）[78] 对舆情做过如下定义："舆情是指在一定的社会空间内，围绕中介性社会事项的发生、发展和变化，作为主体的民众对作为客体的国家管理者产生和持有的社会政治态度。"刘毅（2007a）[11] 进一步发展了舆情的定义，指出："舆情是由个人以及各种社会群体构成的公众，在一定的社会空间内，对自己关心或与自身利益紧密相关的各种公共事务所持有的多种情绪、意愿、态度和意见交错的总和。"对比上述两个定义，可以发现刘毅的定义对舆情的主体、客体和本体的外延及内涵都要大于王来华的定义。王来华的定义主要从政治学的角度出发，将舆情定义为民众的社会政治态度，这和李普曼探讨的有些类似。刘毅将舆情的主体扩大到"个人以及各种社会群体构成的公众"，舆情的客体从单一的"国家管理者"扩展到"各种公共事务"，舆情的本体则由"社会政治态度"扩充为"多种情绪、意愿、态度和意见交错的总和"。由此可见，刘毅的定义更加符合当下"舆情"一词使用的社会语境，也超越了政治学讨论的范畴，符合舆情研究跨学科的要求。

人民网舆情监测室（2015）[9-10] 在刘毅定义的基础上，将舆情定义为："舆情是社会公众对自己关心的各种事件、现象、问题所持有的多种信念、情绪、态度和意见交错的总和在特定时间段内通过媒介呈现的动态反映。"对比刘毅的定义，这一定义将舆情的客体"各种公共事务"具体化为"各种事件、现象、问题"，并且涵盖媒介这一舆情传播的渠道，并进一步指出舆情具有在特定时间段内动态变化的特征。人民网舆情监测室对舆情的定义更偏向于中国当前语境下社会舆情的研究，主要聚焦各种新闻事件、热点现象和社会问题所引发的公众舆情，研究目的更多的是为公共管理和决策提供支持和依据。

随着互联网的普及，尤其是移动革命和社交网络革命带来的巨大冲击，网络社区和网民群体迅速壮大，网络空间成为舆情的重要载体，拥有相对自由的表达权利的网民成为舆情的主体。人民网舆情监测室（2015）[10] 认为网络舆情是社会舆情在互联网空间的映射，将其定义为："网络舆情是舆情的一种表现形式，是以网络为载体，广大网民对自己关心的各种事件、现象、问题所表达和传播的信念、情绪、态度和意见的总和在特定时间段内通过媒介呈现的动态反映。"刘毅（2007b）认为，网络舆情源于现实，但互联网传播的特性使网络舆情又有区别于现实舆情的一些特点。毕宏音（2013）指出，由于网民与现实中的舆情主体发生交叉和重构，网络舆情不能完全等同于社会舆情。叶国平（2013）认为，转型期社会矛盾的复杂化、公民社会力量的增长和网络表达的发展，使网络舆情在整个社会舆情中的地位和影响日益凸显。

综上所述，舆情的定义及舆情研究经历了一个从狭义到广义、从政治到社会、从大众传播到网络传播的历时演变。叶国平(2013)也指出,舆情的内在要素在不断发生变化,舆情概念的内涵与外延也应不断做出相应的调整、丰富与拓展。总之,舆情研究本身融合了政治学、社会学、新闻学、传播学、心理学、信息情报学、公共关系学、公共管理学、修辞学等多学科的研究视角,其研究对象和研究方法也同样借鉴吸收了各个学科的特点和优势。

二、舆情研究的对象和方法

在具体探讨舆情的研究对象和方法之前,需要简要综述舆情与舆论、民意的区别。王来华(2004)认为舆情与民意相似性强,指各种公开、不公开的民众的意见和态度,而与舆论相似性弱,舆论广义上指公众意见,狭义上则指通过媒体公开表达出来的公众意见。刘毅(2007b)则认为,舆情是多种不同意见的集合,舆论是其中的共同意见,而民意则是其中正确、公正、符合历史发展的共同意见,它们的关系是逐层包含的;但他同时指出,这三者的联系无法割裂,舆情研究大量借鉴了舆论学和民意研究的成果。

杨斌艳(2014)指出,学界对舆情、舆论、民意的研究和辨析都会溯源到 public opinion 同一个单词,但这三个词代表的意义无法对等,目前学界使用较为混乱,存在很多误用和误解。因此,本文建议跨越舆情、舆论、民意三者概念的辨析,考察一下国内学界对西方 public opinion(以下文献虽翻译不同,有舆论、民意和舆情三种,但英文都是 public opinion)研究的文献,以便更准确地了解舆情研究的对象和方法。

潘忠党(2001)认为,舆论研究的对象应当是公共讨论的过程以及在这个过程中,不同类别的公众、传媒和政治运作之间的互动关系。舆论研究的一个取向是研究集合意见,即持某一意见者在群体中所占的比例和变化及其背后的原因和过程;另一个取向则是研究舆论形成的过程,如公众议题的建构、社会运动的形成和发展、各种形态的公众讨论及其与公共话语、制度及政策变迁之间的关系。就研究方法来说,潘忠党归纳了两种研究分野:一是管理型研究,指的是引导或利用舆论来保障民主制度正常运作的实证研究;二是批判型研究,指的是法兰克福学派或其他新马克思主义的研究以及将舆论作为权力运用的场域的研究。

杜俊伟(2009)通过对 23 期《舆论季刊》的文献研究,发现舆论的六类研究主题:舆论客体研究(社会问题、现象、趋势),舆论主体研究(公众和媒体),意见研究(意见测试),媒体对舆论和决策的影响研究,舆论对媒体和决策的影响研究,决策对舆论和媒体的影响研究。其中,论文主要采用的研究方法为民意调查、个案研究、模式和假说、检验性研究、控制性实验、文献分析等。杜俊伟总结称该季刊的研究重点在于探讨、测量具体的社会问题,社会学研究倾向很明显,研究方法则是遵循西方社会学的实证研究传统。

董海军和汤建军(2012)指出,民意调查是西方国家管理社会、协调民主政治的一种重要工具。西方政治以“选举民调”为重,建立了规范的民调操作程序,对民意进行收集和分析,在宣传和竞选中通过民调积极影响和塑造民意。一些著名民调机构也将生态危机、世界反恐、限制核武等全球公共话题作为民调议题。国外民调方法非常成熟,在选题、问卷设计、抽样、执行、数据分析和撰写报告方面遵循严格的科学规范,加上计算机辅助调查(CATI)等现代技术手段的应用,保证了调查结果的客观和公正,使民调实现了科学化。

付业勤和郑向敏(2013)指出,国外网络舆情研究主要集中在网络舆论监测分析和传播演化两个方面。网络舆论监测分析方法主要有四种:一是基于问卷、访谈等传统调查数据的监测分析;二是基于报纸、杂志、网络内容的文本数据挖掘及情感分析;三是基于网络新闻、论坛、社交媒体等数据的监测分析;四是基于社会网络分析方法,通过分析舆论事件主体之间的链接关系和网络结构,得到舆论动态。网络舆论在传播演化等方面的研究,占主流地位的是基于社会物理学视角,利用复杂网络理论、舆论动力学及其计算机模拟仿真方法,使用多种数据模型来解释网络舆论传播演化的过程和机制,这需要不同学科研究者的参与合作。

刘毅(2015)采用知识图谱方法对 SSCI 数据库 1994—2013 年间发表的舆论学论文进行了文献研究,发现国外舆论学研究主要集中在政治学、公共政策学、社会心理学和媒体等三个层面,跨学科属性显著,其中政治学是主要依托学科。研究主题既有对政治选举、民主政治的宏观研究,又有对态度、认知和行为的微观研究;既有舆论学理论探讨,又有社会热点实证研究,以政治类选题为核心,广泛涉及经济、社会、文化、科技、教育等各行各业。

韦路(2016)指出了西方舆论研究的两个核心问题,一是大众传播对公众舆论的影响,二是公众舆论与政治决策的互动。最新进展体现在理论和方法两个层面:在理论层面,关注互联网的出现是否更有利于公共领域的形成和民主进程的推进;在方法层面,倾向于通过网络大数据的方法对舆论进行研究,通过大数据挖掘与自动化计算机语义分析等方法,对网络舆论进行内容分析和情感分析,获取包括时间、空间在内的多维数据,对舆论传播状况进行研究等。

刘焕(2019)基于知识图谱对过去 17 年的国外网络舆论研究进行了可视化分析,发现国外网络舆论研究呈现稳步上升趋势,呈现多学科交叉趋势,研究热点有三个:第一,网络舆论的影响因素,如议程设置、新闻框架和社会化媒体的使用对网络社区和网络舆论的影响;第二,网络舆论对公众政治参与的影响,如网络舆论对网民态度、感知、政治参与的影响;第三,网络舆论的监测分析,如基于传统调查研究、社会网络分析、网络大数据等方法进行的网络舆论监测研究等。

通过对上述文献的梳理,我们可以发现西方的 public opinion 研究大致呈现如下特点:第一,传统舆论研究背景虽然呈现跨学科特点,但仍以传播学、社会学、政治学为主;具体到近年的网络舆情研究,尤其是舆情监测研究,则进一步整合了计算机科学、信息情报学、管理学甚至物理学等跨学科力量。第二,大众传播理论为舆论研究提供了重要的理论支撑,如议程设置、沉默的螺旋、框架理论等经典传播学理论在舆论理论和应用研究中都频繁被引用。第三,西方舆论研究的对象和主要议题非常广泛,从宏观、中观、微观角度考察舆论的主体、客体和本体,以政治传播为中心,涵盖多种公共议题。第四,国外舆论研究发端于抽样、问卷、访谈等传统社会调查和分析方法,具有浓厚的实证主义特点和工具理性色彩,而网络大数据技术则为舆论的实证研究提供了更加坚实的支撑;以法兰克福学派为代表的批判主义传统则通过考察舆论在社会权力体系中被建构的过程,批判现实社会的控制因素和不平等,体现着舆论研究的价值理性。实证主义和批判主义两种研究路线互为补充、相得益彰。

三、能源舆情的定义及研究对象

国家经济和社会生活的正常运转离不开能源的持续稳定供应,公众势必关心、关注能源领域的各种公共事务或议题,如油价涨跌、化石能源污染、新能源利用、电动汽车推广、能源上市公司股价等。这些议题往往又与宏观的国际能源政治和经济、国家能源政策和规划、能源行业发展情况密切相关。公众对各类能源议题持有自己的态度、观点和意见,通过各种形式公开表达出来就会形成舆论或舆情。互联网和新媒体的普及和应用为这种公开表达提供了平台和空间。能源领域舆情的考察和研究势在必行,意义重大。了解能源舆情,可以为国家能源战略规划和能源行业健康发展提供参考,可以更多地体察公众关切,更好地服务民生。

基于上文对舆情定义的讨论,本文对"能源舆情"尝试做如下定义:能源舆情是个人或社会群体构成的公众,在一定的社会空间和时间内,对能源领域内自己关心或与自身利益紧密相关的各种政策、议题、事件所持有的多种情绪、意愿、态度和意见交错的总和。"能源领域"覆盖的范围非常广泛,狭义上指能源行业,可包含传统能源和新型能源的开发、生产、运输、消费,也包括服务于能源生产活动的能源项目、能源技术、能源企事业单位和各类能源组织机构等;广义上则涉及国际国内能源政治、能源经济、能源科技、能源文化、能源政策、能源法律等诸多方面。

能源舆情的主体包括个人和社会群体。作为个人,他们既包括日常生活中的普通公众,也包括各个领域的专业人士;既有普通网民,也有网络意见领袖。作为社会群体,他们可以是企业、组织、学校、各类机构等正式群体,也可以是基于血缘、地缘、业缘、趣缘建立的非正式群体等。个人生活在不同的社会群体之中,作为社会关系网络的节点,其个人情绪、态度和意见受到群体心理、意愿和规范的影响。

能源舆情的客体主要指能源政策、议题、事件等。能源政策包括各个国际组织、国家、地区的能源政策方针、战略规划、法律法规等;能源议题指围绕能源问题产生的各项重要议题,如能源与地缘政治、能源与气候变化、能源革命和能源转型、能源体制改革、碳达峰和碳中和、"一带一路"能源合作等;能源事件则是指国内外能源领域发生的具有新闻价值的重要事件,如国际原油期货暴跌至负值、中俄东线天然气管道投产通气、中国南海成功试采"可燃冰"、英国石油公司(BP)墨西哥湾漏油事件等。

能源舆情的本体为公众的情绪、意愿、态度、意见交错的总和。公众对某一能源议题会产生"刺激-反应"的心理过程,由浅入深具体表现为情绪、意愿、态度和意见,并包含行为反应倾向。情绪是人对客观事物态度的体验,其外部表现是表情;意愿表现为对解决公共事务所抱有的某种期望、建议、要求或号召;态度由认知、感情和行为倾向,即"知、情、意"三个部分组成;语言表达出来的态度就是意见,态度和意见构成了舆情中公开与非公开、内隐与外显的成分(刘毅,2007b)[68-72]。

从能源舆情的定义及其分析可知,能源舆情的研究对象大致分为三个主要范畴:第一,能源舆情主体研究,即公众研究,考察公众在能源舆情形成和传播过程中的主体性因素和作用,考察具体能源舆情事件中公众的基本特征、人口组成和社会关系;第二,能源舆情客体研究,即能源政策、议题和事件研究,考察上述客体在能源舆情形成和传播过程中的刺激性因素,探讨能源舆情形成的机制和推动力量;第三,能源舆情本体研究,主要为公众意见研究,考察公众对相关能源政策、议题和事件的态度和意见及其形成过程,探讨其分布态势和演变规律。

此外,能源舆情研究还包括能源舆情形成和传播的社会语境考察,如政治、经济、外交、社会、文化等因素;能源舆情形成和传播的中介性因素考察,如传统媒体和自媒体、意见领袖、网络推手等因素;能源舆情传播过程中的噪音考察,如假新闻、谣言等;能源舆情的预警、监测和引导机制研究等。需要指出的是,上述研究对象的考察并不是孤立的,实际研究中往往会相互联系,从系统论的角度考察多种因素,具体应视研究目的而有所侧重。

四、能源舆情研究的路径和方法

从认识论角度看,西方学术研究有三种主流范式:发现范式、阐释范式和批判范式。发现范式是定量实证研究的基型,以理性思考和逻辑推理为手段,经由科学方法的研究,寻找普世性的规则;阐释范式与批判范式偏向于定性研究,二者都认为多重实体是社会建构的;阐释范式的目的是了解意义制造的过程,批判范式的目的则是凸显隐藏的结构,改变不平等,促进社会变迁(陈国明等,2011)[18]。这三种范式对应着不同的定量或定性的研究方法。这与潘忠党的两种舆论研究分野大致相似,因为这两种划分有相同的哲学基础和理论渊源。基于此,本文将能源舆情的研究路径也归纳为管理型研究和批判型研究两个类别。

按照潘忠党(2001)的定义,管理型研究指带有如何"引导舆论"或利用舆论以保障民主制度正常运作的实用动因的实证研究,考察舆论的自然形态;批判型研究指那些将舆论作为权力运用之场域而展开的研究,考察舆论在权力运作中被建构的过程。对能源舆情来说,管理型研究主要考察舆情的本体及其形成过程,重点是测量、分析、预测能源舆情的形成和演变规律,建立有效的舆情预警、监测和引导机制;其研究方法以问卷调查、访谈、控制实验、内容分析等实证方法为主。批判型研究主要考察舆情主、客体及其社会语境,重点是理解、阐释能源舆情形成和传播过程中的主客体因素和中介力量,揭示社会控制机制,批判权力的不平等,探讨解决方案;其研究方法以话语分析、框架分析、修辞批评、叙事分析等质性研究方法为主。

1. 能源舆情的管理型研究

能源舆情管理型研究的文献非常丰富。1973 年中东战争引发的石油危机对美国等西方国家造成了重大影响,能源舆情调查大量涌现。在美国能源部资助下,美国太阳能研究所 Farhar 等学者(1979)承担了一项关于美国能源舆情的调查项目。该项目对 1973 年至 1978 年间美国的 115 份能源舆情调查报告进行了二手资料分析。这些调查报告多半是由罗珀(Roper)、哈里斯(Harris)、盖洛普(Gallup)等著名民意调查机构赞助完成的,其余则由联邦政府、地方政府、大学和私人企业赞助完成。其中,全国性调查有 82 份,地方性调查有 33 份。这些调查报告主要采用电话访谈或调查问卷的方式获取数据,对数据进行了统计分析,遵循传统的民意测验的调查方法。调研议题非常广泛,包括公众对能源危机、能源形势、节能、能源与环境、化石能源、太阳能和核能等替代能源的态度和意见等。

美国皮尤研究中心(Pew Research Center)是世界知名的民调机构和智库,其研究涉及影响美国和世界的社会问题、民意调查、人口研究、新闻媒体等实证研究。该中心网站设有"能源与环境"研究专栏,其能源舆情类调查数量众多,研究议题也非常广泛。民意调查涉及气候变化、环境保护、党派政治与能源政策、美国能源结构、化石能源生产(如海洋钻探、水力压裂、煤炭开采)、可再生能源利用(如太阳能、风能)、核能等替代能源等。近年来,皮尤调查数据的主要来源是其 2014 年建立的美国趋势小组(American Trends Panel)(Pew Research Center,2020)。该小组由皮尤招募的受访者组成,可重复参与调研,目前有 1.4 万名活跃成员,每次调查平均样本量超过 3 200 人,样本代表性较好。小组成员可通过手机、平板或电脑完成线上调研。虽然电话调研仍然具有较高准确性,但互联网的兴起使自我管理式的在线调研更为便捷高效。

《能源政策》(*Energy Policy*)是 Elsevier 出版的一本影响因子较高的能源学术期刊。通过网站检索关键词 public opinion,其刊载的文章有 2 400 多篇,多数是实证研究文章。研究主题聚焦在核能利用与核事故、水力压裂与非常规能源、生物燃料、海上油气和风能利用、可再生能源政策、气候变化与碳排放、能源开发和能源项目等方面。研究方法以问卷调查、调查实验、访谈、二手资料分析为主。例如,Wang 等(2020)利用在线问卷调查的方法探讨了中国公众接受核能的影响因素,认为公众的观点采择会影响其能源政策参与度,进而影响政府信任、风险和利益感知,最终影响公众对核能的接受。Clarke 等(2015)利用调查实验的方法研究了水力压裂和页岩油气开发两个术语的框架效果及其对公共舆论和政治意识形态的影响,探讨了能源开采过程中风险沟通的意义。Gravelle 和 Lachapeelle(2015)基于皮尤调查数据,利用二手资料分析方法研究了美国公众对 Keystone 管道扩建项目的态度,着重探讨了政治因素(如政党认同和意识形态)在公众舆论形成中的作用。

2. 能源舆情的批判型研究

美国政治传播学者甘姆森(Gamson)将媒介话语分析作为考察公共舆论走向的重要手段,认为媒介不再是外在于公众所处环境的"某个刺激因素",而成了"一整套文化系统的组成部分",人们可以通过媒介话语研究了解社会议题文化,把握公共舆论的风向,摆脱过去围绕选举而进行的舆论研究(刘琼,2015)。1989 年,《美国社会学杂志》发表了甘姆森等人《建构主义视角下核能媒介话语与公共舆论》的论文,在社会学、政治学、传播学领域都产生了重大影响。甘姆森等(Gamson & Modigliani,1989)考察了美国的三大主流电视新闻、新闻杂志、社论漫画和辛迪加专栏评论等媒体关于核能报道的文本和图像内容,提出了"诠释包裹"理论的媒体框架分析方法,整合了量化的内容分析法和质化的话语分析的方法,认为只有通过对媒介话语机制的阐释性分析,才能更好地理解媒介话语在公众意见建构和舆论形成过程中的作用。

Isoaho 和 Karhunmaa(2019)通过考察 2004—2016 年间 77 篇可持续发展和能源转型

的论文,回顾了话语方法(discursive approaches)在能源研究中的应用。这些论文主要涉及核能利用、可再生能源技术、技术创新、化石能源等主题。研究方法主要采用了话语分析、框架分析和叙事分析等质性、阐释性的社会科学方法,如辩论式话语分析、批评话语分析、框架分析、叙事分析等。该研究指出,话语方法尤其适合研究社会技术变化的语境,考察不同行动者和联盟之间的权力斗争,审视公众对能源政策、意识形态、制度变迁以及技术选择的看法,考察影响能源政策和决策的集体意见。例如,Barry 等(2008)使用了后实证主义修辞分析的方法研究了英国不同社会群体对风力发电的接受程度;Stauffacher 等(2015)采用框架分析的方法考察了瑞士媒体对深层地热能利用的报道,提炼了能源转型、风险、技术和成本四个框架。

赵秀凤(2018)[66] 将能源话语定义为"围绕能源(或特定能源品种)的生产、运输、消费、政策制定和战略规划等诸多议题而产生的话语",并指出"能源话语作为能源实践的一部分,反映能源社会实践现实的同时,也建构着话语主体的价值、利益、立场和身份"。根据话语生产主体,赵秀凤(2018)将能源话语分为四类,即政府或机构能源话语、媒体能源话语、企业能源话语和学术能源话语,并提出了五种研究方法,即框架和内容分析、文本/话语分析、批评话语分析、批评隐喻分析、多模态批评话语分析。能源话语概念的界定、研究体系的构建、研究方法的归纳是重要的开拓性工作,为能源舆情批判型研究的开展提供了有价值的参考和借鉴。

五、能源舆情研究的意义和启示

习近平总书记指出(新华网,2014):"能源安全是关系国家经济社会发展的全局性、战略性问题,对国家繁荣发展、人民生活改善、社会长治久安至关重要。"《新时代的中国能源发展》白皮书(新华网,2020)确定了新时代能源坚持清洁低碳和绿色发展导向,进一步明确了2030碳达峰和2060碳中和的发展目标,不断深化能源体制改革,持续推进能源领域国际合作,积极参与全球能源治理,推进全球能源的可持续发展。有效开展国内、国际能源舆情研究对新时代中国能源发展目标的实现有重大的意义。基于上文对能源舆情研究的对象、路径和方法的探讨,本文提出以下几点启示:

首先,在伦理层面,能源舆情研究应服从、服务于国家能源战略需求和能源行业发展要求,以实践为导向解决实际问题。能源舆情研究的选题应紧扣国家和行业的生产和科研实践,针对国家、行业、公众的重大关切开展调查研究。

其次,在方法层面,能源舆情研究应遵循严谨的社会科学研究规范和步骤,客观、真实地反映公众对具体能源政策、议题、事件的态度和意见,做好分析研判和舆论引导工作,为国家和能源行业的规划和决策提供支持和参考。

再次,在实践层面,能源舆情研究应把握好国际和国内两个不同场域,有针对性地进行调查研究。国际能源舆情应综合考虑政治体制、意识形态、经济发展、文化差异、媒介制度等影响因素;国内能源舆情应积极引导公众参与能源议题讨论,提高公民的能源素养。

最后,在技术层面,能源舆情研究应综合利用好大数据、云计算、人工智能等技术,并充分重视研究人员的科研能力培养。既要避免落入技术决定论的误区,完全依赖所谓的舆情监测技术,又要充分发挥好科研工作者的主观能动性和批判精神,提升舆情研究的质量。

参考文献

BARRY J, ELLIS G, ROBINSON C, 2008. Cool rationalities and hot air: A rhetorical approach to understanding debates on renewable energy[J]. Global Environmental Politics, 8(2): 67-98.

CLARKE C E, HART P S, SCHULDT J P, et al, 2015. Public opinion on energy development: The interplay of issue framing, top-of-mind associations, and political ideology[J]. Energy Policy, 81: 131-140.

FARHAR B, WEIS C, UNSELD P, et al. , 1979. Public opinion about energy: A literature review [R]. Golden, Colo: Solar Energy Research Institute.

GAMSON W A, MODIGLIANI A, 1989. Media discourse and public opinion on nuclear power: A constructionist approach[J]. American journal of sociology, 95 (1): 1-37.

GRAVELLE T B, LACHAPELLE E, 2015. Politics, proximity and the pipeline: Mapping public attitudes toward Keystone XL[J]. Energy Policy, 83: 99-108.

ISOAHO K, KARHUNMAA K, 2019. A critical review of discursive approaches in energy transitions[J]. Energy Policy, 128: 930-942.

LIPPMANN W, 1946. Public opinion (Vol. 1)[M]. New Brunswick: Transaction Publishers.

PEW RESEARCH CENTER, 2020. The American Trends Panel survey methodology. (09-01)[2020-12-12]. https://www. pewresearch. org/methods/u-s-survey-research/american-trends-panel/.

STAUFFACHER M, MUGGLI N, SCOLOBIG A, et al. , 2015. Framing deep geothermal energy in mass media: The case of Switzerland[J]. Technological Forecasting & Social Change, 98: 60-70.

WANG F, GU J B, WU J L, 2020. Perspective taking, energy policy involvement, and public acceptance of nuclear energy: Evidence from China[J]. Energy Policy, 145:111716.

毕宏音,2013. 现代舆情研究十年历程的回顾和反思 [J]. 天津社会科学,4(4):67-71.

陈国明,彭文正,叶银桥,等,2011. 传播研究方法 [M]. 上海:复旦大学出版社.

董海军,汤建军,2012. 国外民意调查的历史与现状分析 [J]. 学习与实践(2):103-108.

杜俊伟,2009. 从典型著述看国外舆论研究——以 10 种舆论专著和最近 5 年的《舆论季刊》为例 [J]. 国际新闻界(2):46-50.

付业勤,郑向敏,2013. 国内外网络舆情研究的回顾与展望 [J]. 编辑之友(12):56-58.

刘焕,2019. 基于知识图谱的国外网络舆论研究的可视化分析 [J]. 知识管理论坛(5):296-309.

刘琼,2015. 媒介话语分析再审视——以甘姆森建构主义为路径 [J]. 新闻与写作,5: 92-97.

刘毅，2007a. 略论网络舆情的概念、特点、表达与传播 [J]. 理论界（1）：11-12.

刘毅，2007b. 网络舆情研究概论 [M]. 天津：天津人民出版社.

刘毅，2015. 国外舆论学研究的"知识图景"：热点、网络与结构——基于 SSCI 数据库（1994—2013）的知识图谱分析 [J]. 新闻与传播研究（5）：21-33，128.

潘忠党，2001. 舆论研究的新起点——从陈力丹著《舆论学——舆论导向研究》谈起 [J]. 新闻与传播评论（00）：87-99，266，272-273.

人民网舆情监测室，2015. 网络舆情分析教程 [M]. 北京：人民日报出版社.

王来华，2004. "舆情"问题研究论略 [J]. 天津社会科学（2）：78-81.

韦路，2016. 国外舆论研究现状及启示 [J]. 中国报业（15）：52-53.

新华网，2014. 习近平：积极推动我国能源生产和消费革命.（06-13）[2020-12-15]. http://www.xinhuanet.com/politics/2014-06/13/c_1111139161.htm.

新华网. 2020.《新时代的中国能源发展》白皮书.（12-21）[2021-01-10]. http://www.xinhuanet.com/politics/2020-12/21/c_1126887608.htm.

杨斌艳，2014. 舆情、舆论、民意：词的定义与变迁 [J]. 新闻与传播研究，21（12）：112-118.

叶国平，2013. 舆情内涵发展演变探析 [J]. 理论与现代化，4：42-47.

赵秀凤，2018. 能源话语研究的体系与范畴 [J]. 天津外国语大学学报，25（3）：63-77，160.

能源观的话语嬗变

美国主流报刊可再生能源话语嬗变研究

——以《华盛顿邮报》和《今日美国》为例

赵秀凤　杜婷婷

（中国石油大学(北京)　中国国际能源舆情研究中心,北京,102249）

摘　要

　　本文以美国主流报刊《华盛顿邮报》和《今日美国》关于可再生能源的报道为语料,采用语料库和批评话语分析相结合的方法,考察美国媒介对以可再生能源为标志的能源转型的话语建构及其嬗变规律。分析表明,美国主流媒体对可再生能源的话语建构发生了明显的阶段性转变:从一种可替代性能源类型选择到气候和政治危机最优解,再到党派之争和国际较量的重大筹码,可再生能源被逐渐政治化、安全化,充分揭示了媒体话语的政治化本质。在话语策略方面,也经历了从权威援引到道德绑架再到威胁构想的转变。特朗普上台以后,可再生能源议题被进一步党派化、政治化和标签化,并日趋强调"中国可再生能源威胁论",把中国可再生能源技术和市场份额建构为对美国能源安全的威胁。这种话语建构策略,一方面迎合西方受众对东方中国作为他者的想象性构造,另一方面也迎合政治权力和利益集团的利益,由此完美地实现了重要的媒介话语建构和规劝功能。

关键词

　　语料库;批评话语研究;能源话语;可再生能源

一、引　言

　　20 世纪 70 年代突如其来的石油危机引起国际社会的广泛关注。1981 年,联合国召开"联合国新能源和可再生能源会议",会上通过了《促进新能源和可再生能源的发展与利用的

基金项目: 本文系 2019 北京市教改项目"依托世界能源大学联盟的能源学术英语能力建设"、中国石油大学(北京)科研基金资助项目"话语分析视角下的能源人文研究"(项目编号:2462020YXZZ009)、2019 年研究生教改项目"英语公共基础课程群本(硕)博一体化课程体系建设"的阶段性成果。

内罗毕行动纲领》，明确表示以新技术和新材料为基础，使传统的可再生能源得到现代化的开发和利用，用取之不尽、周而复始的可再生能源取代资源有限、对环境有污染的化石能源，重点开发太阳能、风能、生物质能、潮汐能、地热能、氢能和核能（原子能）。自此，可再生能源成为热门话题。

美国作为世界上第一大能源消费国，常规能源自身供应不足，受石油危机的影响，最早意识到可再生能源的重要性，也是较早开展可再生能源研究的国家之一，并通过各种立法手段鼓励发展可再生能源。1992 年颁布的《能源安全法案》是美国第一部大型能源政策法案，强调可再生能源的重要性，指出要实现品种多样化，发展新能源，逐步实现"能源独立"。2009 年美国又颁布了助推新能源和可再生能源发展的《美国复苏与再投资法案》，明确对新能源给予财政补贴，同年还推出了《美国清洁能源安全法》。

在推动可再生能源从一种可替代性能源类型变为一种国家战略选择的过程中，美国主流媒体借助媒介话语的建构和传播功能，发挥了极其重要的作用。本文拟通过语料库和话语分析相结合的方法，考察以《华盛顿邮报》和《今日美国》为代表的美国主流媒体对可再生能源的话语建构，分析可再生能源这一与未来发展密切相关的能源议题建构了怎样的社会现实，在语言上呈现出哪些典型语言特征，以及反映了美国怎样的价值取向。

二、语　料

通过 EBSCO 数据库收集了 2004 年 1 月 1 日到 2020 年 7 月 20 日美国两份较有影响力的全国性日报《华盛顿邮报》（*The Washington Post*）和《今日美国》（USA Today）所有含有"renewable energy"的文本。清洁后，自建小型语料库，共计 65 864 个词。之所以选取 2004 年为起点，是因为这一年全球可再生能源大会在德国波恩召开，标志着新世纪可再生能源时代的开始。

《华盛顿邮报》于 1877 年创刊，是美国华盛顿发行量最大、最古老的报纸，尤其擅长报道美国国内政治动态。《今日美国》于 1982 年创刊，是美国唯一的全国性报纸。该报创刊的第四年（即 1986 年），其实际读者人数就跃居全美日报之冠。《今日美国》已连续多年稳居榜首，年销售量高达 220 万份，是美国大报中最年轻的一份报纸，创造了美国报业的奇迹。就政治立场而言，《华盛顿邮报》中立偏左，基本代表了美国左派的观点，而《今日美国》的报道受不同利益集团影响较小，较为中立。之所以选择《华盛顿邮报》和《今日美国》，是因为这两份报纸发行量较高，在社会精英和同行业中影响力较大，对国内和国际事务关注度较高（罗娟丽，2013）。

三、语料分析

1. 语料分布趋势

我们以年为单位，分别统计两份报纸对可再生能源的报道篇数，便于了解两个媒体对可再生能源的关注趋势（图 1）。

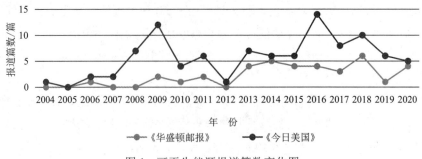

图 1 可再生能源报道篇数变化图

从图 1 可以看出,两份报纸对"可再生能源"主题的关注趋势基本一致,2004—2008 年报道量较少,两份报纸共 12 篇。2009 年出现一个高峰,发稿量猛增。这可能与 2009 年出台《美国清洁能源安全法》有关。之后,关于可再生能源的报道呈缓缓上升态势,到 2016 年出现第二个高峰期。这可能是因为 2016 年美国可再生能源发电水平超过往年,引起关注。之后,关于可再生能源的报道基本趋于平缓。本研究以 2009 年《美国清洁能源安全法》发布与 2016 年可再生能源发电水平超过往年为节点,将文本分为三个阶段:第一阶段为 2004—2008 年(《美国清洁能源安全法》发布之前),第二阶段为 2009—2016 年(美国可再生能源发电水平超过往年),第三阶段为 2017 年至今。

2. 词频分析

词频是语料库能够提供的最重要的数据类型(钱毓芳,2010a,2010b,2019)。通过观察高频词的分布与特点,可以揭示语料想要表达的"主题"或"话题"。

(1)第一阶段出现的前 20 个高频词如下:energy、says、renewable、we、wind、our、solar、national、America、Obama、oil、power、use、electricity、economy、states、gas、price、investment、clean。

这 20 个高频词大致可以分为以下三个语义中心:① 能源类型,除常规化石能源 oil 和 gas 外,还包括可再生能源及主要品种 renewable、energy、wind、solar、electricity,反映这些语篇的主题和主旨。② 行为主体类,如 America、national、our、Obama,说明这些关于可再生能源的讨论视野主要基于美国本国利益尤其是经济利益,强调国家作为行为体的重要作用。③ 引述类动词,如 says,该词在第一阶段作为高频词使用,具有重要的意义,说明在该阶段引述可靠信息源或权威人士的观点立场是推广、普及、推动可再生能源发展的合法性理据,同时权威引用也是发挥知识权力、塑造民众或决策者认知的有力武器,有助于敦促政府相关部门制定政策、采取措施、实践理念。

此外,结合语句实例,我们可以看出在这一阶段美国媒介话语对可再生能源的话语建构主要围绕推动可再生能源转型的"必要性"和"紧迫性"展开,而且其理据多立足于美国本国的能源现状,主要是现行能源系统现状,展开改变现状、寻求新能源、创建新格局的必要性论述。例如:

① America's energy economy is changing. Tough challenges——from global warming to sustained high oil prices—will be addressed in coming years, either through proactive policies and investment in clean technology, or through neglect, wishful thinking and ad hoc decisions that leave our economy and our planet less well off. Either way, change is coming. (*The Washington Post*, 2006)

美国能源经济正在发生变化。未来几年面临的重大挑战——气候变暖与持续高油价——将通过政府积极颁布政策、投资清洁能源技术解决,或是政府置之不理,只是天真地幻想问题会解决,抑或是做出仓促决定,放任国家经济与全球经济下滑。不管怎么样,变化即将到来。

② As the price of gasoline skyrockets, we have to ask our government why we're still in this situation. After all, we've been getting warnings about energy shortages for more than 30 years—getting them, just not heeding them. (*USA Today*, 2004)

汽油价格骤升,我们不得不质问我们的政府为什么仍然处于这种情况。毕竟能源短缺的警告已经持续了30多年——难道只是知道能源短缺,而不去留心解决这个问题吗?

③ Greater use of renewable energy will enhance both national and economic security. The United States was once the world's largest oil exporter, today we are the largest importer. (*The Washington Post*, 2006)

大范围应用可再生能源将会增强国家和经济安全。美国曾经是世界上最大的石油出口国,如今我们是最大的进口国。

这些话语采用了惯用的安全化策略,把可再生能源定位于提高国家安全和经济安全的有力抓手。通过对比手法,指出相对于美国"石油能源"的辉煌历史,当下的美国处于极其不利的局面——最大的进口国,严重依赖他国。曾经辉煌的能源大国岂能甘心"受制于人",大力发展可再生能源是扭转局面,确保美国国家和经济安全的有效途径。同时,该阶段的媒介话语反复强调"高油价",这是最贴近民众或决策人神经的经济话题,也是最有利于激发读者改变高油价现状,摆脱受害者局面的话语策略。

总之,从高频词及具体实例可以看出,在第一阶段,这两份美国主流媒体主要是立足美国本国能源现状,援引权威观点或数据,积极呼吁美国政府采取措施,推动能源转型,扭转石油独尊的传统能源格局。这一阶段媒介话语主要采用安全化策略,调用民众或决策者对风险的恐惧心理,为推动可再生能源发展提供理据。

(2) 第二阶段出现的前20个高频词如下: energy、says、solar、use、climate、wind、efficiency、economy、company、power、new、increase、China、clean、buy、industry、plants、environment、green、people。

对照第一个阶段的高频词,我们发现,在这一阶段,随着美国颁布《美国清洁能源安全法》,清洁、可再生能源发展已经进入法制轨道,媒介话语的关注点也发生了重大转变。

首先,climate成为重复使用前5的高频词,说明这一阶段媒介话语突破了美国本国利益视野,开始关注"气候"风险。关注包括美国本国人民在内的人类命运是强有力的合法化策

略,不但提升了话语的道德高度和未来指向,而且更容易激发美国政府或民众的大国或引领者情怀。例如:

④ "The federal government must lead by example" in fighting climate change and transitioning to a clean-energy economy, Obama wrote. The administration is committed to reducing greenhouse-gas emissions by 17 percent over 2005 levels by 2020 to combat climate change. Power plants are the leading contributor of heat-trapping gases such as carbon dioxide. (*The Washington Post*, 2013)

奥巴马写道,"联邦政府必须以身作则"应对气候变化,转型为清洁能源经济。政府承诺到 2020 年温室气体排放量将比 2005 年减少 17%,以应对气候变化。发电厂是二氧化碳等吸热气体的主要来源。

⑤ This is part of a series exploring how the world's hunger for cheap electricity is complicating efforts to combat climate change. (*The Washington Post*, 2015)

这是全球致力于如何发展廉价电力,对抗气候变化的一部分。

其次,与"气候"密切相关,该阶段 environment、green、clean、plants 共同构成一个"生态语义场",把"可再生能源"的社会价值从第一阶段的经济驱动转成了"生态伦理"价值,进一步建构了可再生能源未来意义。

再次,efficiency、new（energy）、company、power、increase 形成了一个围绕可再生能源具体发展路径的语义场。与第一阶段的宏观倡议不同,这一阶段,媒介把可再生能源与提高能效等公司行为和举措联系在一起,反映该阶段的可再生能源进入具体的实践期,媒介更关注能源转型的实际推进。例如:

⑥ State power distribution companies are now required to buy a portion from renewable sources, and the government has announced plans to create a system of "renewable energy certificates" that states can trade. (*The Washington Post*, 2009)

目前,国有配电公司需要购买一部分可再生能源,政府已经宣布计划:创建各州可以实行交易的"可再生能源证书"系统。

⑦ Ridout said that AEP would maintain its energy-efficiency plan and file for an extension of that plan this year. It has also signed power purchase agreements to buy renewable energy that will remain in effect. (*The Washington Post*, 2014)

莱德奥特表示,美国电力公司将坚持其能效计划,并提出今年该计划将延期。它还签署了电力采购协议,购买可再生能源仍将有效。

最后,还有一个意想不到的重大主题——China 出现在前 20 个高频词中,说明这一阶段媒介把中国作为关注的焦点,对中国的关注本身体现了美国对中国这样一个新兴大国的复杂心情。这一阶段的报道除了关注美国新增的能源上市公司外,还将目光转向美国乃至全球的可再生能源发展,尤其是剖析以中国为代表的发展中国家可再生能源发展情况。例如:

⑧ For a sense of the project's ambitious scale, consider that China, the world's leader in renewables, has a generating capacity of about 380 gigawatts, mostly from wind farms and hydropower.（*The Washington Post*, 2015）

此项目规模庞大,需考虑到中国目前是发展可再生能源的领头军,发电能力约为 380 吉瓦,主要来自风电和水电。

⑨ Last week China said it will continue to green its economy regardless of the U.S. stance. China provided electric buses to Morocco and will build a plant there to satisfy African and European markets.（*The Washington Post*, 2016）

上周中国表示,不管美国的立场如何,中国将继续发展绿色经济。中国向摩洛哥提供电动巴士,并将在那里建设工厂以满足非洲和欧洲市场。

（3）第三阶段出现的前 20 个高频词如下:energy、said、renewable、solar、power、wind、climate、electricity、bill、change、sources、use、carbon、new、gas、Trump、clean、emissions、president、company。

对比前两个阶段的高频词,我们发现,在这一阶段,随着美国可再生能源发电水平的不断提升,利用可再生能源进行发电在美国如火如荼地开展。一些美国公司纷纷采取措施购买使用可再生电力,或与电力公司合作,参与可再生能源发电项目,加入可再生电力行列;各州也制订了可再生能源的发电比例。例如:

⑩ Every time you save a photo to the cloud, buy something on Amazon, open a Google doc or stream a movie, you're probably pulling electricity from a wind turbine in Texas or a solar farm in Virginia.（*USA Today*, 2018）

每次将照片保存到云中,在 Amazon 上购买东西,打开 Google 文档或播放电影时,您都可能从得克萨斯州的风力涡轮机或弗吉尼亚州的太阳能发电厂取电。

⑪ Apple, which said last month that 100% of the electricity it uses for its facilities and data centers comes from renewables, said nearly two dozen of its suppliers — such as manufacturers of batteries, keyboards and lenses — have made a commitment to 100% renewable energy.（*USA Today*, 2018）

苹果公司表示,上个月,公司各个设施和数据中心使用电力的 100% 来自可再生能源,其近 24 家供应商(如电池、键盘、镜头制造商)已承诺 100% 使用可再生能源。

⑫ California and New York have laws in place requiring 50 percent of their electricity to come from renewable sources by 2030, while the District and Oregon must meet that standard by 2032 and 2040, respectively.（*The Washington Post*, 2017）

加利福尼亚州和纽约州已制定法律,要求到 2030 年 50% 的电力必须来自可再生能源,特区和俄勒冈州必须分别在 2032 年和 2040 年之前达到该标准。

此外,Trump、bill、president、carbon、emissions 构成了"美国'能源独立'新令"语义场。2017 年 3 月,时任美国总统的特朗普签署名为"能源独立"的新行政命令,撤销奥巴马时期的一系列气候变化政策,结束"对煤炭发起的战争"。这一行政命令将正式重新评估奥巴马政府的"清洁能源计划"（Clean Power Plan），取消了好几项由前总统奥巴马推行的环保政策，也必将激活传统的化石能源领域。传统能源商业组织对特朗普新令拍手称赞，但环保人士等对此则严厉谴责。奥巴马政府的行政命令发布于 2014 年，要求电力公司在 2030 年之前将发电厂的二氧化碳排放量削减至 2005 年水平的 32%，并要求各州制定出具体的减排目标和措施，撤销这一行政令在美国国内引起了巨大争议。

⑬ "Appointing a lobbyist like Bernhardt shows just how empty Donald Trump's promise to drain the swamp was," said Brett Hartl, government affairs director at the Center for Biological Diversity, an advocacy group. "From Scott Pruitt to Bernhardt, President Trump has assembled the most anti-environmental administration in history." (*The Washington Post*，2017)

"任命像伯恩哈特这样的游说者，表明唐纳德·特朗普'排干沼泽'的承诺是空头支票。"倡导组织生物多样性中心政府事务主任布雷特·哈特尔说，"从任命斯科特·普鲁伊特到伯恩哈特，特朗普总统组建了历史上最反环境的政府。"

综上，透过高频词，我们可以看出，美国主流媒体对可再生能源的认识和建构也是不断变化的。初期从美国国家立场、经济考量和化石风险出发，阐述可再生能源发展的必要性和紧迫性。出台《美国清洁能源安全法》之后，美国媒介对可再生能源进行了多层次"附加值"处理，突破第一阶段的单维视野，更站在人类和全球未来发展的高度关注具体的推进路径，关注点从可再生能源的经济价值转为了生态伦理价值。同时，美国密切关注中国可再生能源的发展状况，将其视为竞争对手。在美国可再生能源发电水平创下新高后，利用可再生能源发电在美国掀起高潮，受到推崇。同时，特朗普政府推行"能源独立"法令，在美国引起广泛争议。高词频分析让我们总体了解了主流报刊关于可再生能源的话语嬗变，我们将进一步分析与可再生能源搭配强度较强的词汇，以全面阐释其话语特征。

3. 检索行分析

语料库索引能提供给我们问讯词（query word）的上下文信息，是语料库方法之核心。以下我们考察三个阶段 renewable energy 的检索行，分析可再生能源的话语构建变化。

（1）在第一阶段，共现在 renewable energy 左侧的主要词汇有 promote、support、promote、accept、robust、benefit 等（表 1）。

表 1　第一阶段 renewable energy 左侧检索行实例

左侧检索行	检索词语
…for alternative-fuel vehicles and to **promote**	renewable energy
…best left to the states. John McCain **supports**	renewable energy
…to spend $150 billion over 10 years to **promote**	renewable energy
…proof positive that people are ready to **accept**	renewable energy
…the Federal policies to build a **robust** domestic	renewable energy
…immense public **benefits** that large-scale use of	renewable energy

这些词共同指向推动可再生能源发展的各类行动。非常耐人寻味的是,在主张美国政府及社会各界应该推动可再生能源发展时,媒介采用了惯用的"安全化"话语策略,把中国建构为敌人,把中国可再生能源技术和市场份额建构为对美国能源安全的威胁。例如:

⑭ The buildup of a huge market in China for renewable energy is luring global manufacturers and research teams to China, energy executives say. That's causing concern in some corners that China—not the U.S.—will emerge as the hub of the new industries, leaving the U.S. as dependent on foreign nations for solar panels, wind turbines and other green-energy equipment and technology as it is on the Mideast for oil. (*USA Today*, 2009)

能源高管称,中国庞大的可再生能源市场正在吸引全球制造商和研究团队前往中国。令人担忧的是,中国——而不是美国——将成为新兴产业的中心,而美国依赖外国的太阳能电池板、风力涡轮机和其他绿色能源设备技术,如同我们一直对中东石油的依赖。

这种安全化策略易于激发受众的恐慌感、危机感,适应美国近年来日益高涨的民粹主义和民族国家主义主流话语;通过构想敌人和风险,重构美国的能源格局,实现美国利益集团的重组。由此,我们可以更清楚地认识媒介话语的意识形态本质。

表 2 是第一阶段 renewable energy 的右侧检索行实例。

表 2　第一阶段 renewable energy 右侧检索行实例

检索词语	右侧检索行
renewable energy	will **create** millions of jobs as
renewable energy	will **enhance** both national and
renewable energy	to **contribute** substantially to me
renewable energy	is one of the **fastest** and surest
renewable energy	is the **future**. If we want to
renewable energy	would **provide** to our nation justification
renewable energy	**works**, and it can play a large

由表 2 可见,有许多表示带来益处的动词,如 work、contribute、provide、enhance 等。深入考察检索行,我们看到发展可再生能源被构建为有效解决当前危机、失业和各类挑战的一剂良药。

⑮ An excellent answer to these tough challenges is renewable energy. Renewable energy works, and it can play a large role in addressing our mounting energy crises. (*The Washington Post*, 2006)

应对这些严峻挑战的最佳方案是发展可再生能源。可再生能源工程在解决日益严重的能源危机中发挥重要作用。

⑯ This report demonstrates the potential for clean renewable energy to contribute substantially to meeting our increasing energy needs while protecting our security and the environment, and boosting our economy. (*The Washington Post*, 2006)

本报告表明清洁可再生能源的发展潜力,既能保障环境安全、促进经济发展,又能满足日益增长的能源需求。

⑰ The immense public benefits that large-scale use of renewable energy would provide to our nation justify an active public role in providing strong, consistent and long-term incentives and regulatory structures to accelerate the deployment of clean, homegrown American energy. (*The Washington Post*, 2006)

大规模使用可再生能源将为国家带来巨大公共利益,因此公共部门理应在制定长期有效的激励措施、加强监管、加速发展美国本土清洁能源方面发挥积极作用。

⑱ Greater use of renewable energy will enhance both national and economic security. (*The Washington Post*, 2006)

大范围内使用可再生能源将会增强国家安全与经济安全。

⑲ According to the United Nations Environment Programme, the global industry for renewable energy will create millions of jobs as it grows from $148 billion today to $600 billion in 2020. (*USA Today*, 2004)

据联合国环境规划署,全球可再生能源行业将创造数百万个就业岗位,从现在的 1 480 亿美元增长到 2020 年的 6 000 亿美元。

以上例子表明,在应对能源危机及全球变暖等挑战下,美国主流报刊引用权威人士的观点,把可再生能源建构为"解决方案",敦促政府出台相关法律政策发展可再生能源,提升公众对可再生能源的认同。2009 年美国颁布《美国清洁能源安全法》印证了这一话语的成功建构,这一法案阐释了美国面临的能源挑战,指明了新的能源政策方向。

（2）在第二阶段,共现在 renewable energy 左侧的主要词汇有 rely、love、ramp up、promote、be interested in 等（表 3）。

表 3　第二阶段 renewable energy 左侧检索行实例

左侧检索行	检索词语
American Samoa will **rely** almost entirely on	renewable energy
We also **love** our	renewable energy
…utilities to **ramp up** the use of	renewable energy
…some of the strongest regulations for **promoting**	renewable energy
We're **interested in**	renewable energy

右侧的主要词汇有 go、emerge、grow、pitch、work 等（表 4）。

表 4　第二阶段 renewable energy 右侧检索行实例

检索词语	右侧检索行
renewable energy	**goes** smoothly — a period he refered

检索词语	右侧检索行
renewable energy	has **emerged** as the new frontier
renewable energy	is **growing** rapidly and is already
renewable energy	**pitched** as a growth opportunity
renewable energy	**works**, and it can play a large

从以上检索行可以看出,在第二阶段,美国对可再生能源的热情更加高涨,说明全社会各个部门普遍对发展可再生能源形成共识——"热爱""感兴趣""增加";明确表示以后美国将"基本完全依赖"可再生能源;可再生能源在美国"进展顺利""成为新的尖端领域""发展迅速",可再生能源项目"蓬勃发展"。

此外,第二阶段"可再生能源"检索行还显示,除了和第一阶段相似的表示利益的动词外,还有 source、project、world、China 与 renewable energy 高频共现,表明美国在可再生能源建构成功后,开始将目光投向国际市场,着眼推动可再生能源国际合作,关注世界各国可再生能源的发展,尤其是以中国为代表的新兴经济体国家的发展状况,持之以恒地宣扬"中国威胁论",持续把中国建构为竞争对手,唯恐霸权地位不保。也就是说,在第一阶段的基础上,美国媒介愈发变本加厉,扩大可再生能源安全化范围,把可再生能源发展提升到以未来国家安全为旨趣的战略定位。

⑳ China leads the world in making solar cells, the key component in solar panels, many of which are exported to the U.S. But China is setting itself up to do more than just manufacture components for renewable energy, such as wind and solar. (*USA Today*, 2009)

中国在制造太阳能电池方面处于世界领先地位——太阳能电池是太阳能板的关键部件,其中很多出口到美国。但中国不满足于仅制造风能和太阳能等可再生能源的部件。

㉑ While China spends about $9 billion a month on clean energy development, the U.S. "has fallen behind," Chu said. (*USA Today*, 2009)

尽管中国每月在清洁能源开发上花费约90亿美元,但美国"落后了",朱说。

㉒ Over time, Chinese manufacturers will drive turbine prices down, as they have solar panel prices, predicts Sawyer of the Global Wind Energy Council. Panel prices have plummeted about 50% in the past 18 months, in part because of Chinese competition. (*USA Today*, 2009)

久而久之,中国制造商导致涡轮机价格下跌,因为他们的太阳能电池板价格较低,全球风能委员会的索耶预测道。太阳能电池板价格在过去18个月里下跌了50%,部分原因是中国的竞争。

(3)在第三阶段,共现在 renewable energy 左侧的主要词汇有 support、boost、question、move to、explore、make a commitment 等(表5)。

表 5　第三阶段 renewable energy 左侧检索行实例

左侧检索行	检索词语
…**supports** legislation encouraging more clean and	renewable energy
…this year to **boost** the state's	renewable energy
…who sharply **questioned** the value of promoting	renewable energy
We can **move** rapidly **to**	renewable energy
…**exploring** more options for safe, non-polluting	renewable energy
…have **made a commitment** to 100%	renewable energy

右侧的主要词汇有 question、harm、expansion、recognize、ensure、develop 等(表 6)。

表 6　第三阶段 renewable energy 右侧检索行实例

检索词语	右侧检索行
renewable energy	**questions** about the cost to…
renewable energy	could **harm** people's pocketbooks…
renewable energy	**expansion** is good for the environment…
renewable energy	**recognizing** the clean and safe…
renewable energy	**ensures** that it will continue…
renewable energy	**developed** and other service…

以上检索行表明,在这一阶段,媒介关于可再生能源的话语基调发生了重大转变。前面两个阶段的主基调是全方位肯定可再生能源的益处,采用多种话语策略,为美国的可再生能源企业及政府出台的各种鼓励政策进行大规模的合法化辩护,并持续调用"中国威胁论",建构敌人和风险,以推动全社会共识,为政府出台鼓励措施摇旗呐喊。但是,特朗普上台后,出台了能源新政,颁布了"能源独立"法令,这一大转向诱发了美国社会对可再生能源的争辩。"质疑"的声音开始鹊起,提出可再生能源发展带来的好处只是可再生能源利益集团话语建构的产物,认为发展可再生能源其实会"损害"百姓的钱袋子。更值得注意的是,在这一阶段,可再生能源之辩成为知识精英之争,甚至是党派之争。如例㉓中保守派学者丹尼尔·西蒙斯就对发展可再生能源、减少温室效应碳排放提出了尖锐批评;甚至有立法议员(如例㉔)从法律层面指责可再生能源发展形成了垄断,牺牲纳税人的利益;例㉕中,民主党投票力挺可再生能源,以抵制和抗衡特朗普的共和党。可见,在这一阶段,可再生能源被高度政治化、标签化,成为政治集团和权力博弈的筹码。

㉓ Daniel Simmons, a conservative scholar who sharply questioned the value of promoting renewable energy sources and curbs on greenhouse gas emissions… (*The Washington Post*, 2020)

保守派学者丹尼尔·西蒙斯强烈质疑推广可再生能源和遏制温室气体排放的价值所在……

㉔ Some lawmakers complained that the legislation preserves the utility's monopoly on renewable energy and ensures that it will continue to make money at the expense of ratepayers.（*The Washington Post*，2020）

一些议员抱怨,该立法保留了公用基础设施对可再生能源的垄断,并确保其继续以牺牲纳税人的利益为代价赚钱。

㉕ The Democratic-majority legislature voted earlier this year to boost the state's renewable-energy requirement from 20 percent as of 2022 to 25 percent by 2020.（*The Washington Post*，2017）

民主党占多数的立法机构今年早些时候投票表决,将该州的可再生能源需求从 2022 年的 20% 提高到 2020 年的 25%。

四、讨论与结语

以上基于语料库的话语分析表明,以《今日美国》和《华盛顿邮报》为代表的美国主流媒体对可再生能源的话语建构发生了明显的阶段性转变:从一种可替代能源类型选择到气候和政治危机最优解,再到党派之争和国际较量的重大筹码,可再生能源被逐渐政治化、安全化,充分揭示了媒体话语的政治化本质。

在低碳化能源转型可再生能源道路上,美国主流媒体以自身的力量参与社会变革,通过媒体话语力量敦促政府出台法律法规发展可再生能源,形成可再生能源受益老百姓的话语,影响着人们生活的方方面面。我们也可以看到媒介化政治话语的意识形态特征:寓于它们所编织的众多新闻报道中,具有一定程度的隐蔽性。

话语策略也发生了嬗变。在第一阶段,大量援引权威人士、知识精英和政府要员的观点,主要从经济角度,为民众认同和接受可再生能源以及政府出台鼓励政策进行合法化建构。该阶段主要从美国国家立场、经济考量和化石能源的风险出发,阐述可再生能源发展的必要性和紧迫性,这种经济安全化策略易于调动美国民众或决策者对风险的恐惧心理,为推动可再生能源发展提供理据。在第二阶段,可再生能源被合法化、制度化之后,媒介开启道德化策略模式,宣扬人类共同关切、应对气候风险,为可再生能源提升"生态附加值",为进一步推动可再生能源转型提供道德和未来指向,更便于激发美国政府和民众的大国担当和拯救人类的使命感;此外,该阶段还频繁使用对比策略,运用大国竞赛框架,把中国在可再生能源领域的发展塑造为威胁和风险,通过制造恐慌,为可再生能源进一步政治化、安全化赋值。在第三阶段,特朗普政府的能源新政彻底扭转了可再生能源被全方位美化的局面,该阶段转向论辩式话语策略,反映民粹主义立场的质疑声鹊起,知识和党派权力精英尖锐对立,可再生能源议题被进一步党派化、政治化、标签化。

尽管可再生能源话语发生了以上明显的阶段性嬗变,但是有一种倾向一直贯穿于后面两个阶段,即持续调用"中国威胁论",把中国可再生能源技术和市场份额建构为对美国能源安全的威胁,为美国的可再生能源政策做合法化辩护。这种话语建构策略,一方面迎合西方受众对东方中国作为他者的想象性构造,另一方面也迎合政治权力和利益集团的利益,由此完美地实现了重要的媒介话语建构和规劝功能。

　　本文运用语料库研究方法,对美国主流媒体可再生能源话语的嬗变进行了阶段性对比分析,揭示了美国党争政治图景对媒介话语的影响。本文有助于进一步推动基于语料库的能源话语研究(赵秀凤,2018;赵秀凤和逯义峰,2019;赵秀凤,2019;赵秀凤和曹春华,2020),批评分析媒介话语对能源相关议题的塑造功能。

参考文献

罗娟丽,2013. 美国媒体对中国问题报道的倾向性分析 [D]. 北京:中国政法大学.

钱毓芳,2010a. 语料库与批判话语分析 [J]. 外语教学与研究(3):198-202.

钱毓芳,2010b. 英国《太阳报》关于恐怖主义话语的主题词分析 [J]. 浙江传媒学院学报(4):98-103.

钱毓芳,2019.《纽约时报》关于低碳经济的话语建构 [J]. 天津外国语大学学报(2):30-42.

赵秀凤,2018. 能源话语研究的体系与范畴 [J]. 天津外国语大学学报,25(3):63-77,160.

赵秀凤,逯义峰,2019. 能源话语研究论丛 [M]. 青岛:中国石油大学出版社.

赵秀凤,2019. 能源话语的社会实践网络分析 [J]. 话语研究论丛(1):18-31.

赵秀凤,曹春华,2020. 能源人文:一个新兴的跨学科研究领域 [J]. 中国石油大学学报(社会科学版),36(3):25-34.

当代中国政府"能源观"的话语变迁

——基于中国政府工作报告语料库的历时研究

宋冰冰　赵秀凤

(中国石油大学(北京)　中国国际能源舆情研究中心,北京,102249)

摘　要

　　本文基于自建的"国务院政府工作报告语料库",采用基于语料库的话语分析方法,研究不同时期中国官方主流话语对能源及相关问题的认知评价与话语建构,从能源观的话语变迁考察我国政府在能源安全、国家安全以及对自我和世界认知定位方面的发展变化。研究发现:新中国成立初期,中国清醒定位自身工业经济落后身份,以落后反向建构安全,努力保障能源供给安全;改革开放后,中国明确认知与世界接轨的机遇挑战,积极推动可持续发展的能源观;进入 21 世纪,中国认识到生态环境建设的重要性,积极推动世界能源生态共同安全建设。中国政治话语视域下"能源观"话语的变迁也印证了新中国成立以来中国世界观与自我中国观认知的发展:从敌对防御到包容参与,中国对待世界的态度越来越包容;从被动封闭到主动引领,中国对待自我的身份越来越自信。

关键词

　　能源;话语分析;政府工作报告;语料库

一、引　言

　　能源是社会经济发展的重要支撑,甚至关乎国家的前途与命运。20 世纪 70 年代爆发的两次石油危机对西方工业国家造成了重创,同时也为世界各国敲响了警钟。在此背景之下,Mason Willrich 在其《能源与世界政治》一书中首次提出了"能源安全"这一概念:"能源安全

基金项目: 本文系 2019 北京市教改项目"依托世界能源大学联盟的能源学术英语能力建设"、中国石油大学(北京)科研基金资助项目"话语分析视角下的能源人文研究"(项目编号:2462020YXZZ009)、2019 年研究生教改项目"英语公共基础课程群本(硕)博一体化课程体系建设"的阶段性成果。

是包括了进口国以合理价格不断获得能源,出口国能通过稳定能源输出获得稳定收入的能源进口国安全和能源出口国安全。"(Willrich,1975)[626]然而"能源安全"这一概念在不同国家、不同历史时期有不同的认知和界定。一个国家能源观的变化与该国的制度、文化和社会历史发展阶段密不可分。一个国家政府的能源观折射该国政府的自我身份定位和对世界的认知,也预示该国的未来发展动向,因此追踪和考察政府能源观的变迁有重要的研究意义和价值。

新中国成立以来,中国用几十年的时间走完了发达国家几百年的发展历程,这其中必然离不开能源的支撑与保障。能源对中国经济社会的发展作用巨大,对实现中华民族伟大复兴的中国梦更是意义非凡,因此能源问题一直是多学科研究的焦点。当前关于中国能源的研究主要集中于经济和政治领域。经济领域重点关注能源生产和消费的经济学意义及价值(韩可琦和王玉浚,2004;沈镭等,2015),政治领域则侧重关注围绕能源展开的政治博弈、外交关系、能源战略等(何琼,2009;于宏源,2019)。

近年来,在语言学领域,赵秀凤(2018)等学者提出应该加强能源话语的研究,关注话语对相关能源议题的建构作用。当前研究主要关注某类能源的学术话语建构(宋瑞亚和赵秀凤,2019;肖贤和赵秀凤,2019;等等),以及新闻媒体对民众能源理念的塑造(宋灏和赵秀凤,2019;王霄和赵秀凤,2019;赵秀凤,2019;等等)。然而语言学视域下的能源话语研究刚刚起步,有待于基于语料和特定的历史文化语境,考察话语实践对能源问题的建构作用,推动能源人文社会科学研究的交叉融合(赵秀凤和曹春华,2020)。本文以国务院发布的历年政府工作报告为研究语料,运用基于语料库的话语分析方法,考察中国官方主流话语对能源及相关问题的认知和建构,基于话语和社会的交互关系,梳理新中国成立以来中国在不同历史时期的主导性能源观,从能源观的话语变迁考察我国在能源安全、国家安全及对自我和世界的认知与定位方面的发展变化,揭示我国经济社会发展变化背后的国家治理逻辑。

二、研究视角与语料

话语在社会实践中产生,又反作用于社会。这种反作用的一个明显标志就是话语参与社会实践并构建社会事实(田海龙,2009)。话语与社会的关系一直是话语分析研究的重点。不过,相对于微观语言结构分析而言,话语分析在客观性和全面性方面遭受诟病,近年来随着语料库语言学的发展,语料库辅助话语分析日渐活跃,使基于大规模真实语料的话语分析成为可能。McEnery和Wilson(1996)[1]将语料库语言学称为基于现实生活中语言使用实例的话语研究。Baker(2006)[13]指出,语料库这种方法的好处在于可减少研究者的偏见,使现存理论可以在更大更具代表性的语料中进行检验,此外,还可以利用主题词或者搭配词来揭示尚未有人提出的话语模式。

政府工作报告是中华人民共和国政府的一种公文形式。每到年底,国务院会成立一个政府工作报告起草组,通过开展广泛调研形成初稿,之后经过多次讨论,汇总各方意见对初稿进行修改形成终稿。最终,国家总理要作的政府工作报告由国务院提交全国人大常委会,在全国人民代表大会上接受代表审议。表决通过的政府工作报告是达成一致后的共同行动,熔铸了国家的意志和人民的意愿。国务院政府工作报告文风朴实,用词精炼,既力求全面客观又注重突出重点,常用重要事实和数据反映各方面取得的成绩和所做的主要工作,并且针对性强,体现年度重点问题和重点工作。国务院政府工作报告内容主要包括两个方面:第一,回顾并总结前一年或者前五年(每个"五年规划"开局之年)的政府工作情况,分类详细汇报政府的工作举措和工作成绩,阐释国家的发展现状;第二,汇报新的一年政府的工作计划、工作目标以及将要实行的工作举措。

历年国务院政府工作报告是中国社会以及政府政策发展变化的缩影,将其用于政府对国家各个方面发展定位的历时性分析,在理论层面和逻辑层面是完全可行的,也有众多学者进行了此类分析研究。例如,钱毓芳和田海龙(2011)通过1999—2008年十年间两届政府工作报告来观察中国社会变迁,陈瑞欣(2016)通过1978—2015年的政府工作报告分析中国周边外交政策的发展变化,张海柱(2015)使用1954—2015年的政府工作报告研究中国海洋政策的演变,颜德如和李过(2018)使用1978—2018年的政府工作报告研究中国改革开放四十年的法治建设。但是,鲜有学者通过政府工作报告对我国能源观及相关政策进行历时研究,"对能源话语进行研究具有较高的理论价值和现实意义"(赵秀凤,2018)。新中国成立后,首份政府工作报告产生于1954年——"一五计划"的收官之年。出于一些历史原因,1961—1963年、1965—1974年以及1976—1977年,国务院政府工作会议未能正常举行,导致这些年间缺失相应的政府工作报告。自1978年起,国务院政府工作会议走向正常化,政府工作报告每年如期发布。本研究搜集了国务院官网发布的52份政府工作报告,整理后建成了"国务院政府工作报告语料库",库容为538 503词。

本研究运用语料库检索工具WordSmith Tools 6.0,通过政府工作报告中能源相关词汇的搭配词及索引行,梳理政府工作报告中能源观的话语变迁轨迹,探寻中国政府能源观的嬗变规律。正如钱毓芳(2019)所言,话语分析有助于揭示一个群体如何将自己、社会环境、他者以及和他们相关的问题概念化。通过分析中国政府工作报告中的能源相关话语,分析其变迁轨迹,有助于了解中国政府对能源的认识和定位,从而揭示能源观变化背后的国家身份认同和世界认知。

三、"能源观"话语建构的历时分析

话语是特定语境中的一种言语行为,其意义取决于语言的使用方式(Jorgensen & Phillips,2002),因此进行话语分析不能只看孤立的词语,需要将其放在语境之下分析。为了厘清能源相关语境,我们把历年中国政府工作报告中与能源相关的语段识别为政府能源话语。政府工作报告语料按年份分别建成52个政府工作报告文件,在每个文件中检索能源相关词汇。根据报告内容和我国能源实际,把与能源相关的检索词定为"煤(炭)""石油""天然气""沼气""电(力)""风能""核能""太阳能""水力发电""生物能""能源""能耗""耗能""节能"。以这些词进行检索,把检索词所在的语段视为能源话语,统计能源话语字数,对比当年报告总字数得出当年能源话语在政府工作报告中的比例,以此观察能源在每年政府工作中的关注度、历时分布变化情况(图1)及重要节点。

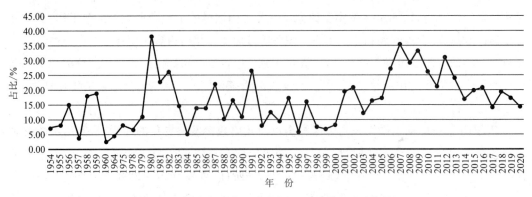

图 1　历年政府工作报告中能源话语的占比分布图

从图 1 可以看出，能源话语在历年政府工作报告中的占比流变不居，但纵观历年分布趋势，我们可以发现主要有两个高峰期：1980 年和 2007 年。1980 年，能源话语达到了 1954 以来的峰值，并且峰值显著；2007 年，能源话语达到了 1980 年以来新的峰值，并且自 2006 年开始到之后几年均大幅领先于之前数年的水平。究其原因，与其间国家出台的能源政策、采取的能源举措以及发生的国际国内事件密切相关。1980 年，改革开放初期，在调整经济结构、改革经济体制的过程中，"关、停、并、转"等一系列举措对能源领域具有重大影响，具体表现为我国政府在关注能源产量之外开始关注能源消耗，提倡节约能源。2006—2007 年为北京 2008 年奥运会准备期间，为了向世界人民展示一个更好的中国形象，同时也受当时国际社会愈发重视生态环境的影响，中国政府将节约资源与保护环境进行了整合性概念化建构，"节能环保"一词开始在政府工作报告中高频出现。

根据以上时间节点，我们把政府能源话语分为三个阶段：1954—1979 年为第一阶段，1980—2005 年为第二阶段，2006—2020 年为第三阶段。将三个阶段的能源话语各自建立语料库，通过词频、搭配词以及索引行等语料库分析方法，解读三个不同阶段国务院政府工作报告对能源领域的描述、能源话语的特征及其在不同历史时期的发展演变。

兰卡斯特汉语语料库（The Lancaster Corpus of Mandarin Chinese，简称 LCMC）是旅英学者肖忠华博士创建的现代汉语平衡语料库，该语料库严格按照 FLOB（Freiburg-LOB Corpus of British English）模式编制，是一个 100 万词次（按每 1.6 个汉字对应 1 个英文单词折算）的现代汉语书面语通用型平衡语料库。本研究以 LCMC 语料库为参照语料库，创建三个阶段的主题词表（表 1），以此观察主题词在三个阶段的共现和变化情况，分析各阶段能源话语的不同主题特征。

表 1　政府工作报告三个阶段前 20 个主题词

第一阶段（1954—1979 年）	第二阶段（1980—2005 年）	第三阶段（2006—2020 年）
工业、增长、吨、建设、增加、设备、产量、生产、农业、计划、五年计划、钢、完成、基本建设、我国、产品、重工业、制造、国民经济、千瓦	建设、能源、增长、工业、发展、经济、企业、增加、投资、生产、重点、提高、调整、交通、吨、继续、加强、改造、技术、农业	推进、发展、节能、建设、加强、加快、产业、能源、重点、投资、改革、经济、农村、实施、政策、环保、产能、创新、加大、完善

对比表 1 三个阶段的主题词，我们可以发现，前 20 个主题词中，"建设"与"经济"是三

个阶段的共现实词。经济实力是国家综合实力的重要基础,一个国家要想立足于世界民族之林,抵御外来侵略,保持自身独立,必须要有强大的经济支撑,所以推动经济发展一直是政府工作的重中之重。能源是经济建设的重要支撑,也是国家发展的重要动力,要想推动经济发展,就要搞建设,建设一批重大项目,从而推动能源发展,带动国家经济发展。

1. 第一阶段(1954—1979年)

前20个主题词集中反映了该阶段政府的工作重心——建设现代化工业国家,能源被置于这一宏大主题语境下加以认识和定位。首先,该阶段高度强调能源作为工业动力的基本属性,被概念化为"工业""农业""重工业""国民经济"的命脉和血液,为"基本建设"和"五年计划"提供机械动力,因此能源工作的主旋律是提高产量,保障能源安全,这一点集中体现为以下产量相关主题词的高频使用:"增长""吨""增加""设备""产量""生产""钢""完成""产品""制造"和"千瓦"。其次,在新中国成立初期的历史语境下——国家一穷二白,工业落后;国际社会围追堵截,形势险恶——能源被赋予了浓重的政治和民族价值。例如,该阶段"落后"一词出现了12次,国际环境险恶,工业和经济落后,迫切要求保障能源供给安全,增强自给能力,方可抵御遏制,防范风险;"石油"(28次)、"煤炭"(35次)、"电力"(52次)被概念化为打破"落后"局面,维护国家独立的"弹药库",同时也是调动全国人民生产积极性,凝聚团结力量的重要途径,督促全国人民投身能源生产,服务国家经济建设大局。从这一角度来看,"能源"如同今天的"芯片",被赋予或寄予了浓厚的国家和民族情怀。

概言之,在第一阶段,政府对中国是工业和经济落后的新建立的社会主义国家这一身份定位清晰而准确,能源被概念化为实现工业现代化,赶超发达国家的动力资源,同时也是摆脱冷战遏制,维护国家独立,凝聚人心的重要上层建筑资源。

2. 第二阶段(1980—2005年)

从该阶段的高频词及检索行可以看出,第二阶段政府对能源的认识、定位及相应的能源治理发生了明显变化。

其一,"能耗""节能""节约能源"等关乎能源使用问题的词汇自1980年起集中高频出现,说明与第一阶段侧重强调能源生产不同,该阶段开始关注能源的使用问题。对此,我们可以通过"能源"的词汇搭配系统考察(表2)。

表2 政府工作报告第二阶段"能源"前20个搭配词

序 号	搭配词	频 次
1	交 通	74
2	原材料	66
3	节 约	33
4	建 设	27
5	工 业	26
6	通 信	20

续表

序　号	搭配词	频　次
7	加　强	19
8	运　输	18
9	基　础	16
10	重　要	16
11	农　业	15
12	消　耗	14
13	生　产	14
14	要	14
15	重　点	14
16	供　应	13
17	发　展	12
18	新	12
19	产　品	11
20	企　业	10

表 2 表明，与第一阶段高频使用"供应""增长"等不同，这一阶段位于前列的高频词是"节约""消耗"等与能源使用安全相关的词汇。这说明在第二阶段，政府在关注能源供应、能源产量增长之外，开始格外关注能源消耗，关注能源的使用效率，并开始关注化石能源的污染问题。例如：

① 首先要对那些产品产量供过于求而质量很差、能源和原材料消耗很高、长期亏损、污染严重的企业，分别不同情况，坚决地实行关、停、并、转，使国家有限的能源和原材料，用于那些产品质量好、消耗低、经济效益高的企业。（1981）

② 工业企业全员劳动生产率比上年提高 9.3%，每万元工业产值的能源和电力消耗分别比上年下降 5.63% 和 5.75%。（1989）

例①明确规定了政府鼓励的企业类型及其发展的边界，提出了判断企业优劣的国家标准——"产品质量好、消耗低、经济效益高"，并指明了具体的治理路径，即通过实施"关、停、并、转"政策来淘汰落后企业，降低能源消耗。例②体现了国家在能源管理和政策制定方面的科学化和精细化，以单位生产率的能耗占比科学地规范企业生产。

改革开放是中国敞开国门，走出防御姿态，积极拥抱世界的关键一步，但是对外开放有机遇也有挑战，要想在世界洪流中屹立不倒就需要巩固自身实力。所以，在经历了第一阶段的抓产量、抓增长之后，第二阶段重点关注发展质量，促进国民经济健康稳固发展。通过对那些消耗高、产品质量差、长期亏损的企业进行关、停、并、转，帮助国家将有限的能源和原材料用于那些产品质量好、消耗低、经济效益高的企业，进而促使国民经济健康发展。可见，在这一阶段，能源与国家的健康发展联系了起来，首次从发展方式的角度审视能源。

其二，"能源价格"成为该阶段的核心，标志着我国能源体制和能源治理开始与国际接

轨,我国以开放的心态积极主动地融入世界。例如:

③ 生产资料"双轨制"价格逐步并轨,解决煤炭、电力、石油、铁路运输等基础产业价格偏低和企业政策性亏损问题,使企业增强自我发展能力。(1993)

1981年,国务院批准企业对超过基数生产的原油按国际市场价格出口,这样就产生了国家指令性计划的产品按国家规定价格统一调拨,企业自行销售的产品价格根据市场所决定的"双轨制"。能源产品价格并轨,合理化调整,提高一直以来偏低的能源价格,有助于刺激能源企业发展,督促降低能源消耗。

整体而言,在第二阶段,围绕能源,政府的工作重心是调整能源供求关系,改革能源价格体系,更充分地发挥市场的作用,更关注能耗,这些能源重心的转移反映了能源治理的国际化态势,折射出政府对能源态度的转变。在这一阶段,能源不仅仅是一种国家实现工业现代化所需的动力资源,更重要的是一种受国际市场规则规制和国际权力机构操控的商品。改革开放的中国,在一个强有力的学习型政府的领导下,积极主动与国际接轨,推进能源管理机制体制改革,开始以国际视野定位和认识能源。该阶段政府工作报告对降低能耗和节约能源的强调,说明政府在能源或国家治理方面已经孕育了可持续发展的理念和使用安全的能源安全观。

3. 第三阶段(2006—2020年)

相比第二阶段,第三阶段"能源"前20个搭配词中出现了数个新词(表3),排在第一位的是"新"字,另外还有"清洁"和"再生",这三个新词代表了这一阶段能源发展的新动向。在这一阶段,我国开始真正与世界同步甚至引领世界潮流—充分认识到化石能源的环境危害性,着力推动能源革命或能源转型,"新能源""清洁能源"和"可再生资源"开始成为该阶段的主角。这一崭新的能源观标志着我国对能源的认识和定位发生了根本性转变,能源的内涵已经从机械动能资源、国际商品,拓展到与人类福祉、人民健康、美丽中国、生态文明、民族复兴等国家未来发展大计密切相关的多维元素。其中最值得关注的是,"能源"在该阶段被赋予了极高的"生态"价值。

表3 政府工作报告第三阶段"能源"前20个搭配词

序　号	搭配词	频　次
1	新	41
2	发 展	22
3	清 洁	21
4	资 源	21
5	汽 车	18
6	产 业	15
7	消 费	15
8	建 设	14
9	环 境	13

续表

序　号	搭配词	频　次
10	节　能	13
11	原材料	12
12	提　高	12
13	交　通	12
14	加　强	11
15	利　用	11
16	再　生	10
17	比　重	10
18	可	10
19	消　耗	10
20	生　物	10

在这一点上，我们观察到一个非常有趣的现象："节能"和"节约（能源）"同为第二阶段和第三阶段前 20 个高频词，但是考察它们各自的高频搭配词可发现其主旨意蕴不同。例如，第三阶段"节能"的高频搭配词见表 4。排在第一位的是"环保"，即节能的主要目的是保护环境，是生态取向。而第二阶段与"节能"搭配的高频词是"降耗"，节能的核心关切是经济利益最大化，是经济取向。也就是说，第二阶段节约的主旨是为了保障供应的可持续性，是为了经济利益，这一初衷体现的是人类中心主义生存发展观；而第三阶段的"节能"更侧重环保，在该阶段，节能不是一个量的概念，而是一个质的概念，说明国家开始扭转之前的过度人类中心主义立场，转向以生态中心主义为主导的国家治理，这一点更集中体现为生态文明思想指导下的五位一体发展理念。

表 4　政府工作报告第三阶段"节能"前 20 个搭配词

序　号	搭配词	频　次
1	环　保	57
2	减	47
3	排	46
4	重　点	22
5	工　程	20
6	产　业	17
7	推　进	16
8	技　术	16
9	建　设	14
10	发　展	13
11	能　源	13
12	环　境	13
13	生　态	12

续表

序　号	搭配词	频　次
14	耗	12
15	降	11
16	工　作	11
17	产　品	11
18	建　筑	11
19	企　业	10
20	新	10

其实,通过考察"节能"一词在三个阶段的搭配和检索行,我们会发现阶段性和规律性变化。1980 年到 1989 年"节能"一词是单独出现的,政府主要关注企业的节能技术改造。1992 年到 2005 年"节能"主要与"降耗"搭配出现,政府主要关注各行业的节能降耗。2006 年以后,在第三阶段,"节能"主要与"环保"和"减排"搭配使用。我们可以从中看出政府工作报告中能源话语轨迹的演变,即从纯粹提倡节约到关注降低能耗,再到重视环境保护,说明我国政府的"能源观"变得越来越"绿"了。2006 年,国务院政府工作报告中关于《国民经济和社会发展第十一个五年规划纲要(草案)》的说明首次正式将"节能"与"环保"建构在一起:

④ 二是关于节能和环保问题。《纲要(草案)》提出了"十一五"期间单位国内生产总值能源消耗降低 20% 左右、主要污染物排放总量减少 10% 等目标。这是针对资源环境压力日益加大的突出问题提出来的,体现了建设资源节约型、环境友好型社会的要求,是现实和长远利益的需要,具有明确的政策导向。尽管实现这一目标的难度很大,但我们有信心、有决心完成。(2006)

从本段表述中我们可以看到,中国政府意识到了一直以来中国经济高速度增长带来的环境污染与生态破坏问题,基于现实利益与长远利益,着手建设资源节约型和环境友好型社会。从此之后,节能环保以及节能减排在政府工作报告中出现的频次越来越高。中国政府深知节能环保任重而道远,展现了完成节能环保攻坚战的决心与勇气。"生态文明"理念在政府工作报告中的首次出现时间为 2007 年,并且多次强调节能环保与节能减排。

⑤ 狠抓节能减排和环境保护,各项约束性指标超额完成。公布自主减排行动目标,推动国际气候变化谈判取得积极成果。(2016)

从 2016 年国务院政府工作报告可以看到,中国在自身努力做到节能减排的同时,也积极参与国际气候变化相关事宜。与美国相继退出《京都议定书》《巴黎协定》截然相反,中国积极参与国际气候谈判,为全球气候治理提供中国方案。从声明发展起来后再承担责任到一边发展一边承担责任,再到积极推动世界气候谈判,中国展现了负责任的大国形象,经历了从生态安全的被动推动者向生态安全的积极引领者的国家身份的转变。在第三阶段,中国走向世界的姿态也变得更为自信、更为从容,主动承担起自身的责任,在自身努力完成节能减排目标的同时积极引领世界各国对气候变化和生态安全的关注与行动。

综上，从政府工作报告中可以清晰地看到我国主流话语中能源观的变化轨迹。从新中国成立到改革开放之前，政府主要关注能源供应安全，重视能源的供应安全，清醒认识到能源是摆脱经济落后状况、实现国家工业化的动力资源，国家在力求政治独立、抵御外来威胁的同时，积极追赶世界能源发展趋势；改革开放之后，政府主要关注能源使用安全，重视调节能源供需关系，注重控制能源消耗，调整能源价格以及保障能源运输，随着石油峰值理论的提出及世界对能源消耗与节约能源的关注，中国在改革开放的背景之下积极推动能源行业与世界接轨，在谋求机遇、应对风险的同时，依然作为世界能源发展的后来者不断追赶着世界发展趋势，并已大幅接近；进入 21 世纪，中国政府主要关注能源生态安全，着重开发新能源、清洁能源与可再生能源，大力提倡节能环保与节能减排，在美国退出《巴黎协定》后中国依旧积极推动世界能源生态安全建设，已成为世界能源生态安全的主要维护者与贡献者。

从新中国成立以来，中国作为能源领域的后起者，通过 70 多年的艰苦努力，不断追赶世界能源发展趋势，走过了发达国家开始于 1859 年的现代能源工业 160 多年的发展历史，终于站在了世界能源发展的前列，并在世界能源生态安全中发挥着越来越重要的影响力。

四、结　语

基于语料库的话语分析表明，我国政府历来高度关注能源问题，一直视能源为国家安全的重要组成部分，但在不同的发展阶段，政府对能源的认识和定位不同。从新中国成立初期工业化建设所需的动力资源到新时代生态文明建设的重要抓手，能源经历了从物质资源到文明价值的转变，政府的立场也经历了从过度人类中心主义到以生态文明为中心的生态主义的转变。

70 多年来，中国政府能源观的变迁也折射出国家自我身份定位及对世界认知的发展变化。新中国成立初期，内忧外患，国家通过"落后"局面反向建构"安全"，能源被赋予了丰富的政治价值；第二阶段，通过改革开放走向世界面临的压力来反向建构"安全"，促使国家深入到能源的使用、运输和交易层面进行改革创新；第三阶段，国际社会普遍关注环境变化，中国也从实际中意识到整治环境污染的必要性，于是积极调整社会治理思路，提出"生态文明"，并积极推动世界能源生态共同安全建设。

在对世界的认知层面，新中国成立初期，冷战态势严峻，中国被动防御，力求能源自给自足；第二阶段，世界科技突飞猛进，中国认识到面临的机遇与挑战，在改革调整增强自身实力的同时积极敞开国门，拥抱世界；第三阶段，国民经济发展迅速，国际地位不断提高，中国认真承担生态安全责任，并积极引领世界生态安全建设，努力构建人类命运共同体，为创建更好的世界而不断奋斗。在此过程中，从敌对防御到包容参与，中国对待世界的态度越来越包容；从被动封闭到主动引领，中国越来越自信。

生态安全作为第三阶段中国政府能源安全观的重要内涵，依旧是接下来很长一段时间内世界各国的重要关切点，所以中国也要继续密切关注能源生态安全，大力开发新能源与清洁能源，继续坚持节能减排与节能环保，积极推动世界能源生态安全建设。

BAKER P, 2006. Using corpora in discourse analysis[M]. London: Continuum.

JORGENSEN M, PHILLIPS L, 2002. Discourse analysis as theory and method[M]. London: Sage Publications.

MCENERY T, WILSON A, 1996. Corpus linguistics: An introduction[M]. Edinburgh: Edinburgh University Press.

WILLRICH M, 1975. Energy and world politics[M]. New York: Free Press.

陈瑞欣,2016. 从政府工作报告(1978—2015)看中国周边外交政策的发展变化 [J]. 国际观察(1):66-79.

韩可琦,王玉浚,2004. 中国能源消费的发展趋势与前景展望[J]. 中国矿业大学学报(1):4-8.

何琼,2009. 中国能源安全问题探讨及对策研究[J]. 中国安全科学学报,19(6):52-57,2.

钱毓芳,田海龙,2011. 话语与中国社会变迁:以政府工作报告为例[J]. 外语与外语教学(3):43-46.

钱毓芳,2019.《纽约时报》关于低碳经济的话语建构[J]. 天津外国语大学学报(2):30-41.

沈镭,刘立涛,王礼茂,等,2015. 2050年中国能源消费的情景预测[J]. 自然资源学报,30(3):361-373.

宋灏,赵秀凤,2019. 中国主流媒体对"可再生能源"话语建构的历时变迁[M]// 赵秀凤,逯义峰. 能源话语研究论丛. 青岛:中国石油大学出版社:72-82.

宋瑞亚,赵秀凤,2019. 知识即权力——可再生能源的学术话语建构[M]// 赵秀凤,逯义峰. 能源话语研究论丛. 青岛:中国石油大学出版社:56-71.

田海龙,2009. 语篇研究:范畴、视角、方法[M]. 上海:上海外语教育出版社.

王霄,赵秀凤,2019. 中外化石能源企业身份建构的对比研究[M]// 赵秀凤,逯义峰. 能源话语研究论丛. 青岛:中国石油大学出版社:83-101.

肖贤,赵秀凤,2019. 关于"清洁煤"的学术话语建构研究——基于Citespace的可视化分析[M]// 赵秀凤,逯义峰. 能源话语研究论丛. 青岛:中国石油大学出版社:110-126.

颜德如,李过,2018. 改革开放四十年我国法治建设的回顾与前瞻——基于国务院1978—2018政府工作报告之文本分析[J]. 学习与探索(12):8-17.

于宏源,2019. 地缘安全中的体系均衡:新时期中国能源安全的挑战与应对[J]. 西亚非洲(4):143-160.

张海柱,2015. 中国政府管理海洋事务的注意力及其变化——基于国务院《政府工作报告》(1954—2015)的分析[J]. 太平洋学报,23(11):1-9.

赵秀凤,2018. 能源话语研究的体系与范畴[J]. 天津外国语大学学报,25(3):63-77,160.

赵秀凤,2019. 能源话语的社会实践网络分析[J]. 话语研究论丛(1):18-31.

赵秀凤,曹春华,2020. 能源人文:一个新兴的跨学科研究领域[J]. 中国石油大学学报(社会科学版),36(3):25-34.

能源科技的学术表征

中外能源科技期刊英文摘要人际意义话语特征对比分析

江淑娟　李家秀

（中国石油大学(北京)　中国国际能源舆情研究中心,北京,102249）

摘　要

本文从宏观修辞结构和元话语两个方面对比国内外能源科技期刊英文摘要人际意义话语特征之异同。研究发现,国际能源科技顶级期刊英文摘要出现了明显的以学术协商为标志的人际转向。在宏观结构上倾向于使用背景、目的和结论语步增强人际互动,扩大对话空间;在微观元话语手段上偏向于使用内指标记语和自我提及语拉近距离。相比之下,国内英文摘要尚未"与时俱进",还停留在一味追求"客观"性语言风格的阶段。在宏观结构方面,背景语步相对较少;在微观元话语方面,内指标记语和自我提及语偏少。虽然两者均普遍使用结论语步,但是国内英文摘要使用主观性、自我评价性强调词较多,不利于作者与读者平等交流,争取学术认同。只有及时了解国际学术话语动态,在英文摘要写作中重视与学术共同体成员的互动,才有利于融入国际能源学术话语体系。

关键词

能源学术话语;英文摘要;宏观修辞结构;元话语;人际意义

一、引　言

近年来,国际主流期刊论文英文摘要写作风格发生了一系列变化,主要体现在宏观修辞结构和微观语言遣词用句两个方面(王淑雯和常志怡,2020;李天贤和庞继贤,2009),其具体语言或话语特征值得深入探讨。Hyland(2000)[64]指出,摘要不仅是对研究论文内容简明准确的概括,其终极交际目的是向读者推广作者的学术观点和论文,具有强烈的劝说和修辞意图。Swales(1990)[174-175]通过对科技论文写作发表过程的深入研究,指出科技论文通常不是对科学研究的简单叙述,而是作者为使读者接受自己的学术观点,通过一系列仔细策划的修辞、互动等手段加工处理后的社会化产物。

国际主流期刊论文英文摘要更强调构建学术共同体,因此非常重视学术话语的劝说或学术协商方面的人际功能。我国科技工作者要融入国际学术界,必须及时了解国际学术话语特征变化,尤其需要熟悉和掌握其人际意义话语特征。为此,本研究从人际意义角度,以近期发表的中外能源科技期刊论文英文摘要为例,集中考察各自的宏观修辞结构和微观元话语,对比分析其话语特征,以期为中国能源科技学术国际化提供借鉴和参考。

二、语料和研究方法

本文运用语料库研究方法,以中外能源科技主流期刊学术论文的英文摘要为例,对比两者在宏观修辞结构和微观元话语特征方面的异同。

1. 语　料

本研究语料为近期发表在国内和国际能源科技主流期刊上的研究型论文英文摘要。为考察最新学术话语特征,我们把语料时间限定为近三年,即 2018—2020 年。国际能源科技主流期刊选取 *Energy*、*Applied Energy* 和 *Energy Engineering*。*Energy* 和 *Applied Energy* 为美国 SCI(科学引文索引)数据库工程大类 1 区收录期刊,*Energy Engineering* 为 2 区收录期刊,摘要的作者母语均为英语。国内能源科技主流期刊选取《石油勘探与开发》《石油学报》和《石油与天然气地质》,其 2019 年的复合影响因子分别为 4.861、4.502 和 2.482,三个刊物均收录于 EI(工程索引)数据库中。

语料选择方式为随机抽样,所关注的研究领域为油气勘探、油气田开发和石油工程,所选取的论文均为这三大领域的研究型论文,具体如下:*Energy* 20 篇,*Applied Energy* 20 篇,*Energy Engineering* 20 篇;《石油勘探与开发》20 篇,《石油学报》20 篇,《石油与天然气地质》20 篇。

本研究共选取语料(英文摘要) 120 篇,文本清洁后,创建两个小型语料库——国际能源科技期刊英文摘要语料库和国内能源科技期刊英文摘要语料库(各 60 篇)。其中,国内核心期刊英文摘要语料总量共计 13 435 个形符,国际知名期刊英文摘要语料总量共计 11 503 个形符。

2. 分析步骤

我们对每篇摘要的语步结构和各类元话语手段进行人工标注,之后对含有各语步的摘要篇数和每篇摘要的语步结构进行统计,考察国内和国际能源科技期刊英文摘要在宏观修辞结构上的异同。利用语料库索引软件 AntConc 3.5.0 查找分析各类元话语在两个语料库中出现的频次,找出异同,对其人际意义进行分析。

三、理论框架

功能语言学认为语言是一个意义选择系统,不同文化语境和不同情景语境影响交流意义的选择,意义选择反过来影响语言形式选择。不同文化和语言背景的作者,即使使用同一种语言,所选择的语言形式和意义也可能有所不同。语篇的人际功能指的是人们用语言来和其他人交往，建立和保持人际关系，用语言来影响别人的行为，同时用语言来表达对世界的看法甚至改变世界（Halliday，2000）[69]。

1. 修辞结构

修辞结构是一种面向自然语言语篇（话语）结构的描述理论，描述语篇的组成单位如何按照一定的关系组织成具有连贯性的完整语篇。宏观修辞结构分析的一个重要理论框架是语步结构分析。语步指作者在摘要语篇中为完成特定交际目的而采用的一段话语，是功能性的而非结构性的语篇单位（Swales，2004）[228-229]。

在期刊研究论文方面，Bhatia（1993）和 Martin（2003）提出了 IMRC（Introduction-Method-Result-Conclusion）模式，Swales（2004）提出了 IPMPC（Introduction-Purpose-Method-Product-Conclusion）五语步模式，Bitchener（2010）提出了 BIMRC（Background-Introduction-Method-Result-Conclusion）五语步模式。研究表明，摘要部分因同属于学术论文这一宏观语类而具有一定的同质性，又因学科、语言背景、文化背景、研究实践、解决方案、社团属性等的不同而表现出动态变化性。本研究基于 Bitchener 的语步结构框架对两个语料库英文摘要的语步构成进行对比分析，探讨其表达的不同人际意义。

2. 元话语

元话语是语篇中的信号标记，是作者"明确组织语篇、对语篇的内容或读者表明态度"的资源（Hyland，2005）[14]。学术写作是一种特殊的语篇构建活动，是作者、读者和社会三者之间的互动活动。学术写作能否达到目的关键要看作者是否能够充分利用元话语资源控制学术语篇中的思想内容。作者通过元话语手段投射自己的立场态度，并照顾读者的观点、兴趣及需要，从而营造与读者互动的语篇空间。研究学术论文写作中的元话语资源就是探索其中的人际互动关系，揭示话语社团的修辞和社会特征，实现作者的交际意图。

本研究对能源科技期刊英文摘要的元话语分析采用 Hyland（2005）[49] 提出的篇章互动元话语模式，由引导语和互动语两部分构成。前者指的是作者围绕读者的需求来组织语篇的手段，后者指的是作者通过参与评判信息来实现互动的手段。引导语包括过渡标记语、框架标记语、内指标记语、言据标记语和语码解释语五种元话语资源，作者借此帮助读者领会自己的意图；互动语包括模糊限制语、强调词、态度标记语、自我提及语和介入标记语五种元话语资源，主要是评价性的，作者通过评价自己传递的信息来实现互动。需要说明的是，由于态度标记语（如 I agree、surprisingly）和介入标记语（如 you can see that）没有在摘要语料库中出现，因此这两种元话语手段在本研究中忽略不计。

四、宏观修辞结构对比

两个语料库宏观语步分布情况见表 1。

表1 国内和国际能源科技期刊英文摘要语步分布情况

语料库	背景语步		目的语步		方法语步		结果语步		结论语步	
	数量/篇	百分比/%	数量/篇	百分比/%	数量/篇	百分比/%	数量/篇	百分比/%	数量/篇	百分比/%
国 内	20	33.3	45	75	55	91.6	57	95	39	65
国 际	39	65	60	100	60	100	56	93.3	33	55

对比发现，国内和国际能源科技期刊英文摘要中出现的目的、方法、结果和结论四个语步百分比均过半；国际期刊摘要中背景语步出现频次超过50%，国内期刊摘要中背景语步出现频次较低，仅为33.3%。基于 Swale（1990）[174-175] 对摘要语步的分析方法，低于50%的语步为可选语步，高于50%的语步为必要语步。因此，可以说国际期刊摘要的宏观语步构成为"背景-目的-方法-结果-结论"，而国内期刊摘要的宏观语步构成为"目的-方法-结果-结论"。实际上无论国际期刊摘要还是国内期刊摘要，最核心的语步都是"目的-方法-结果"，其中的背景（国际）和结论语步的比例都略超50%。Swales 和 Feak（2010）研究表明，目前国际期刊摘要中背景和结论语步的比例有逐渐上升趋势。

国内期刊摘要背景语步为可选语步，明显低于国际期刊摘要；目的语步在国内期刊摘要中虽为必要语步，但出现的频率仅为75%，明显低于国际期刊摘要中出现的频率（100%）。国内有些期刊摘要没有说明研究目的，也可能是认为论文题目已经包含，无须赘述。从这两个语步看，国内期刊摘要的作者比较追求语言表达的简洁性，这也恰恰是以前国际期刊摘要的写作特点。但我们不能忽视目前国际期刊摘要中背景和结论语步在上升这个趋势。这种趋势与作者建立和读者交流互动的需求有关。在背景语步中，作者通过提供相关特殊信息来介绍研究领域或课题的特点，从而提供与读者交流对话的主题，建立与读者交流的桥梁，引起读者兴趣。

由于各国能源开发与使用所面临的问题与关注点不同，增加背景信息的描述也有利于读者快速介入作者的研究。学术语篇互动性体现的是作者需要对潜在读者已有的知识背景、理解过程、可能存在的不同观点等进行预测，使自己的写作与读者对内容和结构上的期望进行协商（秦枫和陈坚林，2013）。对读者期望的有效预设有利于作者和读者进行研究主题的互动协商。目的语步用于表述研究思路、表明研究任务、确定研究问题和范围，是作者将读者深入引入研究、确定交流话题的关键，是必不可少的。

① The battery energy storage system（BESS）plays an increasingly important role in the electricity sector around the world. BESS can not only smooth the outputs of renewable energy, but also provide a variety of benefits to the electricity grid and markets. At this stage though, the capital cost of BESS is still high. Thus, the BESS sharing economy offers an opportunity to apply BESS services for customers（背景语步）. In this paper, the per-use-share rental strategy of BESS is proposed to support customers and increase the profit for the battery sales firm in the joint energy and the Frequency Control Ancillary Services markets（目的语步）.（*Applied Energy*）

② According to coal fines settlement model in the vertical wellbore, test apparatus for coal fines settlement is designed（目的语步）. Combined with the settlement law of coal fines with different particle size and different concentrations, the terminal velocity formula for coal fines free settling is obtained using experimental data（方法和结果语步）.（《石油与天然气地质》）

例①截取的是摘要开头的背景和目的语步，其中的背景信息把电池蓄能系统和全球电力市场联系起来，引出电池蓄能服务，从而自然地把读者带入其对租赁策略的研究主题上。如果作者没有前面对读者的信息预设铺垫，直接提出租赁策略研究这一主题，可能对读者的影响力要弱得多，不利于成功推广自己的观点和研究成果。这种写作方式充分体现了背景语步的引导功能，有利于引导读者对研究主题的整体把握。

例②语段为中文期刊英文摘要的第一和第二句，作者开门见山，开篇即目的、方法和结果语步，没有背景描述，后面都是研究步骤的详细描述。这种写作方式完全聚焦于自身研究，置读者感受于事外，不利于读者情感接受，尤其忽视了与其研究领域相近但研究背景并不完全吻合的读者对于研究背景和目的把握的需求。国内能源核心期刊英文摘要相对少用背景与目的语步，反映出国内作者缺乏与读者互动意识，既忽视了读者的需求，也忽略了扩大学术影响力的有效路径。

我国作者普遍重视结论语步，这一语步的分布略超国际期刊，且语步内容偏多，国际期刊摘要即使有结论语步，也比较简洁客观。例如：

③ The results show that the proposed per-use-share rental strategy of BESS provides a win-win situation for customers and the battery sales firm（结论语步）.（*Applied Energy*）

这取自例①摘要中的最后一句。这篇摘要由背景、目的、方法、结果、结论五个语步构成，前面我们分析了背景和目的语步为读者提供的良好引导功能，最后以简短的结论语步结尾，给读者提供了内容完整翔实的研究课题信息，尤其利于相关领域读者接受。

④ It is found the LSTM based on deep learning has higher precision, and gives more accurate production prediction for complex time series in oil field production（结果语步）. The LSTM model was used to predict the monthly oil production of another two oil fields. The prediction results are good, which verifies the versatility of the method（结论语步）.（《石油勘探与开发》）

例④是摘要的结果和结论语步。这个结果没有给出详细的数据说明 LSTM 模型具有更高的预测精度，本身也可以看作是宏观性结论，而且后面还有两句跟进的结论，尤其最后一句 The prediction results are good 表述偏主观，传达了一种高高在上的自我评价语气，剥夺了读者的参与评论权，不利于作者与读者对研究主题的互动协商。

⑤ In this research, we modeled the reliability of a power grid with consideration of the power sharing among different regions（目的语步）. By extending the universal generating function technique，a reliability evaluation algorithm for a general power grid was suggested. …Numerical examples were used to illustrate the effects of different grid configurations and maintenance strategies on the reliability and cost of the power grid（方法语步）. It was shown that the system operation cost could be minimized by determining the optimal allocation of generators and the optimal maintenance strategy （结果语步）.（*Energy*）

这是一篇完整的摘要，作者没有给出研究背景就直接介绍研究主题，但没有表明研究目的，目的语步表述不完整。接下来是方法和结果语步，结果描述比较具体，没有上升为较为宏观的结论，使读者难以自动脑补研究目的和结论。由于缺失相关语境，读者很难进入作者的研究，与作者互动，更没有协商余地。

因此，在摘要写作之时作者要考虑与读者的互动，引入背景以吸引读者接近自己的研究，把研究目的、任务和范围表述清楚，有助于读者理解研究思路，在给出具体研究结果的基础上如果能进一步给出较为简洁、宏观且客观的结论，会更有利于读者把握研究精髓，保留潜在的质疑权利，与作者展开更多互动研讨。在当今科技研究日益跨学科化发展的背景下，吸引相近学科学者关注自己的研究领域，对跨界研究寻找合作伙伴有重要的意义。

五、元话语分析

通过对两个语料库摘要中元话语资源的分布情况进行统计，我们发现过渡标记语在两个英文摘要语料库中的占比相近（在国内期刊语料库中占比80.9%，在国际期刊语料库中占比77.8%），无显著差异。本文仅对比其他元话语资源的分布，见表2。

表2 各类元话语出现频次对比

元话语资源		国内期刊摘要		国际期刊摘要	
		频 次	百分比 /%	频 次	百分比 /%
引导性元话语	框架标记语	14	14.7	12	7.9
	内指标记语	18	18.9	62	41.1
	言据标记语	10	10.5	6	4.0
	语码解释语	22	23.3	24	15.9
互动性元话语	模糊限制语	10	10.5	19	12.6
	强调词	18	18.9	2	1.3
	自我提及语	3	3.2	26	17.2
合 计		95	100	151	100

由表2可见，引导性元话语中的内指标记语与互动性元话语中的强调词和自我提及语的分布差异最大（超过10%），因此以下重点对比讨论这三种元话语资源。

1. 引导性元话语

引导性元话语中的内指标记语在国际期刊摘要中占比远超国内期刊摘要，该参数指标应引起我们的注意。关联理论认为人类的认知倾向于与最大限度的关联性相吻合,在其他条件相同的情况下,处理某一输入内容所取得的认知效果越大,其关联性就越强,反之越弱;加工处理付出的认知努力越少,关联性就越强,反之越弱。内指标记语指语篇中作者为影响读者并帮助读者了解其写作意图而采取的引导性策略。摘要语篇出现的内指标记语多为概述性标记语,如 this study/article/paper/work、we investigate、here 等。

⑥ Many authors mention bioclimatic architecture as an intelligent way to achieve energy efficiency, reducing energy consumption while providing thermal comfort for the users（背景语步）. This paper aims to evaluate the energetic performance of a bioclimatic pilot plant in Bioclimatic zone 2（目的语步）.（*Energy Engineering*）

⑦ Numerical methods are often used to solve the models. The upscaling method must preserve the important properties of the spatial distribution of the reservoir properties（背景语步）. An grid upscaling method based on adaptive bandwidth in kernel function is proposed according to the spatial distribution of property（目的语步）.（《石油勘探与开发》）

例⑥与例⑦中都是背景+目的语步,使用的都是一般现在时。例⑥中内指标记语 this paper 很清楚地把读者从背景语步带入目的语步,即意味着从这里开始进入本研究主题;但例⑦中的三句话初看区别并不大,都是一般现在时,没有明显的语步标志词,也就是内指标记语,不利于读者找到表示关键性研究主题介绍的目的语步。这类内指标记语应用于目的语步,能够较好地衔接背景与目的语步内容,并区分两个语步。其人际意义体现在能够帮助读者辨别语步结构,有利于引领读者从研究背景转入对研究主题的关注。中国学者习惯于写以名词或名词短语为主语的被动句(如例⑦),因此内指标记语在中国学者所写的英文摘要语料库中出现的频次较低。对比以上两例可以发现,尽管摘要中无内指标记语的被动句与有内指标记语的主动句都能传达作者意图,但前者由于语步标志词或语步衔接词缺失,语步结构不清晰,不利于读者迅速分辨,找到研究主题。总体而言,内指标记语可以提升读者的认知关联度,使其付出较少的努力就获取较大的认知效果。

2. 互动性元话语

国内期刊摘要中互动性元话语中的强调词占比远超国际期刊摘要,主要用于结果与结论语步。强调词(如 definitely、it is clear that)隐含肯定和强调命题,反映了作者希望通过强化语气凸显研究发现以及研究意义,以强调自己研究成果的重要性。

⑧ In fact, we now have a finalized upscaled model for both reservoir properties for each approach.（《石油勘探与开发》）

⑨ Small well space, wide fracture space and short fracture should be adopted when the fracturing scale is small.（《石油勘探与开发》）

⑩ In principle, the suggested complexity metric approach is useful when evaluating

similar systems and provides tangible results for subsequent, more detailed studies.
（*Energy*）

例⑧和⑨中强调词的使用体现了作者对于研究结果或所持观点的绝对自信。in fact 具有强烈的现实肯定意义，a finalized upscaled model 显示出一定程度的断言性，没有其他声音协商的空间。should 作为情态动词，隐含命令、要求等情态意义。一系列强调词的使用将读者预设在了较低的位置，容易引起读者（包括期刊编辑和审稿人）的排斥和质疑。压倒性强势语的使用不利于我国能源学术成果融入国际学术话语体系，减少强调词的使用，将研究成果以包容性的语言呈现出来可以为自己的研究留有对话余地。如例⑩，作者使用了 in principle 和 suggested 等语气委婉的建议性话语，给予读者商榷的空间，营造了友好的作者-读者交流氛围，更易于为读者所接受。

国内期刊摘要中的自我提及语占比远低于国际摘要。自我提及是指用第一人称代词或形容词所有格（如 I、my）表示命题的、情感的或是人际方面的意义，吸引同领域的学者介入语篇，参与互动。本研究中自我提及语内基本体现出四种语用功能，包括申明研究目的、描述研究步骤、报告研究结果、陈述研究贡献。其人际意义主要表现为拉近作者与读者之间关系，强调集体的合作精神和成果。例如：

⑪ We provide a tradeoff approach that simultaneously minimizes power usage effectiveness and maximizes the energy efficiency.（*Energy*）

⑫ Our case study shows that the economic end of life could occur significantly faster than the physical end of life.（*Applied Energy*）

第一人称复数主动语态在国际期刊摘要中出现的频率高于其他自我提及语资源，其拉近作者与读者关系的人际意义尤为强烈，使读者获得更多的参与感。our 具有人际意义上的限定作用，如例⑫，Our case study shows... 的表达形式明确了研究为作者本人或团队成果而非一般定论，将评价的权利交给读者，体现了作者预设的与读者平等的关系，更易获得读者认同。

六、结　语

通过对近期国内外能源科技期刊英文摘要进行宏观修辞结构和微观元话语使用情况的对比研究，发现英语母语者近年来在摘要写作上更加注重人际意义表达，更多关注学术话语交流的情感需求。在宏观修辞结构层面，他们倾向于使用背景语步和结论语步；在微观元话语层面，他们偏向于使用内指标记语和自我提及语。此种表达方式具有明显的人际意义功能，重视学术共同体内部的对话与交流。作者具有强烈的读者意识，使用语步标记语、内指标记语或自我提及语等引导读者以最小的认知努力获取最大的相关研究信息。作者还以协商的口气，扩大与读者的对话空间，争取学术认同。此外，国际能源科技学术界出现了明显的学术协商转向，很多国际期刊倾向于使用第一人称和主动语态等，作者更重视与读者的互动，为学术交流留有商榷余地，以得到更多的合作伙伴。

而国内能源科技学术界还依然停留在追求"客观"性语言风格的阶段,以满足语言本身表达的简洁性和客观性,忽视了学术协商意义表达。国内学者大多认为英语学术语言的特点是客观简洁,使用被动语态,不用人称代词,行文方式开门见山,无须背景铺垫,所以国内摘要写作背景语步偏少,被动语态使用较多,一般不用人称代词,语步标记语和内指标记语使用也较少。此外,在结论语步写作中,国内作者除了强调自己的研究成果和意义外,更偏于使用强调词做自我肯定性评价,不利于作者与读者进行平等交流,维系互动关系。因此,及时了解国际学术话语动态,重视与学术共同体成员互动,才有利于融入国际能源学术话语体系。

参考文献

BHATIA V K, 1993. Analyzing genre: Language use in professional settings[M]. London: Longman Press.

BITCHENER J, 2010. Writing an applied linguistics thesis or dissertation: A guide to presenting empirical research[M]. Basingstoke, Hampshire: Palgrave Macmillan.

HALLIDAY M A K, 2000. An introduction functional grammar[M]. Beijing: Foreign Language Teaching and Research Press.

HYLAND K, 2000. Disciplinary discourses: Social interactions in academic writing[M]. London: Longman.

HYLAND K, 2005. Metadiscourse[M]. Beijing: Foreign Language Teaching and Research Press.

MARTIN P M, 2003. A genre analysis of English and Spanish research paper abstracts in experimental social sciences[J]. English for Specific Purposes (1): 25-43.

SWALES J M, 1990. Genre analysis: English in academic and research settings[M]. Cambridge: Cambridge University Press.

SWALES J M, FEAK C B, 2010. From text to task: Petting research on abstracts to work[C]//MIGUEL F, RUIZ G, PALMER S, et al. English for professional and academic purposes. Amsterdam, New York: Rodopi: 169-182.

SWALES J M, 2004. Research genres: Explorations and applications[M]. Cambridge: Cambridge University Press.

李天贤,庞继贤, 2009. 学术写作中元话语的互动功能 [J]. 西南民族大学学报(人文社科版), 30(5): 266-271.

秦枫,陈坚林, 2013. 人际意义的创建与维系——研究生英语科技论文的互动问题研究 [J]. 外语教学, 34(4): 56-60.

王淑雯,常志怡, 2020. 实验型硕博士学位论文英语摘要的语步研究——以石油天然气工程类论文为例 [J]. 西南石油大学学报(社会科学版), 22(4): 103-111.

石油期刊英文翻译摘要与原创摘要的衔接特征对比
——基于语料库的研究

于　红

（中国石油大学(北京)　外国语学院,北京,102249）

摘　要

　　本文基于自建的"石油期刊英文翻译摘要-原创摘要可比语料库",应用 Coh-Metrix 3.0,对比分析英文翻译摘要和英文原创摘要的衔接特征。研究发现,与原创摘要相比,翻译摘要的实词重叠率较高,词汇丰富度较低;段落间语义相似度较低,句子间语义相似度较高;因果连词、逻辑连词、转折连词、时序连词少用,附加连词多用。

关键词

　　科技论文;英文摘要;衔接;翻译

一、引　言

　　摘要是学术期刊论文的精华,能够帮助读者快速准确地理解和把握全文内容。论文的英文摘要具有不可忽视的作用,摘要的撰写质量体现了期刊的国际化水平,是 SCI（科学引文索引）和 EI（工程索引）选择是否收录的重要依据。

　　摘要是独立完整的语篇,衔接是语篇组织的基本手段。韩礼德和哈桑在《英语的衔接》一书中系统阐述了衔接的概念和机制。他们认为,衔接是语篇中语言之间的语义联系,当一个语言成分的解释依赖另一个语言成分时,它们之间便产生了衔接关系（Halliday & Hasan,1976）。衔接可分为语法衔接和词汇衔接两大类,其中语法衔接可分为指称（reference）、替代（substitution）、省略（ellipsis）和连接（conjunction）;词汇衔接包括词汇复现（reiteration）和搭配（collocation）,词汇复现又包括四种形式——重复（repetition）、同义／近义关系（synonymy）、上下义关系（hyponymy）和部分整体关系（meronymy）。

　　现有英文摘要的语篇衔接研究偏于描写宏观的衔接特征,而对不易提取的微观特征涉

基金项目：本文系中国石油大学(北京)科研基金"能源学术英语语料库的创建与应用研究"（项目编号：ZX20200087)的阶段性成果。

及较少。徐筠和杨寿康（2004）分析了从 EI 与 SCI 数据库提取的部分英文摘要，认为英文摘要主要的衔接手段有指示照应、隐性连接、重复和词汇搭配；胡芳和陈彧（2005）对比了语言学领域的英汉学术论文摘要案例，发现主要衔接手段均为词汇衔接；唐咏雪和夏伟蓉（2009）选择 EI（2007 年）刊发的部分论文英文摘要，采用 WordSmith 软件统计分析了其所采用的逻辑衔接手段，发现科技论文英文摘要中较多地使用了隐性连接来实现连贯。

随着 Coh-Metrix 工具的出现，量化的衔接研究逐渐兴起。江进林（2016）选择了 Coh-Metrix 的 27 个指标，对比了学生英译文的衔接特征，发现高分译文使用了更多的连词，且潜语义分析指标较高；许家金和徐秀玲（2016）在 Coh-Metrix 的基础上，选取了 25 个指标，对比了翻译英语和原创英语的衔接特征，发现翻译英语的代词和连词使用较多，段落篇章层面的词汇重复度较高；江进林和韩宝成（2018）应用 Coh-Metrix 工具，在 11 个模块的基础上全面对比了大学英语六级、托福和雅思的阅读语篇，指出语篇难度越大隐形衔接手段使用越多。

综上所述，借助 Coh-Metrix 工具，可对语篇的衔接进行定量的微观研究。本文应用 Coh-Metrix 工具，选择其中的指称衔接、潜语义分析和连词 3 个指标，基于自建的"石油期刊英文翻译摘要-原创摘要可比语料库"，从语篇层级对翻译摘要和原创摘要进行比较，分析英文摘要的语篇衔接特征。

二、研究设计

1. 研究工具

Coh-Metrix 3.0 是由亚利桑那州立大学和孟菲斯大学联合开发的一个在线文本分析工具，结合了话语分析和计算语言学的最新成果，可计算衔接和连贯指标（McNamara et al.，2010）。Coh-Metrix 3.0 的分析结果包括 11 个模块，分别是描述性统计量、文本易读性主成分得分、指称衔接、潜语义分析、词汇多样性、连词、情景模式、句法复杂度、句法型式密度、词汇信息和可读性。该工具已被广泛应用于自动测量文本的衔接性，判断文本的语体和体裁，探讨写作语言的特点及其对作文质量的预测力（江进林，2016）。

2. 研究语料

研究所用英文翻译摘要和原创摘要分别选自《石油勘探与开发》[①] 和 *SPE Journal*[②]。《石油勘探与开发》创刊于 1974 年，是被美国 SCI 和 EI 数据库同时收录的中国核心科技期刊，该刊 2019 年的 SCI 影响因子为 2.845[③]。*SPE Journal* 是国际石油工程顶级刊物，以油气开发

---

① 《石油勘探与开发》官网网址：http://www.cpedm.com/index.html（检索日期：2020 年 8 月 4 日）。

② *SPE Journal* 官网网址：https://www.researchgate.net/journal/1086-055X_SPE_Journal（检索日期：2020 年 8 月 4 日）。

③ 相关介绍引自《石油勘探与开发》官方网站（http://www.cpedm.com/CN/column/column4611.shtml）（检索日期：2020 年 8 月 4 日）。

与生产工程方面的论文为主要内容,2019 年的影响因子是 3.095[①]。

我们采用随机抽取的方法,各选 30 篇论文的英文摘要组成可比语料库,并根据期刊名将两个子库分别命名为 PED(翻译摘要)和 SPE(原创摘要),表 1 是两个语料库的基本情况。

表 1   研究语料的基本情况

语料库	PED	SPE
期刊名	《石油勘探与开发》	*SPE Journal*
数量 / 篇	30	30
时间跨度	2015—2020 年	2015—2020 年
形符 / 个	7 184	7 839
类符 / 个	1 534	1 779
类符 / 形符比	21.35%	22.69%

两个语料库所选篇目均为 30 篇,论文的发表时间跨度一致,均从 2015 年到 2020 年。通过使用 WordSmith 5.0 对两个语料库进行处理,得出两个语料库的"类符 / 形符比",翻译摘要是 21.35%,原创摘要是 22.69%,略高于翻译摘要。

3. 数据收集

本研究从 Coh-Metrix 3.0 汇报的 11 个模块中选择衔接性数据进行分析。衔接性模块包括指称衔接(referential cohesion)、连词(connective)和潜语义分析(latent semantic analysis,简称 LSA)。以上 3 个模块共 27 个指标(表 2)。

表 2   Coh-Metrix 3.0 与衔接性有关的维度与变量

维 度	包含的变量
指称衔接	相邻句子名词重叠的平均数
	相邻句子论元重叠的平均数
	相邻句子词干重叠的平均数
	所有句子名词重叠的平均数
	所有句子论元重叠的平均数
	所有句子词干重叠的平均数
	相邻句子实词重叠的平均数
	相邻句子实词重叠的标准差
	所有句子实词重叠的平均数
	所有句子实词重叠的标准差
连 词	所有连词的比例
	因果连词的比例

[①] 相关介绍引自 *SPE Journal* 官方网站(https://www.spe.org/en/publications/journals/)(检索日期: 2020 年 8 月 4 日)。

续表

维　度	包含的变量
连　词	逻辑连词的比例
	转折连词的比例
	时序连词的比例
	扩展时序连词的比例
	附加连词的比例
	肯定意义连词的比例
	否定意义连词的比例
潜语义分析	相邻句子语义相似度的平均数
	相邻句子语义相似度的标准差
	段落内所有句子语义相似度的平均数
	段落内所有句子语义相似度的标准差
	相邻段落语义相似度的平均数
	相邻段落语义相似度的标准差
	所有句子语义相似度的平均数
	所有句子语义相似度的标准差

三、结果与讨论

本研究利用 Coh-Metrix 3.0 在线采集两个语料库中的数据,之后将数据导入 SPSS 21 统计软件进行独立样本 t 检验,对比翻译摘要与原创摘要在各项衔接指标上的异同。在 27 个指标中,具有显著性差异的指标共有 13 个。下面分别从指称衔接、潜语义分析和连词 3 个方面介绍基本概念和统计结果,并结合语料库例句对结果中表现较为突出的特征进行分析。

1. 指称衔接

指称衔接指的是实词在句子中的重复或共指。Coh-Metrix 3.0 中的指称衔接指标包括局部和整体两个维度,局部的衔接可通过测量连续的相邻句子中的词汇重叠情况来判定,整体的衔接通过计算词汇在段落或篇章内任何两个句子之间的重叠情况来判定(McNamara et al.,2014)。

在指称衔接模块下,与原创摘要相比,翻译摘要的各个变量都有超用,且有 6 个变量具有显著性差异,包括所有句子的名词、论元、词干、实词重叠的平均数,以及相邻句子实词重叠的平均数和标准差(表 3)。

表 3　翻译摘要和原创摘要在指称衔接维度上的独立样本 t 检验结果

维　度	变　量	t	df(自由度)	Sig.(双侧)	均值差值
指称衔接	相邻句子名词重叠的平均数	1.427	58	0.159	0.079 27
	相邻句子论元重叠的平均数	1.616	58	0.112	0.084 00
	相邻句子词干重叠的平均数	1.235	58	0.222	0.060 07

续表

维　度	变　　量	t	df（自由度）	Sig.（双侧）	均值差值
指称衔接	所有句子名词重叠的平均数	2.449	58	0.017	0.125 53
	所有句子论元重叠的平均数	2.863	58	0.006	0.137 07
	所有句子干重叠的平均数	2.802	58	0.007	0.123 10
	相邻句子实词重叠的平均数	3.654	58	0.001	0.051 97
	相邻句子实词重叠的标准差	1.031	58	0.307	0.013 53
	所有句子实词重叠的平均数	4.740	58	0.000	0.057 53
	所有句子实词重叠的标准差	2.645	58	0.011	0.019 97

　　根据表3，翻译摘要在篇章层面的词汇重叠程度高于原创摘要。为了描写语料的具体特征，我们选择了名词（单数和复数）、形容词（原级、比较级和最高级）、代词和实义动词（原形、第三人称单数形式和过去时态）为对象，观察词类的重叠情况。由于词汇的重叠程度越高，词汇多样性就越低，因此选择"类符/形符比"作为观察点（表4）。

表4　翻译摘要和原创摘要的名词、形容词、代词和实义动词[①]的类型和频次

词　类	PED			SPE		
	类符/个	形符/个	类符/形符比	类符/个	形符/个	类符/形符比
名词（单数）	573	1 947	29.4%	649	1 801	36.0%
名词（复数）	160	500	32.0%	213	578	36.9%
形容词（原级）	351	860	40.8%	398	909	43.8%
形容词（比较级）	12	40	30.0%	12	31	38.7%
形容词（最高级）	4	6	66.7%	4	4	100.0%
代　词	3	24	12.5%	6	52	11.5%
实义动词（原形）	53	70	75.7%	78	122	63.9%
实义动词（第三人称单数形式）	26	39	66.7%	60	100	60.0%
实义动词（过去时态）	27	34	79.4%	20	28	71.4%

　　表4显示，与原创摘要相比，翻译摘要的名词和形容词的"类符/形符比"都较低，说明词汇多样性较低，词汇重叠程度较高。同样在表4中，翻译摘要的代词和实义动词的"类符/形符比"都比原创摘高，"形符"明显较低。翻译摘要的代词类符共3个，包括it（20次）、they（3次）和we（1次）；原创摘要的代词类符共6个，分别是it（26次）、we（21次）、they（2次）、them（1次）、itself（1次）和one（1次）。在两个语料库中，it都是高频代词，多用作句子主语（如例①和②），使叙述显得客观公正，句子结构严密紧凑。

　　① However, at lower rates, it has been shown that the effective curves may change as capillary heterogeneity effects become significant.（SPE）

---

① TreeTagger 软件未区分动名词和动词现在分词，统一用 VVG（实义动词的动名词或现在分词形式）来进行词性标注，因此表4中未包括实义动词（现在时态）。

②原文:同时,也验证了视电流理论公式的正确性及视电流方法的可行性。(PED)
译文:At the same time, it also verified the correctness of the theory of apparent current and the feasibility of the method of apparent current.

在两个语料库中,代词 we 的表现有明显差别。在翻译摘要中,we 只出现了 1 次,但在原创摘要中出现了 21 次(如例③和④)。

③ In this paper, we present a new method to model heterogeneity and flow channeling in petroleum reservoirs—especially reservoirs containing interconnected microfractures. (SPE)

④ In this manner we investigate the effects of stochastic permeability distributions and other scaling groups affecting first contact miscible simulations on dispersion. (SPE)

肖忠华和曹雁(2014)的研究也发现,在翻译英文中 we 使用较少,他们认为这缘于“按照许多中国学者和出版社尤其是理工科的学术要求,作者有意识地规避第一人称代词,因为国内学界普遍认为这一做法可保持语篇的客观性”。

在翻译摘要中,动词的类符总数较低,但“类符/形符比”却较高。结合语料库数据,我们发现这同样是因为形符总数较低而导致词汇丰富度实际较低的情况。

以“实义动词(原形)”为例,翻译摘要库的类符是 53 个,形符是 70 个;原创摘要库的类符是 78 个,形符是 122 个。高频使用的单词在频次上差异不大,在翻译摘要中,develop 是高频词,频次为 5;在原创摘要中,determine 是高频词,频次为 6。但是,频次在 2 到 4 之间的总形符数则有比较明显的差别,翻译摘要的总形符数是 9 个,分别是 streamline、enhance、improve、determine、evaluate、guide、help、identity 和 reveal;原创摘要的总形符数是 27 个,分别是 coordinate、describe、introduce、solve、increase、provide、reduce、zero、avoid、calculate、capture、compute、estimate、exploit、flow、generate、help、identify、improve、include、investigate、make、model、predict、reveal、run 和 use。由此可见,翻译摘要的实义动词(原形)虽然有较高的“类符/形符比”,但因为其形符总数明显较低,仍然表现出词汇丰富度较低的特征。

以上数据和例句的分析表明,翻译摘要与原创摘要相比,其指称衔接特征明显。经过对语料库的实词使用情况进行比较发现,翻译摘要的词汇丰富度较低,因而词汇重复度较高。

2. 潜语义分析

潜语义分析是一个统计学算法,可以用来比较不同语篇的语义相似性(桂诗春,2003)。Coh-Metrix 3.0 可以计算出相邻句子单位的平均潜语义分析余弦值,也就是相邻句子在概念上的相似度①。潜语义分析共有 8 项指标,分析数据表明,翻译摘要与原创摘要相比,有 5 个指标有显著差异:相邻句子语义相似度的平均数和标准差、段落内所有句子语义相似度的平均数和标准差,以及所有句子语义相似度的标准差(表 5)。

---

① 相关介绍引自 Coh-Metrix 网站(http://cohmetrix.com/)(检索日期:2020 年 8 月 20 日)。

表5　翻译摘要和原创摘要在潜语义分析维度上的独立样本 *t* 检验结果

维　度	变　量	*t*	*df*（自由度）	*Sig.*（双侧）	均值差值
潜语义分析	相邻句子语义相似度的平均数	3.832	58	0.000	0.080 30
	相邻句子语义相似度的标准差	0.802	58	0.426	0.011 10
	段落内所有句子语义相似度的平均数	2.811	58	0.007	0.058 07
	段落内所有句子语义相似度的标准差	2.085	58	0.041	0.016 40
	相邻段落语义相似度的平均数	−1.821	58	0.074	−0.067 80
	相邻段落语义相似度的标准差	−1.684	58	0.098	−0.003 23
	所有句子语义相似度的平均数	1.021	58	0.311	0.013 23
	所有句子语义相似度的标准差	3.487	58	0.001	0.021 57

根据表5，在相邻句子语义相似度、段落内所有句子语义相似度、所有句子语义相似度3个方面，翻译摘要的平均数较高；在相邻段落语义相似度上，翻译摘要的平均数较低。这表明翻译摘要的语义空间在段落内更紧凑、语义联系更紧密，但段落与段落之间的衔接度较低。这进一步说明，原创摘要在整体上表现出更大程度的实词复现和段间词语重叠。

3. 连　词

连接（conjunction）是一种重要的衔接手段，主要是指语篇的逻辑连接方式。韩礼德和哈桑在讨论连接手段时，将其表达的逻辑关系分为增补（additive）、转折（adversative）、原因（causal）、时间（temporal）4类，在这4类下面又分出若干小类（Halliday & Hasan，1976）。

Coh-Metrix 3.0结果中会报告多种不同的连接手段比例，包括因果连词（如 because、so）比例、逻辑连词（如 and、or）比例、转折连词（如 although、whereas）比例、时序连词（如 before、when）比例、扩展时序连词（如 first、until）比例、附加连词（如 and、moreover）比例、肯定意义连词（如 also、moreover）比例和否定意义连词（如 but、however）比例等。

连接手段具有明示两个语段间逻辑关系的作用。通过比较发现，肯定意义连词比例和否定意义连词比例在原创摘要和翻译摘要中的结果都是0，表明这两类连词没有使用，因此在表6中去掉了这两个变量。其他指标显示，连词总数的均值差值没有显著性，但其他类型的连词差别均十分明显（表6）。

表6　翻译摘要和原创摘要在连词维度上的独立样本 *t* 检验结果

维　度	变　量	*t*	*df*（自由度）	*Sig.*（双侧）	均值差值
连　词	所有连词的比例	−1.373	58	0.175	−6.565 53
	因果连词的比例	−6.261	58	0.000	−18.529 83
	逻辑连词的比例	−6.919	58	0.000	−22.378 50
	转折连词的比例	−2.760	58	0.008	−3.696 57
	时序连词的比例	−3.002	58	0.004	−4.911 07
	扩展时序连词的比例	−4.434	58	0.000	−13.004 03
	附加连词的比例	3.635	58	0.001	14.719 33

表 6 显示,翻译摘要的因果连词比例、逻辑连词比例、转折连词比例、时序连词比例、扩展时序连词比例都比原创摘要低,唯有附加连词比例较高。产生这一现象的原因可以从英汉语言差异以及译者的翻译策略得到一些解释。首先,英汉语言在连词的使用上存在较大的差异。英文重形合的特点决定了其大量使用连词,直接体现语言之间的逻辑关联,而汉语重意合的特点则决定了其较少使用连词。两种语言的各自特点势必对翻译产生影响。Hinds 在 *Reader Versus Writer Responsibility* 一文中的解释是,在英文写作中,作者趋向于更直接清楚地表达自己的观点,但在东方语言的写作中,作者可能会迂回地表达自己的观点,读者自身有责任解读作者的观点思路(鞠玉梅,2018)。

为了描写语料的具体表现,我们以差异较为显著的因果连词 because 和逻辑/时序连词 and 为例,在两个语料库中分别查找相关例句,并结合例句分析连词的具体特征。

在翻译摘要中,译文中含有 because 的句子共有 2 句,例⑤和例⑥是其汉语原文和英语译文[①]。

⑤ 原文:受长 6 段、长 8 段储集层岩石组构和绿泥石含量差异的影响,压实作用使埋深和地温更大的长 8_1 亚段储集层减孔量(15%)小于长 6_3 亚段储集层(17%)。(PED)

译文:Because of the difference in rock fabrics and the chlorite content of Chang 6 and Chang 8, the strong compaction resulted in less porosity reduction(17%)of the Chang 8_1 reservoir with larger buried depth and larger ground temperature than the Chang 6_3 reservoir(19%).

⑥ 原文:随深度变浅,4 类纹层 TOC 值依次降低、黏土矿物含量增加、脆性矿物含量轻微降低,这与沉积时期陆源碎屑供给逐渐增加、古水动力增强、水体含氧量增加有关。(PED)

译文:Because of increasing supply of terrigenous clastics and enhancing hydrodynamics and associated oxygen levels, the TOC content and brittle mineral reduces and clay mineral content increases gradually as the depth becomes shallow.

在例⑤和例⑥中,汉语原文采用了"受……影响"以及"与……有关"等较为隐含的因果关系连词。译者没有按照原文的字面表述来进行翻译,而是将其隐含的逻辑意义译出,用 because 使前后小句之间的逻辑关系变得清晰可辨。

在原创摘要中,because 的频次相对较高,共 15 次,如例⑦和例⑧。

⑦ Knowing the fact that the saturation of the affected zone may be reduced to the irreducible rather than the initial value because of the capillary mechanics of the formation, interpretation guidelines are proposed to identify the regions that are susceptible to intense, serious, medium, and weak damage. (SPE)

[①] 例句来自《石油勘探与开发》中文章的中英文摘要,仅客观摘录,未加修改。

⑧ It is also shown that when the layers have comparable thickness, fracturing the higher-permeability layer provides the best performance because the wellbore-pressure drawdown experiences the slowest time rate of increase during the PSS flow period. (SPE)

英文写作倾向于使用连词来实现语篇连贯;汉语原文由于很少使用连词,逻辑关系隐化,加上直译为主的翻译策略,英译文也体现出因果连词使用不足、逻辑关系隐含的特征。

在 Coh-Metrix 的连词列表中,and 分别属于逻辑连词和附加连词。通过对翻译摘要的平行检索发现,与英译文相比,汉语原文中较少使用"和"等并列连词,在多项列举时,较多使用顿号、"及"以及"同时"等衔接手段或词语,如例⑨和例⑩。

⑨ 原文:在系统整理大地构造资料的基础上,研究莺歌海盆地隐蔽式走滑构造变形及其与沉积、超压、油气运移之间的关系。(PED)
译文:The subtle strike-slip tectonic deformation and its relationship to deposition, over-pressure and hydrocarbon migration were studied on the basis of systematic sorting of tectonic data.

⑩ 原文:靶向输送技术解决了三元复合驱近井地带化学剂的高损耗问题,同时弥补了三元复合驱成本高、应用受限的缺陷,具有广阔的应用前景。(PED)
译文:The target transport technique solves the problem of high loss of chemical agent in near-wellbore area during the ASP flooding, and compensates for the high cost of ASP flooding and the limitation of application, and has a broad application prospect.

在例⑨和例⑩中,译文补出了原文里隐含的连词 and,其作用是在句法结构上符合目的语语法规则,在语义上凸显小句之间的逻辑或附加关系。

在文学翻译中,显化趋势有较为明显的证据(黄国文和余娟,2015;许家金和徐秀玲,2016)。本研究讨论的石油期刊论文摘要英译文与汉语原文相比,连词被显化,但与英语原创摘要相比,连词的显化程度依然较低,并没有出现连词使用频率较高的情况。

结合汉语原文可以发现,产生以上特征的原因与原文语言特征和译者的翻译策略有关。由于原文中少用连词且译者多采用直译策略,因此英译文也具有连词使用较少的特征。相比而言,英语原创摘要则大量使用连词,以凸显句子内的连贯性。

四、结　语

本研究基于自建的"石油期刊英文翻译摘要-原创摘要可比语料库",应用文本分析工具 Coh-Metrix 和统计分析工具 SPSS 考察了英文翻译摘要和原创摘要的语篇衔接特征。

调查显示,翻译摘要倾向于使用词汇衔接而非语法衔接来构成语篇衔接。在词汇复现上,翻译摘要的实词重叠率较高、词汇丰富度较低;从语义相关度看,翻译摘要的段落间语义相似度较低,句子间语义相似度较高,因而句子内容比较集中、段落间衔接不够紧密;在连词使用上,一方面翻译摘要受原文影响较明显,原文逻辑关系隐含、连词使用不足,译文则少用因果连词、逻辑连词、转折连词、时序连词,另一方面受英语语法规范的制约,译文使用了较多的并列连词。本文只关注了 Coh-Metrix 3.0 与衔接直接相关的 3 个维度,其他维度与语篇衔接和连贯也有一定关联,以后可展开更全面的研究。

参考文献

HALLIDAY M A K, HASAN R, 1976. Cohesion in English[M]. London: Longman.

MCNAMARA D S, LOUWERSE M M, MCCARTHY P M, et al. , 2010. Coh-Metrix: Capturing linguistic features of cohesion[J]. Discourse Processes(4): 292-330.

MCNAMARA D S, GRAESSER A C, MCCARTHY P M, et al. , 2014. Automated evaluation of text and discourse with Coh-Metrix[M]. New York: Cambridge University Press.

桂诗春, 2003. 潜伏语义分析的理论及其应用 [J]. 现代外语(1): 76-84.

胡芳, 陈彧, 2005. 英汉学术期刊论文摘要衔接手段的对比研究 [J]. 武汉科技大学学报(社会科学版)(3): 83-86.

黄国文, 余娟, 2015. 功能语篇分析视角下的翻译显化研究 [J]. 外语与外语教学(3): 41-47.

江进林, 韩宝成, 2018. 基于 Coh-Metrix 的大学英文六级与托福、雅思阅读语篇难度研究 [J]. 中国外语(3): 86-95.

江进林, 2016. Coh-Metrix 工具在外语教学与研究中的应用 [J]. 中国外语(5): 58-65.

鞠玉梅, 2018. 基于语料库的《论语》英译文语篇连接词使用对比研究 [J]. 外国语文研究(1): 59-72.

唐咏雪, 夏伟蓉, 2009. 科技论文英文摘要中逻辑衔接的运用分析 [J]. 云南民族大学学报(哲学社会科学版)(6): 154-157.

肖忠华, 曹雁, 2014. 中外作者科技论文英文摘要多维度语步对比研究 [J]. 外语教学与研究(2): 260-272, 321.

徐筠, 杨寿康, 2004. EI 与 SCI 中资料性摘要的语篇分析 [J]. 上海翻译(1): 11-15.

许家金, 徐秀玲, 2016. 基于可比语料库的翻译英文衔接显化研究 [J]. 外语与外语教学(6): 94-102, 122, 150.

地理学学术英语语篇中的短语动词研究

——语料库研究方法

刘 燕

（中国石油大学（北京） 外国语学院,北京,102249）

摘 要

近年来,英语学术语篇呈现口语化倾向。为探究能源相关学科英语是否呈现相同的发展趋势,本研究基于地理学学术英语语料库(GeoDEAP),考察短语动词的出现频率和意义分布等。研究发现:① 地理学学术语篇中短语动词的应用以及物性结构为主,其整体使用频率在动词结构中的占比不高,但是若干短语动词(如 carry out)出现频率较高,与通用英语中的用法具有显著差异;② 若干短语动词在地理学学术语篇中应用的意义与通用英语中的常见意义大有不同,地理学学术语篇中短语动词的意义具有较强的学科属性。

关键词

学术英语；语料库；短语动词

一、引 言

短语动词(phrasal verbs,简称 PVs)一直是二语教学等应用语言学领域的研究重点(Garnier & Schmitt, 2014; Liu & Myers, 2018)。以往研究认为短语动词在口语中广泛使用,在正式的学术语篇(English for academic purposes,简称 EAP)中较少出现,但是学术语篇目前呈现口语化趋势,尤其提倡使用 we 等人称代词作主语。学界开始关注短语动词在学术语篇中的应用,如 Alangari 等(2019)研究了语言学学术语篇中短语动词与其他动词结构之间的差异。本研究以地理学学术语篇为例,探讨学术英语中短语动词的用法,主要考察短语动词的频率(类符、形符)、句法与意义等。

基金项目：本文系中国石油大学（北京）科研基金项目"基于语料库的汉语人体隐喻语言特征研究"（项目编号：ZX20170255）、中国石油大学（北京）科研基金项目"能源学术英语语料库的创建与应用研究"（项目编号：ZX20200087）的阶段性成果。

二、短语动词界定及研究现状

短语动词由动词加小品词组合而成,在英语中属于多词单位,与单动词、自由组合的短语无论是意义上还是用法上均有很大的不同。下面我们简要回顾短语动词的不同界定以及研究现状。

1. 短语动词的界定

短语动词常常被理解为由实义动词加上(连续的或者非连续的)小品词构成(Quirk et al., 1985)[1150],但其具体的界定标准在不同研究中有所不同。

对于短语动词的界定方法主要包括以下两种:

第一,许多学者(Quirk et al., 1985;Gardner & Davies, 2007;Liu, 2011;Garnier & Schmitt, 2014)仅仅根据句法特征界定短语动词。例如,Quirk 等(1985)把短语动词归于“动词及其补语”的结构,也就是说,把短语动词中的小品词看作是使动词语义完整的补语;将短语动词看作是多词动词的一种,认为短语动词主要包括“动词 + 副词”(如 get by、give in)和“动词 + 直接宾语 + 副词”(如 bring them up)两种类型。与 Quirk 等学者的观点相反,Alangari 等(2019)将短语动词等同于多词动词,把短语动词看作是实义动词加副词或介词小品词的结构,其句法结构见表 1。

表 1　多词动词的句法结构

短语动词的结构	例　句
Phrasal Type 1 SV (_VP AdvPart)	The two girls have fallen out.
Phrasal Type 2 SVOd (_VP AdvPart NP)	Sam picked up the pen. /Sam picked the pen up.
Phrasal Prepositional Type 1 SVOp (_VP AdvPart PP)	I look forward to your party.
Phrasal Prepositional Type 2 SVOdOp (_VP NP AdvPart PP)	They put it down to chance.
Phrasal Prepositional Type 3 SVOiOp (_VP NP AdvPart PP)	They let me in on the deal.

第二,Biber 等(1999)[404] 将语义标准引入定义中,认为下列语义标准可以把短语动词与其他多词单位、自由组合区别开来:习语性(即短语的整体意义大于部分意义之和),能否被一个动词替换,wh-问句,小品词是否可以移动位置等。习语性可以把不及物短语动词与自由组合区分开,小品词位置的移动性可以把及物短语动词与动词的介词形式区别开来。

2. 短语动词的研究现状

本研究主要从短语动词在通用英语中的应用情况和短语动词在学术语篇中的使用规律两个角度综述短语动词的研究现状。

(1)短语动词在通用英语中的应用情况。

近 20 年,随着语料库研究方法的兴起,短语动词的研究重点是基于语料库的方法观察其在各个语域中的频率以及最常用的意义(Biber et al., 1999;Garnier & Schmitt, 2014;Gardner & Davies, 2007;Liu, 2011)。例如,Gardner 和 Davies（2007)研究了英语国家语料库（BNC），通过比较短语动词的频率，构建了包含 100 个短语动词的词表。Liu（2011）在 Gardner 和 Davies 研究的基础上增加了英式英语与美式英语中的 50 个短语动词，构建了包含 150 个短语动词的词表。Liu 研究发现短语动词主要出现在小说、口语等语域中，且短语动词在英式英语与美式英语中的用法基本一致。Garnier 和 Schmitt（2014）在 Liu 创建的词表中增加了词语的主要意义，最终创建了 PHaVE 词表（the phrasal verb list）。本研究将应用 PHaVE 词表作为参照，挖掘地理学学术语篇中短语动词的特点。需特别指出的是，Garnier 和 Schmitt（2014）与 Liu 和 Myers（2018）等的研究重点是连续的短语动词，即实义动词与副词构成的两词短语动词，并没有包含 Alangari 等（2019）所研究的介词动词结构（phrasal prepositional types）。

（2）短语动词在学术语篇中的使用规律。

研究发现，学术语篇中短语动词的用法与通用英语中的用法不同。Hundt 和 Mair（1999）关注 20 世纪 60 年代至 90 年代美式英语与英式英语中"动词 + up 小品词"的结构，发现该结构在新闻语篇中使用频率增加了，但在学术语篇中呈现下降的趋势，这说明 20 世纪 60 至 90 年代学术语篇的文风趋向保守。不过 Hundt 和 Mair 的研究语料相对陈旧，得出的发现并不能代表近期学术语篇的语言特点，而且学术语篇的文风即便趋向保守，也仍然会出现一些变化。Biber 等（1999）曾研究不同语域中短语动词的用法，发现不同短语动词在各个语域中的分布不同，其中及物短语动词均匀分布在各个语体中，如 put on、make up、find out 等在口语或者书面说明文体中均有出现；有些短语动词在学术文体中出现频率比在口语文体中高，如 carry out、take up、take on、set up、point out 等。同样，Liu（2011）研究发现通用语料库中最常用的 150 个短语动词在学术语篇中均有出现，而且有些短语动词在学术语篇中的频率尤其高，如 point out、carry out、go on、take on、make up、set up 等。与前人考察通用英语不同，Alangari 等（2019）系统考察了语言学学术语篇中短语动词的使用规律，研究发现在 100 个最常用的动词结构中，有 86 个出现在了及物结构中，而且在语言学学术语篇中短语动词的用法占所观察动词用法的四分之一，这说明在语言学学术语篇中短语动词应用较为广泛。需特别指出的是，与 Garnier 和 Schmitt（2014）以及 Liu 和 Myers（2018）等的研究不同，Alangari 等（2019）研究了 5 种短语动词类型（表 1），既包含了常见的短语动词结构，又包含了介词短语结构。

3. 研究问题

地理学是与能源相关的学科，主要研究地理要素或者地理综合体空间的分布规律等，是自然科学与人文科学的交叉，具有综合性、交叉性和区域性的特点。少有研究关注地理学学术语篇中短语动词的用法。本研究借用语料库语言学研究方法，挖掘地理学学术语篇中动词使用规律，以观察其是否与通用英语中动词的使用规律不同。

本研究主要回答以下问题：① 在地理学学术语篇中，最常用的短语动词是什么？② 在地理学学术语篇中，常用的短语动词表达的意义是什么？与通用英语中表达的含义有何差异？

三、研究方法

1. 分析框架

本研究拟从以下两个框架展开对短语动词的识别与分析：① 语料库语言学对搭配的界定；② Quirk 等(1985)关于小句结构的分析。从语料库语言学视角来看，短语动词是语法上的一种搭配，由开放词类动词加小品词组成，其使用频率高于期望数。本研究采用的短语动词小句结构引用自 Quirk 等(1985)，采纳的小句结构主要是表 1 中的前两类短语。此外，本文借鉴语料库语言学中的概念以研究短语动词的意义与功能。

2. 语料来源

本研究选取了中国外语教育研究中心语料库语言学团队主持创建的学术英语语料库项目(Database of English for Academic Purposes, DEAP)的子库地理学学术英语语料库(GeoDEAP)。该语料库由燕山大学刘磊老师创建，收集了地理学学术期刊的论文，共计 793 篇，总库容为 600 万词次。该语料库收录的刊物既包括 SCI（科学引文索引）刊物，也包括 SSCI（社会科学引文索引）刊物，涉及地理学一级学科下的 6 项子学科，分别是：地图学和地理信息科学(cartography and geographic information science)、环境与灾害地理学(environmental and hazard geography)、地球科学与遥感(geoscience and remot)、人文地理(human geography)、自然地理学(physical geography)、城市与区域地理学(urban and regional geography)。

3. 分析流程

本研究的流程主要包括以下三个方面：

（1）短语动词的提取。GeoDEAP 语料库可以在北京外国语大学语料库语言学 CQPweb 网站上进行检索，短语动词的提取过程在该网站上完成。由于 GeoDEAP 语料库中运用 CLAWS7 进行了词性标注，因此我们编写正则表达式"_VV* _RP"对语料库进行检索。检索得到了 5 979 个连续的二词短语动词，分布在 740 个语篇中，占所有语篇(793 篇)的 93%。

（2）搭配值的计算。在 CQPweb 网站上，基于统计算法 log-likelihood，我们计算得出与短语动词存在高搭配强度的词，然后通过观察搭配词，判断短语动词的使用行为。

（3）与通用英语中短语动词的比较。短语动词的句法语义判断参阅了在线剑桥词典(http://dictionary.cambridge.org)以及牛津英语词典(http://www.oed.com)。对于检索得到的短语动词，与 Garnier 和 Schmitt（2014）创建的 PHaVE 词表进行比较，以期发现地理学术语篇中短语动词与通用英语中用法的差异。

四、研究结果与讨论

1. 地理学学术语篇中短语动词的分布

通过检索，发现在 GeoDEAP 语料库中，短语动词共出现 5 979 次，其中排序前 10 位的短语动词共出现 1 831 次（表 2），占所有短语动词的 31%。这说明前 10 位的短语动词可以在一定程度上反映出地理学学术英语语料库中短语动词的全貌。此外，在 GeoDEAP 语料库中实义动词共出现了 477 036 次，全部短语动词的用法占动词所有结构的 1.25%，这说明短语动词占动词结构的比例不高，其应用在学术语篇中仍然受限。但是，观察单个短语动词时发现，一些短语动词的出现频率高于普通动词。例如，形符 carried out 的频次为 621，在语料库总词表中位于第 1 185 位，比形符 fixed（频次是 619）出现的频率高，说明短语动词 carried out 是地理学学术语篇中的高频词语，对其展开语言学描述具有较大的研究价值。

表 2   地理学学术英语语料库（GeoDEAP）短语动词结构

排 序	短语动词	频 次	语义域	在 PHaVE 中的排序
1	carry out	732	activity transitive	36
2	point out	253	communication	9
3	make up	198	activity transitive	17
4	set up	142	activity transitive	11
5	open up	118	activity intransitive	48
6	take on	89	activity transitive	15
7	go on	83	aspectual (in)transitive	1
8	set out	72	activity intransitive	64
9	bring about	72	causative	107
10	turn out	72	copular	12

首先，考察排序前 10 位的短语动词结构发现，地理学学术语篇中短语动词结构以及物性结构为主，见表 2。排序前 10 位的短语中，除 turn out、open up、set out、go on 表达"进行"意义以外，其他用法均为及物性结构。该发现与 Biber 等（1999）的结果基本一致。Biber 等（1999）发现，不及物短语动词常用来传达命令，在口语、小说语体中出现频率较高，在学术语体中出现的频率较低。

其次，从语义域的角度观察，排序前 10 位的短语动词中约 60% 的结构属于活动域，这与地理学的学科属性有关。地理学属于交叉学科，一部分为工程学科，一部分（如人文地理等）为人文学科。工程学科涉及较多的实验、测试等环节，论文写作过程中必然会用到描述事件动作的词语，如 carry out、make up、set up 等。

最后，表 2 中地理学学术语篇中的动词在通用英语词表 PHaVE 中同样会出现（Garnier & Schmitt，2014），但是上述短语在 PHaVE 词表中的排序相对要靠后一些，如 carry out 位于第 36 位，open up 位于第 48 位，set out 位于第 64 位，bring about 位于第 107 位。这几个词语在 Biber 等（1999）统计的词表（每百万词出现 40 次以上的短语）中并未出现。

通过上述比较我们发现，相较于通用英语、语言学学术语篇，carry out、open up、set out、bring about 在地理学学术语篇中的应用更加广泛一些，它们是地理学学术语篇中典型的短语动词。鉴于这些词语在地理学学术语篇中普遍存在、认可度较高，可以作为学术英语教学中的重点词汇来讲解。

2. 地理学学术语篇中短语动词的意义解析

为进一步解析地理学学术语篇中短语动词表达的意义与通用英语中表达的含义的差异，本研究选取了地理学学术语篇中与通用英语用法差异比较大的词语进行比较。选取的两个词语分别是 carry out 与 go on。其中，carry out 是地理学学术语篇中出现频率最高的短语，go on 是通用英语 PHaVE 词表中出现频率最高的词语。

1）carry out

在地理学学术语篇中，carry out 是使用频率最高的短语动词，共出现了 735 次，分布在 7 个学科的 302 篇文本中，每百万词出现了 115.86 次。在 SCI 期刊中共出现了 581 次，在 SSCI 期刊中共出现了 154 次。

carry out 在 PHaVE 词表中共有两层含义，其具体释义与例句（Garnier & Schmitt，2014）如下所示：

（1）Perform or complete (task，activity，study，experiment，attack，duties，etc.) (63.5%)，e.g. the experiment was carried out by a well-known academic.

（2）Put into execution；implement (plan，idea，wishes，orders，views，etc.) (34%)，e.g. economic reform will soon be carried out.

在 GeoDEAP 语料库中，我们对 carry out 所有检索行进行随机抽样，抽取 100 条检索行。通过逐条分析每个 carry out 的意义，发现第一层意义出现的频率为 97%，第二层意义出现的频率仅为 3%，这说明地理学学术语篇中常常使用与本学科关联度较高的语义。

通过计算搭配强度，carry out 的强搭配词语见表 3。

表 3　GeoDEAP 语料库中 carry out 的强搭配词语

排　序	词　语	搭配强度
1	was	375.91
2	were	313.82
3	using	176.79
4	experiments	156.42
5	been	146.70
6	by	146.39
7	analysis	132.77
8	tests	125.66
9	surveys	95.35
10	studies	72.74

从表 3 可以看出，carry out 常常以被动形式与 was、were、by、using 等词语一起搭配出现（如 be carried out by the author、carried out using only one pattern）。carry out 属于活动语义域，它与事件语义域下的词语一起搭配使用，如 experiments、analysis、tests、survey 等，这些词语既可以作为 carry out 的主语（如 The experiments/analysis/tests/survey were carried out.），也可

以作为宾语出现（如 to carry out the experiments/tests）。通过观察 carry out 检索行（图 1），可以总结出其类联接结构为"N + BE + carried out + by/using"或"to + carry out + N"。

specular reflection and shadow errors . To	carry out	the test , the camera images were
The subsequent section describes the experiments	carried out	to compare ANCC+LSM and the centroid search
near the center . Additionally , to	carry out	the forecasting experiment , the spatial variables
the main focus of the fortification work	carried out	by military engineers during the seventeenth and

图 1　GeoDEAP 语料库中 carry out 检索行示例

2）go on

go on 是地理学学术语篇中与通用英语用法差异比较大的词语，是语言学学术语篇中使用频次最高的不及物短语动词（Alangari et al.，2019），也是 PHaVE 词表中出现频次最高的短语动词（Garnier & Schmitt，2014）。但是，在地理学学术语篇中，go on 出现的频次相对较低，仅为 83，排在第 7 位，每百万词中出现 13 次，其中 87% 的用法出现在 SSCI 期刊中。这说明 go on 在通用英语中广泛使用，在语言学学术语篇中也经常出现，但在地理学学术语篇中主要出现在人文地理学科中，在地理工程学科中出现的频次并不高。

根据 PHaVE 词表，go on 主要有两层含义（Garnier & Schmitt，2014）：

（1）［发生］Happen, take place (64.5%).

（2）［继续］Proceed to do or tackle something after doing something else (13%).

go on 在 GeoDEAP 语料库中的意义分布见表 4。go on 表达"发生"意义时，共出现 28 次，26 次出现在 SSCI 期刊中，2 次出现在 SCI 期刊中；最常搭配的词语是 what，如 mental models of what had possibly been going on，其搭配词的语义特征主要是［− 有灵］，涉及的语义域主要为事件，用于讨论实验、模型等事件的进行状态（图 2）。go on 表达"继续"意义时同样主要出现在人文地理学科中，较少出现在地理学 SCI 期刊中；其主语大多为人和物（如 he、she、the paper、Reclus 等），它们的语义特征主要是［+ 有灵］，用于描述学者当下进行的行为活动；其最常搭配的词语是 to（图 3），如 He goes on to give examples of the way…。

表 4　go on 在 GeoDEAP 语料库中的意义分布

意　义	用　法	频　次	占　比
发　生	going on　gone on	28	33.7%
继　续	going on　goes on　go on　gone on　went on	55	66.3%

the LGM , glacio-isostatic rebound is still	going on	— at a reduced rate of up
mental models of what had possibly been	going on	. The second , more general and
model but about what else might be	going on	when the problem domain of a discipline

图 2　GeoDEAP 语料库中 go on 表达"发生"意义时的检索行

politics are thus important here . Wedel	goes on	to describe how flex organizations are particularly
making resembles an ordered choice model and	goes on	to articulate a series of steps that
transformations of land use . " She	goes on	to claim that it is not"

图 3　GeoDEAP 语料库中 go on 表达"继续"意义时的检索行

在通用英语中，go on 出现频率最高的意义是第一项含义"发生"，所出现频率是表达"继续"意义的 5 倍（Garnier & Schmitt，2014）。在语言学学术语篇中，两种意义出现频率大致相当（Alangari et al.，2019）。但是，在地理学学术语篇中，第二项含义出现的频率是第一项含义的 2 倍（表 4），这与通用英语、语言学学术语篇存在较大差异，反映出 go on 在不同语体、不同学科中的分布不同。追根究底，可能有以下两个原因：① go on 的第一项含义（"发生"）在地理学学术语篇中接受度不高，导致其频率低于第二项含义；② 地理学学术语篇需要描述不同学者的行为活动，所以 go on 第二项含义（"继续"）应用频率较高。这说明，在地理学学术语篇中，与地理学学科关联度较高的语义应用更为广泛。

五、结论与启示

本研究系统考察了地理学高质量期刊中短语动词的基本使用行为。地理学学术语篇中短语动词的应用以及物性结构为主，使用频率在动词结构中的占比不高，但是若干短语动词（如 carry out）出现频率较高，是地理学学术语篇中的常用词汇。这说明短语动词在地理学学术语篇中认可度受限，但是一些高频短语动词已突破藩篱，被学界认可。这些词语应当在学术英语实践教学中作为重点词汇来讲授。此外，研究发现，短语动词在地理学学术语篇中出现频率较高的意义与通用英语中的意义不同，地理学学术语篇中常常使用与本学科关联度较高的语义。

英语短语动词由于具备结构上的不可拆分性以及意义上的不透明性，一直是二语学习中的难点。基于语料的发现可以给学生或学术新手以启示，增强他们的体裁修辞意识和语用能力。因此，本研究发现的地理学学术语篇中典型词语及其意义与搭配可以为能源学术英语教学提供参考。

参考文献

ALANGARI M, JAWORSKA S, LAWS J, 2019. Who's afraid of phrasal verbs? The use of phrasal verbs in expert academic writing in the discipline of linguistics [J]. Journal of English for Academic Purposes, 43: 1475-1585.

BIBER D, JOHANSSON S, LEECH G, et al. , 1999. Longman grammar of spoken and written English [M]. London: Longman.

GARDNER D, DAVIES M, 2007. Pointing out frequent phrasal verbs: A corpus-based analysis [J]. TESOL Quarterly, 41: 339-359.

GARNIER M, SCHMITT N, 2014. The PHaVE list: A pedagogical list of phrasal verbs and their most frequent meaning senses [J]. Language Teaching Research, 19: 645-666.

HUNDT M, MAIR C, 1999. "Agile" and "Uptight" genres: The corpus-based approach to language change in progress [J]. International Journal of Corpus Linguistics, 4(2): 221-242.

LIU D, 2011, The most frequently used English phrasal verbs in American and British English: A multicorpus examination [J]. TESOL Quarterly, 45: 661-688.

LIU D, MYERS D, 2018. The most-common phrasal verbs with their key meanings for spoken and academic written English: A corpus analysis [J]. Language Teaching Research, 24(3): 403-424.

QUIRK R, GREENBAUM S, LEECH G, 1985. A comprehensive grammar of the English language [M]. London: Longman.

能源语言服务人才培养

能源学术英语混合式教学探索

陈 芳

(中国石油大学(北京) 外国语学院,北京,102249)

摘 要

学术英语教学是大学英语改革的大势所趋,混合式教学是教育信息化 2.0 背景下广泛提倡的教学方式。能源类高校如何将能源学术英语与混合式教学结合起来,是一个有着重要意义的课题。目前学术英语教学的研究与探索层出不穷,但通用学术英语过于宽泛,与学生专业结合不紧密,专门学术英语又局限性太大。混合式教学研究大部分所用的网络平台或工具有限,教学模式不够立体化。本文描述了中国石油大学(北京)公共英语教学部对能源学术英语的混合式教学长达三年探索的结果,构建了一个行之有效、可供借鉴的教学模式。该教学模式在通用学术英语与专门学术英语之间采取了中间状态,综合了多种智慧教学工具和手段,融合了多种先进的教学方法,为大学英语改革做出了有益的尝试。

关键词

学术英语;混合式教学;能源

一、研究背景

学术英语教学是当今国内大学英语教学的主流趋势,而混合式教学在教育界的应用也是方兴未艾,两者的结合能为大学英语教学改革指明方向。

1. 学术英语教学与能源的关系

我国在经济、政治、科技、文化等方面的巨大发展对大学生英语水平的要求日渐提高,需要他们能够用英语从事专业学习、学术交流、科学研究等更为高阶的活动。因此,众多学者积极推动大学英语转型,主张实施学术英语教学,培养具有学术能力的国际化人才。经过几年

基金项目:本文系中国石油大学(北京)校级本科教育教学改革项目"基础学术英语课程体系建设"的研究成果。

的探索,学术英语的概念在国内高校中获得了广泛认可,但新的问题也随之出现。通用学术英语对于学生专业英语的促进并不直接,而专门学术英语的发展目前只局限于少数专业。在各个专业大类中,能源不但是生产发展的动力、人类文明的引擎,还与科技发展、环境保护、国家安全、国际政治、可持续发展、扶贫等问题息息相关,能源开发也是"一带一路"倡议的重要组成部分。培养高层次国际化能源技术人才对国家发展有着重要意义,亟待进行适用于能源类专业的学术英语教学探索,这对于发展学术英语教学理论与改善大学英语教学实践都有积极的意义。

2. 混合式教学

现今网络技术的普及不言而喻,并深入到了教育领域,初始阶段表现为分散式、无组织的个体移动学习,而后逐步集中化、组织化并汇集到课堂教学当中,将传统教学变革为"线下 + 线上"的混合式教学。混合式教学已是大势所趋,但目前对混合式教学方式方法的探索不够系统性,也缺少学术英语教学中混合式教学方法应用的研究,更缺少教育教学理论的指导。混合式教学与学术英语课堂如何结合,怎样使网络教学资源更好地服务于课堂教学,给师生双方带来更多便利和辅助并最终提高教学效果,怎样使课堂教学通过在线工具更好地满足学生的学习需求,都是有待探索的重要课题。

二、国内外研究现状

至今为止,国内外不乏关于学术英语教学和混合式教学的研究,但共同的不足都是理论基础不够厚实,对相关实践的系统性研究不够丰富。

1. 学术英语教学研究

学术英语(EAP)是指帮助学生用英语从事学习和研究的语言教学,分为通用学术英语(EGAP)与专门学术英语(ESAP)(Jordan,1997;蔡基刚和廖雷朝,2010)。EGAP 侧重各学科英语中的共性内容,而 ESAP 是以某一学科领域为内容的英语教学。学术英语的概念与理论来自国外并且早已提出(Hyland & Hamp-Lyons,2002;Jordan,1997),21 世纪引入国内,并由蔡基刚教授于 2010 年正式倡导应用于大学英语教学领域。国外的学术英语教学研究除了提出相关理论框架和概念以外,主要注重教学方法、学术文本分析、课程设置、教师发展等,国内研究则注重教学改革、文本分析、教学方法、课程设置等(蔡基刚,2014;夏纪梅,2014)。除此以外,国内外的研究还涉及需求分析、教材发展与评估测试(束定芳等,2014)。国外的学术英语教学研究大多不能直接应用于国内,而国内研究主要阐述了课程总体建设的可行性和取得的成效,但对课程建设的具体过程以及各环节存在的微观问题探讨不足。此外,在学术英语教学兴起的前几年,国内学者注重讨论学术英语在大学英语教学中的定位,分为了以蔡基刚为代表的"替代派"与以文秋芳、王守仁为代表的"互补派"两个派别。

总体而言,学术英语教学的相关研究理论较为宽泛,还未有公认的、系统详细的理论模型。目前研究重点已从思辨层面和概念层面关注宏观问题的探讨,逐步转向对教学实践的研究,但是具有实际指导意义的研究成果仍然比较有限,对微观实践性问题的研究不足。在课程设置、教学方法、教材发展、教学评估和教师发展方面的研究均落后于国外,而且大部分研究限于通用学术英语,而国内很多高校是在特定学科背景基础上建立的综合性大学,不论是通用学术英语还是专门学术英语都不能很好地满足一所高校大部分学生专业背景相关但又文理工综合的现实情况。

2. 混合式教学研究

混合式教学指的是"线下 + 线上"的将传统授课方式与网络教学方式相结合的教学模式(余胜泉等,2005)。混合式教学的概念自 20 世纪 90 年代末被提出之后(霍恩,2015),随着网络技术的发展,影响日益增大,其实践与理论也渐趋成熟。目前国外研究集中于它的理论分析框架,包括教师能力与态度、学生态度、教学模式、教学策略、机构支持、评价方法与实施效果等方面,但大多数研究未与具体学科相结合(冯晓英等,2018)。国内的相关研究多是对混合式教学实践的经验报告,各研究之间的区别除了学科之外,主要体现在所使用的在线教学工具之上,常见的平台或工具有慕课、微课、微信、雨课堂、某些高校自行开发的或者与教材配套的网络教学平台等(苏小红等,2015;杨芳等,2017)。

具体到英语混合式教学,目前使用的也无外乎以上工具。这些工具虽然对课堂教学有一定的辅助作用,但总体而言,或交互性不强(如慕课、微课),或与课堂结合不紧密(如慕课、微课、微信),或功能不够全面(如慕课、微课、雨课堂),或适用范围局限性大(如特定范围的网络平台)。而且很多教学研究只应用于特定教学环节中,如项目报告、学术写作,而不是英语教学的全过程。如何建立更立体化、与课堂教学更为适应、应用范围更广的学术英语混合式教学体系,成为已有研究的一个空白点。

三、能源学术英语混合式教学

中国石油大学(北京)多年来在大学英语课程中实行学术英语教学,但 2017 年之前采用的都是通用学术英语的教学模式和校外专家编撰的学术英语教材,与本校的专业背景没有结合,与本科高年级的专业英语课程缺乏衔接,对学校培养石油相关专业国际化人才的目标缺乏直接的促进作用。从 2017 年开始,公共英语教学部开始探索能源学术英语的教学模式,并引入混合式教学的方法,主要举措有开发《能源学术英语综合教程》纸质教材、慕课体系和电子云教材,使用以云班课为主的智慧教学工具将传统教学模式改造为混合式教学。

《能源学术英语综合教程》共两册,用于本科一年级学生。教材首次提出了能源人文的概念,借助与能源相关的热点话题,审视人类文明和国际国内社会生活,培养大学生的国际视野和家国情怀。两册各六个单元,每单元围绕一个能源话题展开,包括能源与日常生活、能源与技术、能源与伦理、能源与可持续发展、能源与地缘政治、能源与文明、能源与环境等。每单元分为五大板块——视听说、泛读、精读、学术写作和单元项目,全方位地培养学生的学术语言能力。该教材目前已在外语教学与研究出版社出版。

慕课内容与纸质教材相配套,与面授构成互补关系,为学生提供单元导学、重难点讲解、知识补充和主题深化等内容。

云班课是一款 SPOC（小规模限制性在线课程）教学软件，与同类软件相比互动功能尤为强大，适合外语等注重课堂互动的学科教学，可发布资源、管理课堂、布置练习、组织教学活动等，是能源学术英语混合式教学模式中的主要工具。

云教材是教育信息化 2.0 背景下的新型网络电子教材，在移动电子设备上使用，可以实现人机交互、社交学习、自我测评、富媒体集成、网络资源扩展、电子笔记、学习行为跟踪、大数据分析等功能。与纸质教材相配套的《能源学术英语》云教材包括了纸质教材的主要内容，并补充了更多资源与交互练习，用于课前预习作业、课后练习、自主学习和在线讨论。

目前能源学术英语混合式教学模式已经探索了三年，初步成型并取得了良好的效果。教学内容在能源这个学科大类的框架下不过度涉猎艰深的专业知识，而是按照能源人文的理念综合了文、社、理、工各专业学生需要了解也有能力学习的能源知识与相关语言知识。该模式融合了翻转课堂、研讨式教学、产出导向法（文秋芳，2015）、项目型教学等多种教学方法。下文将以一个单元为单位具体说明教学流程。

四、教学流程

以《能源学术英语综合教程》为基础，一个典型教学单元的混合式教学流程包括单元导入、视听说、泛读、精读、写作、单元项目几个阶段。

1. 单元导入（所用电子资源：慕课）

课前学生观看慕课的 Unit Orientation（单元导入）视频，了解单元主题和主要内容。

课上教师对学生的理解情况进行抽查询问或随堂小测，发起适当讨论，发布单元学习目标，该目标在单元结束时将由学生进行自评。

2. 视听说（所用电子资源：云教材、云班课）

本课程的视听说部分当中，视听材料是与单元主题相关的能源方面的科普或报道；口语材料也与单元主题相关，形式接近四六级口语考试题，由段落朗读、问答和个人主题陈述几部分组成。

1）视 听

课前学生通过云教材观看与单元主题相关的视听材料并在云教材上完成交互练习，进行听力理解自测，练习情况的数据将通过云教材平台传送给教师。

课上教师根据云教材传送的数据对学生的预习进行点评，收集学生反馈、了解学生的疑难点，对视听材料中的重点进行讲解，指导学术听力技巧，也可以补充更多或进一步的视听练习，引导学生就视听材料内容进行讨论。

2）口 语

课前教师在云班课上发布口语的第一个任务即朗读。学生自行完成，在云班课中录音上传提交。

课上教师对学生的录音进行点评，指出突出问题，教授口语技巧，播放示范录音让学生跟读。然后，引导学生完成后两个任务即对朗读段落的问答和个人主题陈述，通过云班课给学生的课堂口语表现打分。

课后教师将示范录音上传至云班课供学生收听下载，学生根据课上所学的口语技巧和示范录音，重新朗读并在云班课中录音上传提交，教师进行批改。这一步的目的是让学生将新学习的口语技巧应用到实践中，力求获得口语上的进步。

3. 泛读（所用电子资源：云教材、慕课、云班课）

泛读课文是一篇与单元主题相关、篇幅较短或难度较小的学术性文章。此处所谓的学术性文章指的是有关能源的较正式文体，如科普性说明文、分析文、议论文或能源报告。

课前学生自学云教材上的课文并完成云教材中的交互练习，自行检测阅读理解，练习数据通过云教材平台传送给教师。随后学生观看慕课视频中的课文重难点讲解，之后在云班课的课文讨论任务中对课文词句、主题、重难点等提出疑问并相互解答，教师全程在线跟踪讨论情况，以点赞方式给参与讨论的学生加分（云班课中称为经验值），并适时给学生以点拨和纠正。

课上教师首先带领学生分析课文的整体结构，从宏观上把握课文；然后根据学生课前的云教材交互练习完成情况和云班课中的讨论情况对疑难点进行反馈讲解，指导相关的学术阅读技巧；最后就课文主题引导学生进行课堂讨论，使学生更深层次地理解课文。

课后学生完成云教材和云班课上的语言练习任务，巩固课文中学到的语言知识。练习结果数据会通过云教材和云班课平台传送给教师，教师在下一次课上可以根据具体情况安排适度讲解释疑。

4. 精读（所用电子资源：云教材、慕课、云班课）

与泛读课文相比，精读课文难度更大或篇幅更长，教学流程与泛读相似，但对课文的分析会更加深入。课前教学流程与泛读相似，课中、课后流程与泛读的区别如下：

（1）课上除了分析课文整体结构和对云教材、云班课练习进行反馈以外，还会对课文的细节进行更深入的讨论，包括作者观点、能源知识、逻辑呈现、语言风格、相关背景常识等。

（2）课后的云教材与云班课语言练习量更大，从词汇含义、近义词、派生词、常用搭配、词组、句法、翻译等各个角度对语言点进行操练，此外还增加了讲解构词法、扩展相关词汇和讲解好句难句的慕课视频及练习要求学生完成。

5. 写作（所用电子资源：慕课、云班课）

本课程的学术写作非常体系化，每一单元的写作部分分为微观技能和宏观技能两部分，前者是关于学术文体的词句写作，后者是关于段落和文章结构的写作，从各个层次传授给学生学术风格的写作技巧。

课前学生依旧是观看慕课视频，其中对微观技能和宏观技能都有生动的讲解。随后学生在云班课中完成相关练习,练习结果教师可随时查阅。

课上教师通过提问重难点检测学生的预习情况,并对练习中错误率较高的题目进行重点讲解,可视情况补充更多写作练习。

课后学生运用学到的学术写作技巧撰写段落或文章,提交到云班课,教师在线批改并在后续课堂中进行讲评。

6. 单元项目(所用电子资源:云班课)

单元项目的目的是让学生运用本单元学到的能源方面的知识与相关语汇,完成一个与单元主题有关的模拟现实的项目。学生需要以小组为单位,根据教师下发的项目任务和要求,合作完成项目的准备、PPT 制作和汇报。项目形式可能是一项调查、一项能源提案、一次模拟采访、一场辩论等。这是一个学以致用的过程,也是产出导向教学法的体现。

单元项目的准备需要提前两周甚至更长时间,教师布置项目的题目和内容,学生组成小组进行准备,制作 PPT 并提交至云班课平台,教师在线对 PPT 提出修改意见,学生修改后再次提交。这个修改过程会循环多次,次数根据 PPT 质量而异,通常质量较好的小组需提交三稿,质量不佳的需提交五六稿甚至更多。

在一个单元的内容学习完成之后,需要进行项目汇报。完成项目的小组集体在课堂上播放 PPT 进行口语汇报,其他学生和教师在云班课中给汇报小组评分。云班课中的互评功能可以设定细致的评分标准和各项标准的分数比例,还可发表文字评论。对于文字评论言之有物的,教师将点赞加分,以此鼓励做听众的学生认真听取汇报和调动学生间的互动。小组内成员还可以进行组内互评,评价彼此在项目中的参与度与贡献,以此避免组内劳动不平衡的问题。学生评价、教师评价、组内互评三种评价方式的结合可最大限度地对学生的真实表现给予公正的评价。

7. 学习目标自评(所用电子资源:云班课、云教材)

在每单元开头都会发布学习目标,在单元学习结束时,学生需要对这些目标的完成情况进行自评。云教材和云班课都会以问卷或自我测评的方式供学生自评,云班课上的自评数据会反馈给教师,教师可以根据结果对教学进行调整或补充。

五、结　语

智慧教学工具的运用改造了传统课堂,更大限度地利用了学习时间、提高了教学效率,此外还给师生提供了更多的教学反馈信息。除了上文提到的单项学习任务的数据外,云班课、云教材还会提供全班和每个学生的整体学情大数据,包括各项活动的参与人数趋势、各类学习任务的参与和完成数据、单个学生所获经验值的分配情况、每个学生与班级的平均数据、优秀生数据的对比,云班课还会根据学生的数据随时提醒学生重视哪些学习任务。到了期末,这些学情数据可以转化为学习评价数据也就是学生的平时成绩,比传统的平时成绩计算方式要细致、公正、系统、透明得多。

这一教学模式还在信息化教学工具的帮助下融合了多种教学方法。学生通过在线学习平台课前自学和预习，课上教师根据在线平台提供的预习数据对学生提供精准反馈并引导学生讨论，这是翻转课堂的流程。教师鼓励学生将预习和学习过程中出现的疑问在云班课讨论区中提出，并且用点赞加经验值的方式调动学生相互解答，形成了研讨式学习的氛围。在每单元开头明确给出学习目标，包括单元项目的主题，之后学生的学习都以完成单元项目为目的进行，最后以单元项目作为学习结果的应用与产出，这是遵循了产出导向法的思路。而单元项目本身需要学生小组合作，从现实问题出发，经过较为复杂的程序以系统性的方式呈现，这也是项目型教学的体现。

能源学术英语的混合式教学模式不是一次性成型的，而是经过三年的不断探索慢慢摸索出来的，获得了学生的广泛好评，顺应了教育发展的趋势，在增加学生的学习投入、激发学习兴趣、提高学术英语能力、增长能源基础知识和社会人文知识等方面都有显著的效果。虽然不尽完美，需要进一步完善和探索，但对能源类高校的大学英语教学有着颇具价值的借鉴作用。

HYLAND K，HAMP-LYONS L, 2002. EAP: Issues and directions [J]. Journal of English for Academic Purposes (1): 1-12.

JORDAN R, 1997. English for academic purposes: A guide and resource book for teachers [M]. Cambridge: Cambridge University Press.

蔡基刚，2014. 从通用英语到学术英语——回归大学英语教学本位 [J]. 外语与外语教学（1）：9-14.

蔡基刚，廖雷朝，2010. 学术英语还是专业英语——我国大学 ESP 教学重新定位思考 [J]. 外语教学（6）：47-50，73.

冯晓英，王瑞雪，吴怡君，2018. 国内外混合式教学研究现状述评——基于混合式教学的分析框架 [J]. 远程教育杂志（3）：13-24.

霍恩，2015. 混合式学习 [M]. 北京：机械工业出版社.

束定芳，安琳，朱彦，2014. 近年来海外学术英语导向类教材的特点与发展趋势 [J]. 外语教学理论与实践（4）：9-18.

苏小红，赵玲玲，叶麟，2015. 基于 MOOC+SPOC 的混合式教学的探索与实践 [J]. 中国大学教学（7）：62-67.

文秋芳，2015. 构建"产出导向法"理论体系 [J]. 外语教学与研究（4）：69-80，162.

夏纪梅，2014. 论高校大学学术英语课程的建构 [J]. 外语教学理论与实践（1）：6-9，92.

杨芳，魏兴，张文霞，2017. 大学英语混合式教学模式探析 [J]. 外语电化教学（1）：22-29.

余胜泉，路秋丽，陈声健，2005. 网络环境下的混合式教学——一种新的教学模式 [J]. 中国大学教学（10）：52-58.

"一带一路"倡议下能源语言服务人才培养的需求与模式研究

曾小燕　　赵秀凤

(中国石油大学(北京)　汉语国际教育研究中心,北京,102249)

摘　要

随着"一带一路"建设的不断推进,我国与沿线国家建立了广泛的能源合作,随之也出现了相关人才匮乏的问题,这对中国高等教育提出了新的挑战。基于"一带一路"建设需要,以配合国家能源发展战略、提升全球能源治理能力、响应新时代教育转型、提升国家能源治理话语权和维护国家能源安全等需求为出发点,能源语言服务人才的重要性日趋突出,其培养模式包含如下五个要素:① 培养理念。"一带一路"愿景、内涵和需求决定了能源语言服务人才培养需具备全球观理念、多语言和跨文化理念、跨学科理念以及能源命运共同体理念。② 培养主体。新时代下人才培养的主体不再局限于高校,而是由中国与沿线国家政府、高校、企业和社会组织机构等组成智库联合体。③ 培养对象。人才培养的对象可拓宽至外语为英语或沿线国家语言的中国学生、外语为汉语的来华留学生及能源企业境外的中方和本地化员工等。人才培养的范围可从国内生源拓展到国际生源,从通用语种拓展到沿线国家非通用语种。④ 培养内容。以行业所需核心素养为主导,要求通晓国际能源规则,了解能源合作领域基础知识,掌握合作方语言,能熟练运用语言相关技术为能源合作提供语言服务。⑤ 培养方式。建立多元人才培养合作关系,建设能源语言服务人才培养大数据库,实施人才联动培养范式,推送语言服务与能源行业领域对接。

关键词

一带一路;能源安全;语言服务;人才培养;能源命运共同体

基金项目:本文系国家社会科学基金青年项目"东南亚国家华文教育动态数据库建设"(项目编号:18CYY027)、中国石油大学(北京)科研基金资助项目"基于'一带一路'能源合作中文融合型人才培养数据库建设研究"(项目编号:2462020YJRC002)、中国石油大学(北京)科研基金资助项目(项目编号:2462020YXZZ010)的阶段性成果。

一、引 言

近 10 年来，随着语言服务这个新兴行业的迅猛发展，语言服务人才培养引起了国内专家学者的关注，尤其是面向"一带一路"的语言服务人才培养与能力建设问题成为研究的重点，学界主要围绕语言服务人才的战略地位、行业现状、能力特征、培养模式及外语尤其是翻译专业教育改革等相关问题展开了一系列理论探讨（李宇明，2015；赵世举，2015；沈骑，2015；文秋芳，2016；王立非，2018；穆雷，2014；崔璨和王立非，2018；等等）。加强能源语言服务人才培养，既顺应国家战略的需求也符合时代发展的需要。据调研可知，当前"一带一路"能源语言服务人才供给匮乏，不能满足国家能源战略和能源合作需求；培养单位对所需人才类型和数量等情况缺乏全面系统的了解，不能对语言服务人才培养体系进行系统研究。

目前，"一带一路"建设的能源语言服务人才需求与中国和沿线国家当前这类人才的培养模式之间存在着脱节问题，重视人才培养模式的改革和创新是培养杰出人才的关键（董泽芳和邹泽沛，2019）。"一带一路"能源语言服务人才模式培养主要涉及"为什么培养"和"怎样培养"两个问题。"为什么培养"牵涉如何践行人类命运共同体建设，开拓能源命运共同体建设的培养理念和服务"一带一路"能源合作的培养目标等问题；"怎样培养"涵盖培养主体、内容、方式和评价等内容。本文主要以"一带一路"能源语言服务人才需求分析为出发点，对能源语言服务人才培养理念、主体、内容和方式等进行探讨。关于能源语言服务人才培养的探讨有助于促进"民心相通"，提升国家能源话语权，推动"一带一路"能源命运共同体建设；为国内其他行业类高校语言服务人才培养提供参考，拓展语言服务人才研究的视野和深度。

二、"一带一路"能源语言服务人才需求

"一带一路"能源语言服务人才需求主要体现在五个方面：配合国家能源发展战略需求，适应全球能源治理能力需求，响应新时代教育转型需求，提升国家能源治理话语权需求和维护国家能源安全需求。

1. 能源语言服务人才培养要配合国家能源发展战略需求

为践行人类命运共同体理念，提升我国能源话语权，为全球能源治理提供"中国方案"，中国与"一带一路"沿线 38 个国家（截至 2021 年 10 月 18 日）建立了能源合作伙伴关系，携手打造"能源命运共同体"，这需要大批高素质、国际化的语言服务人才的参与。2019 年，30 个"一带一路"能源合作伙伴关系成员国共同发布《合作原则与务实行动》，确定了石油天然气交易中心、能源企业"走出去"等六大重点领域，这是关系国家安全稳定和持续发展的重中之重，亟需大批通晓国际能源规则，适应沿线能源基础设施建设和能源贸易合作项目需求的语言复合型服务人才。

2. 能源语言服务人才培养要适应全球能源治理能力需求

能源语言服务是推进"一带一路"能源合作伙伴关系和能源命运共同体建设的重要手段,可为解决能源合作过程中出现的冲突、纠纷等提供重要支持。我国"一带一路"能源合作规模不断扩大,亟需大批高素质语言服务人才助力合作项目的推进与实施。这需要建立面向"一带一路"能源合作的专业化多语人才储备库,协助应对和解决由于语言障碍造成的矛盾,保障中国能源企业的海外利益,提升风险抗御能力。

3. 能源语言服务人才培养要响应新时代教育转型需求

《中国教育现代化 2035》和《教育部关于加快建设高水平本科教育全面提高人才培养能力的意见》中明确提出要优化人才培养结构,加大应用型、复合型人才培养比重;要求高校必须主动对接经济社会发展需求,实现从学科导向转向产业需求导向、从专业分割转向跨界交叉融合。行业特色鲜明的高校如能源类高校更迫切需要实现这种转型。国内能源类高校在人才培养方面要结合自身优势,主动对接能源产业需求,为"一带一路"能源命运共同体建设提供国际高端语言服务人才。

4. 能源语言服务人才培养应注重提升国家能源治理话语权需求

中国虽是最大的发展中国家、最大的能源进口国家,但在全球能源治理话语权上还很有限,亟待提升能源治理话语权。我国参与全球能源治理,加强与世界各国间的交流合作,需要能源语言服务人才提供支持。能源语言服务人才了解能源专业知识和能源技术等,在突遇能源事故或能源安全问题时,可为克服语言障碍提供专业性的语言服务、语言救助和语言技术,为提升我国能源治理话语权提供语言策略支持。

5. 能源语言服务人才培养应注重维护国家能源安全需求

能源安全不再局限于石油供应和油价安全,还涉及能源供应的稳定性、气候变化或环境安全问题等。鉴于当前国际环境较为复杂,能源安全存在复杂性、动态性、多层级、多领域、不稳定性、供需失衡等特点,能源语言服务人才必须是高层次的跨学科复合型人才,传统的语言人才已无法满足参与全球能源治理、确保国家能源安全以及构建能源命运共同体战略性任务的需求。能源资源(如煤炭、石油、天然气)等的生产、运输和储藏都存在很大的风险,还有各类突发的能源舆情事件(如油气泄漏、油气爆炸、煤矿坍塌、环境污染等),这些不仅关乎人民的生命和财产安全,还关乎国家的形象问题等。为了能及时妥当地处理出现的能源安全问题,应该推进该类跨科学复合型语言服务人才的培养和储备工作。

三、"一带一路"倡议下的能源语言服务人才培养理念

"一带一路"倡议下的能源语言服务人才培养从理念到路径均发生了颠覆性的转变,不再是限定在固定时间、固定地点、单一专业的定式培养。这种转变是以行业需求为导向的能

源语言服务人才培养的必然结果。"一带一路"愿景、"一带一路"内涵和"一带一路"需求决定了能源语言服务人才培养需具备全球观理念、多语言和跨文化理念以及跨学科理念（郑通涛和郭旭，2020）。除此之外，还应树立能源命运共同体理念。

1. 全球观培养理念

"一带一路"倡议提出建设人类命运共同体的愿景，能源既然是推动经济增长和可持续发展的全球性重要战略资源，就要求能源语言服务人才的培养也树立全球观。"一带一路"从提出就已具备国际化视野，而对服务"一带一路"能源建设的语言服务人才的培养也必须具备全球视野，强调"全人类"格局感（杨金龙和沈骑，2019）。教育部在"一带一路"倡议提出之后很快就签发纲领性文件《推进共建"一带一路"教育行动》，着力推进"一带一路"沿线国家教育共同体建设，主要围绕"一带一路"共建的"五通"问题（一是促进沿线国家人们之间的民心相通，二是为其他"四通"——政策沟通、设施联通、贸易畅通、资金融通——提供人才支撑），从政策上明确了"一带一路"人才培养的定位是全球观理念。

另外，人才流动也是满足"一带一路"能源建设的需要。这类人才培养不能局限于固定的时间、固定的地点，应根据沿线能源合作国家的需求流动，尽可能地提高人才全球流通率。"一带一路"建设的人才流动性特征也需要能源语言服务人才具备全球观（郑通涛和郭旭，2020）。

2. 多语言、跨文化培养理念

随着"一带一路"建设的推进，我国与很多沿线国家展开了有效的能源合作，主要是能源基础设施和能源贸易项目，如中俄天然气管道项目、中哈天然气管道项目、中土阿姆河天然气田开发项目、中巴经济走廊能源项目合作等。虽然在能源供应、运输和使用安全方面的抗风险能力大大增强，但是后疫情时代我国的能源安全形势依然严峻。国内高校所培养的能源类相关专业技术人才大多对国外的风俗文化和国际规则了解不多，外语能力也有限，在能源项目合作中因语言不通、文化差异经常受挫，不能顺利推进工作。面对沿线国家多语言、多民族、多文化的复杂环境，海外的中国能源类企业对既能熟练使用外语又精通能源类专业知识的国际化人才有迫切的需求。为了保障能源类企业发展的可持续性和能源消费的环境安全性，能源语言服务人才要充分利用自身跨学科的专业知识和技能，不受地域和文化的局限，为解决全球能源治理问题贡献新方案。总之，当前全球能源秩序正在激烈重构，这是我国参与全球能源治理、提升能源话语权的重大机遇。适时构建能源合作语言服务人才发展战略，实现人才培养、人才使用和管理范围的国际化，创新人才培养制度和政策，可为推进能源命运共同体建设，确保能源安全提供多语言、跨文化、跨学科的复合人才支撑。

3. 跨学科培养理念

在"一带一路"建设与全球治理新格局下，"语言 + 专业"或"专业 + 语言"新型复合型人才培养范式要求重点培养"一专多能"和"一精多会"的语言服务人才。能源语言服务人才培养涉及多门学科,包括语言学、能源学、哲学、管理学、民族学与文化学、新闻学与传播学、社会学、心理学、生物学等,其本身就具有模糊性、混沌性的特点。因此,人才培养不能是"1+1"的简单相加,而是深度复合(融合)的过程。

4. 能源命运共同体培养理念

能源安全问题是一个全球性问题,世界各国只有树立能源命运共同体理念,才能妥善应对复杂多变的能源安全形势。各国在以往的能源合作中更多考虑的是各自的能源利益诉求和各自国家的能源安全保障,而能源命运共同体要求各国秉承全球合作与共同发展的理念,从思想观念和外交理念上充分意识到能源生产国、消费国、过境运输国、跨国石油公司等国际能源行为体之间都是利益相关、命运相连的共同体,只有树立命运与共的合作新理念,加强彼此间的对话与合作,才能确保全球能源的供应稳定、价格合理、运输通畅,实现合作共赢、共同发展(朱雄关,2020)。因此,服务国家能源安全的能源语言服务人才必须了解国际能源地缘政治格局,通晓国际或区域/国家能源规则,熟练运用能源国际或区域组织机构语言进行有效沟通、交流。这就要求能源语言服务人才培养确立导向正确的能源义利观,树立勇于担当的大国责任观,坚持互利共赢的能源合作观(朱雄关,2020)。在全球能源格局发生深刻变革的过程中树立能源命运共同体理念,有助于解决当前全球能源治理体系失序问题,有助于维护国际能源供需格局安全稳定。

四、中外能源合作背景下的语言服务人才多元培养主体

人才培养是一个系统性工程,包括人才培养的理念、主体、客体、目标、途径、模式与制度等七要素(董泽芳,2012)。在"一带一路"倡议的指导下,能源语言服务人才培养模型是在考虑沿线国家的政治、文化、经济、教育、法律、宗教信仰以及学习者的国别化特点的基础上,培养主体按照培养内容要求采用一定的培养方式完成的。

为服务"一带一路"能源命运共同体建设,人才培养涉及的主体包括中国和沿线国家政府、人才培养单位或机构、能源企业和人才培养智库等。在人才培养实施的具体工作上,主要表现在国家之间政策对接、学分互认、营商环境、投资贸易、互联互通等对人才培养具有导向作用;对"一带一路"能源企业和能源合作项目的实地调查以及"一带一路"能源资源大数据的挖掘、分析、研究等都由智库来完成;能源企业对人才的需求、聘用、专业要求、素质要求、实习培训等具有干预作用;"一带一路"能源语言服务人才培养工作可以是跨国家、跨区域、跨文化的合作,可以通过学生多校园、多国家、多证书的学习来完成(郑通涛和郭旭,2020)。

五、中外能源合作背景下的语言服务人才多元培养对象

专业化的能源语言服务对深化国际能源合作,维护全球能源安全,实现人类社会可持续发展具有重要意义。"一带一路"倡议下的能源语言服务人才培养在一定程度上须拓宽人才培养对象范围,主要包括外语为"一带一路"国家语言或英语的中国学生、外语为汉语的"一

带一路"来华留学生、能源企业境外中方和本地化员工等,可通过制定分类型、分等级的选拔标准,建立选拔机制筛选优质生源。这类人才需要借助语言及时了解国际能源动态,全面认识国际能源地缘政治与能源外交动向,观测国际能源市场变化,跟进能源技术发展方向,熟知全球能源治理机制和法律法规,确保国家能源安全问题。要储备能源生产、能源运输和能源贸易等关键区域或主流国家的语种人才,这些语种人才不仅要了解能源相关专业知识,也要通晓国际能源法律法规,精通外语,同时还具备跨文化交际能力。这已成为直接影响能源地缘政治博弈、关乎国家能源战略的关键要素。

有学者明确指出,人才培养在语种选择方面呈现英语"一家独大"的局面,英语在外语专业教育中的比重高达 95% 以上,非通用语种专业不足 5%(沈骑,2015)。自 2015 年 9 月《教育部关于加强外语非通用语种人才培养工作的实施意见》出台之后,全国外语院校和综合性大学纷纷开设"一带一路"沿线国家语种专业或课程,先后设立一批多语种外语教学中心。2019 年,全国非通用语种专业新增 47 个专业教学点。在推进这项工作的同时,应考虑服务国家"一带一路"倡议和文化"走出去"战略的人才培养不仅仅是外语类高校的重要工作,在新时代背景下,外语类高校的使命感教育固然重要(姜智彬,2017),但是能源类、财经类、经贸类、政法类等高校有着不可替代的优势,应积极发挥学校学科优势资源,努力探索如何培养能源语言服务人才。

六、以服务国家能源安全战略为核心的跨专业培养内容

近些年来,随着"一带一路"建设有序推进,中国参与和推动全球治理新格局的变革步伐加快,构建人类命运共同体已经成为国际倡议。在此环境下,能源一直是国家发展的命脉,主要包括常规能源的煤炭、石油、天然气、核裂变能和新能源的太阳能、地热能、生物质能等。中外能源合作日益频繁,为了更好地服务"一带一路"能源命运共同体建设和国家能源安全战略,需要从跨学科、跨专业的角度明确能源语言服务人才培养内容。

创新能源语言服务人才培养内容主要包括三个方面:

第一,以语言交际能力为核心的课程建设。课程建设从课程设计、课程内容、课程组织、课程实施、课程管理、课程开发、课程评价七个维度规划核心课程体系,主要围绕"一带一路"能源合作所需核心素养和能力指标设置四大板块课程:基本语言技能和语际转换技能训练课程、大数据语际转换处理技能课程、能源合作事务相关专业知识课程、能源合作相关方跨文化沟通能力课程。交际能力培养的路径主要有从自然语言交际理解语言交际能力发展、发展跨模块认知模式、发展学习者主体的兴趣、培养学习者主体的主动探索能力、加强课内与课外的互动关系、培养学习者主体广义上的表演能力等六种(郑通涛,2017)。基于能源合作项目的跨文化交际能力培养尤为重要,皆可通过这些培养路径进一步拓展学生的跨语言、跨文化的交际能力。

第二,以语言为依托的跨学科融合培养。从教学和研究的角度来看,语言服务人才应具备"语言应用 + 语言教学 + 语言开发"的能力(赵世举,2015);从工作实际需求来看,实地调研发现应该培养"语言 + 文化 + 专业"的人才(周庆生,2018);"一带一路"能源合作国家

的中国企业需要具备专业领域知识和双语或多语能力、跨文化交际与人际沟通能力、应变突发事件和吃苦实干能力的人才（邢欣和张全生，2016）。

第三，以服务"一带一路"能源合作为需求的复合培养内容。只有基于能源合作项目对语言服务人才的需求现状进行全面系统的调查，才能清楚地认识沿线国家应怎样培养所需人才，即能源语言服务人才培养的具体内容。能源合作实际所需的是跨学科、跨语言和跨文化的复合型语言服务人才。

七、能源语言服务人才培养方式

1. 建立多元人才培养合作关系

人才培养可采用长期培养、短期培训、国内外合作、政校合作、校企合作、校际合作等方式，充分发挥行业特色高校资源优势，依托世界能源大学联盟、能源企业、培训培养机构，加强校企、校际、政企间的流动培养，设立跨国政产学研基地、跨国实训平台，创建多种实习实践平台，加强实践教学，推动能源合作语言服务人才考试及从业资格认证。根据沿线国家能源项目合作实际情况，实现人才培养、人才使用和管理范围的国际化，创新人才培养制度和政策。

2. 建设能源语言服务人才培养大数据库

大数据时代的语言教学需要庞大的数据库作为依托和支撑。"一带一路"能源合作大规模展开，亟待建设一个有针对性的语言服务人才数据库，便于走出去的能源企业快速搜寻优质语言服务人才，也有利于促进有的放矢地培养后备人才。语言服务领域的学者和从业者也曾多次强调建设语言服务人才数据库的重要意义（文秋芳，2013；张天伟，2017）。北京外国语大学建设的"国家外语人才资源动态数据库"和"国家语言志愿者人才库"已初具规模，他们主要调研了国内主要高校外语人才资源现状，确定了高端外语人才标准，建成了全国高端外语人才数据库、全国外语专业师生数据库、全国外语人才供需信息库，但这些人才库以国内高校语言人才为主，尚未拓展到"一带一路"能源合作复合型语言服务人才资源。能源语言服务人才数据库可以为有关部门或机构制定区域性、国别化能源合作语言服务人才培养方略提供决策参考，也可以为满足沿线国家能源服务人才需求，制定适应新形势的语言服务人才培养政策和制度提供事实依据。

3. 实施人才联动培养范式

能源语言服务人才培养要素主要包括培养理念、培养主体、培养对象、培养内容、培养方式等。能源语言服务人才联动培养范式详见图 1。培养理念是构建人才培养体系的指导方针，培养主体、培养对象、培养内容、培养方式之间存在相互联系、相互作用的关系。当培养主体处于主导地位时，培养对象、内容、方式自成一体，两者之间存在评价和反馈的关系。政府、高校等培养主体可分别对人才培养的质量、开设的课程、培养方式等进行评价，存在的利与弊都会反馈给培养主体。该培养评价体系将着力打造政府、高校、智库和企业等联合的科学评价体系,制定服务能源命运共同体的能源外语教育质量标准框架,在此基础上建立国别化的课程控制体系、质量检测体系、质量服务体系、教学信息体系和评估标准体系。

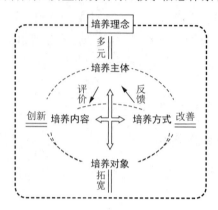

图 1　能源语言服务人才联动培养范式图

4. 推动能源语言服务人才培养与能源专业领域的对接

关于语言服务对国家能源战略和国家安全的重要性,学界已经达成了共识,现阶段需要进一步推动能源语言服务人才培养与能源专业领域的对接。以对接能源领域的实际需求为导向,细化能源行业素养,实施精准化的语言服务,加强能源行业语言资源配置和语言服务基础设施建设,提升能源领域的语言服务能力,对语言服务人才进行精准培养。关于"如何对接"的问题,我们认为首先要以服务国家能源安全战略,提升能源行业语言服务水平为宗旨,以"世界能源大学联盟"为平台,以能源智库为支撑,以能源类高校师生和能源企业国际化人员为主体,建立能源语言服务智库联合体;其次,应加强能源语言服务动态数据库的"基础设施"建设,如能源安全相关核心术语库、能源危机／舆情事件案例库、能源组织机构信息库、能源融媒体数据库、国际能源相关法律法规信息库、关键国家能源政策库等;最后,以中外合作培养、跨校联合培养、校企联合培养的方式,加强能源语言服务人才的培养和储备工作,打造"语言＋能源治理＋区域／国别跨文化交际"的高端国际化跨学科融合型人才。

八、结　语

全国能源类高校、能源企业及其培训单位作为培养主体,把能源行业需求和供给纳入统一研究视野,可有效指导人才培养工作,为行业院校语言人才培养改革提供支持。一是促进全国行业类高校传统语言教学转型,推广融合型教学经验;二是在全国范围内初步建立能源合作语言服务人才培训体系;三是创建能源合作领域语言服务人才考核标准和评价体系;四是实质推动世界能源大学联盟能源教育共同体建设;五是推进能源国际组织人才实习实践项目;六是培养从事语言服务及其人才培养理论与应用研究的专门研究人员。

崔璨，王立非，2018. 面向"一带一路"语言服务，推动外语专业教育改革 [J]. 语言教育（1）：2-6.

董泽芳，2012. 高校人才培养模式的概念界定与要素解析 [J]. 大学教育科学（3）：30-36.

董泽芳，邹泽沛，2019. 常春藤大学一流本科人才培养模式的特点与启示 [J]. 高等教育研究
（10）：103-109.

姜智彬，2017. "双一流"建设中外语类高校的使命感教育 [J]. 中国高教研究（12）：25-28.

李宇明，2015. "一带一路"需要语言铺路 [N]. 人民日报，09-22（7）.

穆雷，2014. 论语言服务业高层次人才培养 [J]. 外国语（4）：15-17.

沈骑，2015. "一带一路"倡议下国家外语能力建设的战略转型 [J]. 云南师范大学学报（哲学社
会科学版）（5）：9-13.

王立非，2018. 面向国家"一带一路"建设，培养复合型语言服务人才 [J]. 当代外语研究（3）：5，
10.

文秋芳，2013. 实施建设"语言志愿者人才库"计划的建议 [R]. 北京：北京外国语大学中国外语
教育研究中心.

文秋芳，2016. "一带一路"语言人才的培养 [J]. 语言战略研究，1（2）：26-32.

邢欣，张全生，2016. "一带一路"倡议下的语言需求与语言服务 [J]. 中国语文（6）：761-765.

杨金龙，沈骑，2019. "人类命运共同体"视域下我国外语专业人才的价值重塑——"工具"与"人
文"之辨 [J]. 外语教育研究前沿（3）：36-41，91.

张天伟，2017. 国家语言能力视角下的我国非通用语教育：问题与对策 [J]. 外语界（2）：44-52.

赵世举，2015. "一带一路"建设的语言需求及服务对策 [J]. 云南师范大学学报（哲学社会科学
版）（4）：36-42.

郑通涛，2017. 复杂动态系统理论与语言交际能力发展 [J]. 海外华文教育（10）：7-16.

郑通涛，郭旭，2020. "一带一路"倡议下国际汉语人才培养模式研究 [J]. 厦门大学学报（哲学社
会科学版）（1）：69-81.

周庆生，2018. "一带一路"与语言沟通 [J]. 新疆师范大学学报（哲学社会科学版）（2）：52-59，2.

朱雄关，2020. 能源命运共同体：全球能源治理的中国方案 [J]. 思想战线（1）：140-148.